JN414255

복 있는 사람

오직 여호와의 율법을 즐거워하여 그 율법을 주야로 묵상하는 자로다.
저는 시냇가에 심은 나무가 시절을 좇아 과실을 맺으며 그 잎사귀가 마르지 아니함 같으니
그 행사가 다 형통하리로다.(시편 1:2-3)

마틴 로이드 존스 에스겔 강해

D. Martyn Lloyd-Jones

Saved by Grace Alone

Ezekiel 36:16–36

에스겔 강해

마틴 로이드 존스

마틴 로이드 존스 | 정상윤 옮김

복 있는 사람

마틴 로이드 존스 에스겔 강해

2019년 6월 28일 초판 1쇄 발행
2024년 12월 30일 초판 3쇄 발행

지은이 마틴 로이드 존스
옮긴이 정상윤
펴낸이 박종현

(주) 복 있는 사람
주소 서울특별시 마포구 연남동 246-21(성미산로23길 26-6)
전화 02-723-7183(편집), 7734(영업·마케팅)
팩스 02-723-7184
이메일 hismessage@naver.com
등록 1998년 1월 19일 제1-2280호

ISBN 979-11-7083-214-0 03230

이 도서의 국립중앙도서관 출판예정도서목록(CIP)은
서지정보유통지원시스템 홈페이지(http://seoji.nl.go.kr)와 국가자료공동목록시스템(http://www.nl.go.kr/kolisnet)에서 이용하실 수 있습니다. (CIP 제어번호: 2019023230)

Saved by Grace Alone
by Martyn Lloyd-Jones

차례

서문

이 책에 실린 에스겔서 36:16-36에 대한 열네 편의 설교는, 마틴 로이드 존스가 1956년 4월 15일부터 7월 15일까지 런던 웨스트민스터 채플에서 주일 저녁마다 전한 것이다. 이 책은 구약의 연속 구절을 본문으로 삼은 전도 설교의 훌륭한 본보기다.* 이 설교들은 성경 본문의 원래 배경(주전 6세기)에 해당되는 의미를 견고한 토대로 삼으면서도 역사적인 세부사항이나 해석상의 세부사항에 얽매이지 않는다. 설교자가 확연히 고려하는 것은 에스겔이 당대에 전한 메시지에 함축된 더 큰 주제들이다.

이 설교집을 읽는 독자는 '성경은 모든 시대를 위한 하나님의 말씀'이라는 설교자의 확신을 피해 갈 수 없다. 그는 이 설교를 처음 전한 1950년대에도 하나님이 이 특정 본문과 자신이 전하는 말을 통해 웨스트민스터 채플의 회중에게 이야기하실 것을 믿었으며, 이후 세대에게도 동일한 말을 통해 끝 날까지 이야기하실 것을 믿었다.

이미 출간된 로이드 존스 박사의 책들을 읽은 사람이라면 에스겔서 36장 설교의 초점, 즉 '인간에게 변함없이 필요한 것과 영원한 은혜의 좋은 소식'이라는 주제가 친숙하게 느껴질 것이다. '박사'는 죄의 실

* 『구약 전도 설교』*Old Testament Evangelistic Sermons*(Edinburgh: Banner of Truth Trust, 1995)에는 개별 구절을 본문으로 삼은 설교들이 실려 있다.

체—하나님의 법을 거스르는 불순종, 반역, 왜곡, 부패, 무지, 죄책, 정죄—를 분명히 다루는 동시에 하나님이 베푸시는 다정하고도 풍성한 구원, 성육신하신 아들 예수 그리스도의 삶과 죽음과 부활을 통해 용서하시고 정결케 하시는 역사를 다루며 크게 기뻐했다. 이처럼 결정적으로 중요한 복음의 진리—우리 죄인들이 "오직 은혜로 구원"받는다는 진리—에 초점을 맞추고 있기에 그의 설교와 에스겔서 36장 강해가 진정 시대를 초월하는 것이다.

2018년 9월

발행인

1

하나님의 계시

여호와의 말씀이 또 내게 임하여 이르시되. 겔 36:16

16절의 서론적 진술에 집중하여 전체 본문을 개괄적으로 살펴봄으로써 에스겔서 36:16-36의 연구를 시작하겠습니다. 성경에 익숙한 사람이라면, 16절의 표현이 성경 여러 곳에 나온다는 사실을 알 것입니다. 실제로 에스겔과 예레미야, 이사야를 비롯한 구약 선지자들의 예언에 가장 특징적으로 나오는 표현이 이것입니다. "여호와의 말씀이 내게 임하여 이르시되." 이 말이 나온 후에 선지자의 메시지가 이어집니다. 저는 우리가 살펴보려는 16-36절이 에스겔서의 전체 메시지를 아주 분명하고도 확실하게 제시해 준다고 생각합니다.

전후 맥락을 살펴보는 일은 항상 흥미롭습니다. 하나님의 말씀이 에스겔에게 임했던 당시에 이스라엘 자손은 단순히 곤경에 빠진 정도가 아니었습니다. 아예 포로로 잡혀 와 있었습니다. 에스겔은 포로 시대에 예언한 선지자였습니다. 이사야나 예레미야 같은 다른 선지자들은 포로 시대 이전, 이스라엘 자손이 아직 고국 땅에 살던 시기에 예언했습니다. 그런데 에스겔이 등장할 무렵에 재앙이 닥쳤고 보응이 이루어졌습니다. 큰 성은 무너져 돌무더기가 되었고, 백성은 갈대아인들에게 사로잡혀 바벨론 땅으로 끌려왔습니다.

그들은 비참한 포로생활을 하면서 자신들의 상황 전체를 살펴볼 시간을 얻었습니다. 그렇게 과거를 돌아보며 다음과 같은 사실을 깨달았습니다. 그들은 한동안 아무 문제 없이 잘 살았습니다. 하나님이 주신 땅에서 복을 누리며 번성했습니다. 그런데 언젠가부터 어긋나기 시작했습니다.

그런 상황 속에서 여러 사람들의 말이 들려왔습니다. 이른바 선지자들—사건과 역사를 깊이 아는 학자로 자처하던 선생들—이 자기 연구와 묵상의 결과를 가지고 얼마든지 조언해 줄 수 있노라 호언했습니다. 그들의 요지는, 비록 상황이 좋지 않지만 겁낼 필요는 없다는 것이었습니다. 여기저기 조금만 손보면 다 잘되리라는 것이었습니다.

반면에, 하나님의 특별한 부르심과 보내심을 받았다고 주장하는 사람들—구약 정경에 그 예언이 기록되어 있는 이사야와 예레미야를 비롯한 여러 선지자들—이 있었습니다. 그들은 사뭇 다른 말을 했습니다. 상황이 극도로 심각하다고, 온 나라가 베옷을 입고 재를 무릅쓰며 회개하지 않으면 재앙을 피할 수 없다고 했습니다. 그 메시지를 전형적으로 보여주는 요엘 선지자의 말은 이것입니다. "너희는 옷을 찢지 말고 마음을 찢고 너희 하나님 여호와께로 돌아올지어다"(욜 2:13). 그들은 상황이 너무나 긴박하기에 근본적인 개혁밖에는 방법이 없다고, 하나님 앞에 자신을 완전히 낮추고 돌아가지 않으면 구원받을 수 없다고 했습니다.

이 두 집단이 계속해서 충돌했습니다. 거짓 선지자들은 참 선지자들을 조롱하며 백성을 위로했고, 그 말을 들은 자들은 시온에서 안일하게 지냈습니다. 스바냐의 생생한 표현대로 "찌꺼기같이 가라앉아" 지냈습니다(습 1:12). 계속해서 즐겁게 살았습니다. 상아 침대에 누워 사치를 일삼았고, 춤추고 마시며 오직 쾌락을 위해 살았습니다. 그렇게 상태가 점점 더 악화되다가 마침내 참 선지자들의 예언이 문자 그대로 성취되는 날이 찾아왔습니다. 갈대아인들이 침략하여 예루살렘 성을 무너뜨리고 백성을 사로잡아 바벨론 땅으로 끌고 간 것입니다.

백성이 과거를 돌아보며 깨달은 사실이 이것이었습니다. 그들은 이를테면 '빈털터리'로, 완전히 끝장난 상태로 바벨론 땅 낯선 강가에 앉아 있었습니다. 이제 그들에게 무슨 소망이 있겠습니까? 그들이 무슨 일을 할 수 있겠습니까? 거짓 선지자들의 부드럽고 편한 말은 더 이상 듣고 싶지 않았습니다. 정체를 다 알아 버렸습니다. 하지만 이제 와서 무엇을 할 수 있겠습니까? 그들은 약하고 무력합니다. 어디로 어떻게 가야 할지 모릅니다. 대체 어찌 해야 고국 땅과 큰 성 예루살렘으로 돌아갈 수 있겠습니까? 그들은 주변 모든 나라가 보는 앞에서 수치와 모욕과 굴욕을 당했습니다. 이런 백성에게 과연 소망이 있겠습니까?

본문 말씀이 없다면 아무 소망도 없을 것입니다. 그래서 이 말씀이 임한 것입니다. 포로들 사이에 있던 에스겔이라는 사람에게 홀연히 여호와의 말씀이 임했습니다. 이것은 처음 있는 일이 아니었습니다. 에스겔서 전체를 읽어 보면 같은 일이 반복되었던 것을 알게 됩니다. 에스겔도 다른 백성과 같은 포로였습니다. 그들과 함께 비참하고 수치스럽게 바벨론 강가에 앉아 있었습니다. 그런데 이처럼 심히 절망스러운 상황 속에 여호와의 말씀이 임하여 문을 열고 소망을 주며 구원의 길을 보여 주었습니다.

성경 메시지 전체의 전형적인 특징이 이것입니다. 오늘날을 포함하여 모든 시대, 모든 세대에 이렇게 해줍니다. 우리의 상황은 바벨론에 잡혀간 이스라엘 자손의 무력하고 절망적인 상황과 기이하리만큼 비슷합니다. 우리의 역사를 보십시오. 방금 묘사한 상황이 정확히 반복되고 있습니다. 아직 마지막 재앙이 찾아온 것은 아니지만, 우리 역시 곤경에 빠져 있습니다.

이제 우리가 던져야 할 중요한 질문은 "대체 무엇이 문제일까?"라는 것입니다. 지금도 이스라엘 시대처럼 의견이 갈리고 있습니다. 신문 1면 기사를 읽다 보면 거의 생각의 갈피를 잡을 수가 없습니다. 세상은 지금 곤경에 빠져 있는 것입니까, 아닙니까? 최근 뉴스와 강조되는 사안들을 보면 아무 문제가 없는 것 같습니다. 모든 것이 훌륭합니다! 즐겁게 살기만 하면 될 것 같습니다! 전체적으로 '아니, 아니, 그렇게 심각한 문제는 없다'라는 인상을 받습니다. 이것이 현대인들에게 들려오는 소리입니다. 무언가 잘못되었다는 느낌이 들다가도 이런 다양한 소리들을 듣다 보면 정말로 상황을 심각하게 보아야 하는지 아닌지 판단하기가 매우 어렵습니다. 오직 쾌락과 스포츠와 동물적 요소들이 그토록 강조되는 것을 보면 상황이 심각할 리 없다는 생각이 절로 듭니다.

그밖에도 다른 많은 소리들이 있는데, 라디오 소리도 그중 하나입니다. "어디 보자. 심각한 내용이 얼마나 되나?" 하며 라디오 프로를 들어보지만, 그런 내용이 거의 없습니다. 그저 오락이 대부분입니다. 다 같이 웃으며 신나게 살자고 합니다. 결국 심각한 문제는 하나도 없는 것 같습니다. 그런데 왜 고민을 해야 한단 말입니까?

정치인들이 하는 말도 있습니다. 그 말을 들어 보면 갈 길도 모르고 할 일도 모르는 듯 혼란스럽고 확신이 없습니다. 또 철학자나 시인들이 하는 말도 있습니다. 그 말들을 전부 종합할 때 우리가 받는 인상은 '문제가 있기는 하지만 그렇게 심히 잘못된 것은 아니다'라는 것입니다. 무엇보다 그런 말들은 나아갈 길을 제시해 주지 못합니다. 소망의 문을 열어 주지 못합니다. 그런 말들을 들을 때 무슨 기대가 생깁니까? 더 나아지리라는 전망이 보입니까?

이처럼 각기 다른 방향에서 흘러나오는 다양한 소리를 들을 때 찾아오는 생각이 무엇입니까? 온통 혼란스럽다는 것 아닙니까? 시온에서 안일하게 지내던 옛 역사가 그대로 반복되고 있다는 것 아닙니까? 지금도 이른바 호시절을 즐길 생각을 주로 하면서, 있는 대로 다 쓰고 가질 만큼 다 가지면서, 매일매일 순간순간을 위해 하루살이처럼 살고 있지 않습니까?

우리는 당혹스러운 상황에 봉착해 있습니다. 여호와가 주신 이 말씀이 없다면 우리 또한 아무 소망이 없을 것입니다. 그러나 여기 그가 주신 말씀이 있습니다. 이스라엘 시대에 임했고 그 후에도 항상 임했던 메시지, 지금도 계속 임하는 메시지가 있습니다.

비극은 대다수 사람들이 이 메시지에 주의와 관심을 기울이지 않는 듯하다는 것입니다. 그들은 이 메시지가 시의적절하지 못하다고 생각합니다. 그보다는 최근 뉴스를 따라가는 일이 중요하다고 말합니다. "뉴스야말로 시의적절하지. 글쎄, 성경은 시대에 뒤떨어진 구닥다리 옛날 책에 불과해. 지금 우리가 들을 말이 없다니까"라고 합니다. 그러면서 이스라엘 자손과 똑같이 말씀의 방향을 제외한 다른 모든 방향을 기웃거립니다.

우리가 성경의 말을 들어야 하는 이유가 대체 무엇일까요? 성경의 한 본문을 고찰하는 것은 과연 현명한 일일까요, 어리석은 일일까요? 단순한 고대의 관습에 불과한 것은 아닐까요? 성경은 과연 혼란에 빠진 오늘날 인류에게 임한 가장 시의적절한 말씀일까요? 이 책에 다가가는 것보다 중요한 일은 없는 것이 확실합니다. 많은 사람이 그리스도인이 되지 않은 채 여전히 곤경에 빠져 구원의 영광을 놓치고 있는 것은, 이 말씀을 대하는 태도 자체가 잘못되었기 때문입니다. 그렇다면 우리가 이 특정한 메시지를 들어야 하는 이유는 무엇일까요?

이 메시지에 귀를 기울이고 유념해야 하는 근본 이유는 이것이 하나님의 계시라는 사실에 있습니다. "여호와의 말씀이 또 내게 임하여 이르시되." 이것은 유일무이한 메시지입니다. 다른 모든 메시지와 범주가 다른 메시지입니다.

물론 다른 모든 말 자체를 폄하하는 것은 복음 설교의 몫이 아닙니다. 그럼에도 우리는 이 말씀을 제외한 모든 말은 항상 인간적인 것이라고, 인간의 말이요 사고요 이해요 생각이라고 말할 권리가 있습니다. 이 메시지는 하나님의 계시라는 점에서 유일무이한 것입니다. 하나님이 친히 이 말씀을 하셨습니다. 제가 설교자가 된 유일한 이유가 여기 있습니다. 저는 단순히 현대의 혼란스러운 상황에 대한 제 생각을 피력함으로 여러분을 모욕하고 싶지 않습니다. 인간의 사고만으로는 이 상황을 이해할 수가 없습니다. 20세기에 이르러 인간의 모든 예언은 거짓으로 판명 나고 규범 또한 깨져 버린 것처럼 보입니다. 과학적 개념들도 전부 뒤집힌 것 같습니다. 과연 진보라는 것이 있다면 왜 이런 상황이 벌어진 것일까요? 왜 이렇게까지 어긋난 것일까요?

그러나 이 메시지는 인간의 말이 아닙니다. 하나님의 말씀입니다. 신구약 시대 모든 선지자가 주장한 바가 이것입니다. 에스겔은 다른 이스라엘 백성처럼 잡혀 와 암담하고 절망적인 상태로 바벨론 강가에 앉아 있었습니다. 그런데 홀연히 이상이 보였습니다. 그가 기록한 예언은 자신의 묵상이나 사고나 분석의 결과물이 아니었습니다. 전혀 아니었습니다. "나는 아무것도 하지 않았다. 그런데 말씀이 내게 임했다"라고 그는 말합니다. 이것은 그가 받은 말씀이었습니다. 하나님이 그에게 말씀하기 시작하셨습니다. 정확히 어떻게 말씀하셨는지 세세히 파고들 필요는 없습니다. 하나님은 귀에 들리는 말이 아니라도 얼마든지 말씀하실 수 있습니다. 영에 말씀하실 수 있으며 정신에 진리를 새겨 주실 수 있습니다. 이 사람은 그렇게 하나님의 말씀을 들었고, 들은 메시지를 동족에게 전했습니다.

성경에 나오는 다른 모든 선지자도 에스겔과 똑같이 주장합니다. "여호와의 말씀이 내게 임했다"라고 말합니다. 물론 이 메시지가 여호와의 말씀이라는 것은 성경이 도처에서 주장하는 바이기도 합니다. 선지자들은 자신의 사고나 생각을 전하는 것이 아님을 밝히는 데서 더 나아가, 하나님께 메시지를 받았음에도 전하지 않으려 했다는 사실까지 정직하게 고백합니다. 그들은 이 메시지가 인기를 끌지 못할 것을 알았습니다. "내가 이 말을 하면 어찌 될지 잘 안다. 추방되거나 투옥될 것이다"라고 했습니다. 이처럼 인기 없는 사람이 되기 싫었기에 하나님이 주신 메시지를 전하고 싶지 않았던 것입니다. 오, 사람들이 듣고 싶어 하는 말을 하고 만인에게 칭송을 받으면 얼마나 좋겠습니까! 늘 훌륭한 인물로 신문에 오르내리면 얼마나 좋겠습니까! 하나님을 버린 미친 자요 어리석은 자라는 말을 듣는 것과 얼마나 천양지차겠습니까! 이처럼 선지자들이 전한 메시지는 자신들의 말이 아닌 하나님의 말씀이었습니다.

신약성경도 똑같이 말합니다. 주 예수 그리스도는 말씀하셨습니다. "내가 내 자의로 말한 것이 아니요 나를 보내신 아버지께서 내가 말할 것과 이를 것을 친히 명령하여 주셨으니"(요 12:49). "내가 너희에게 이르는 말은 스스로 하는 것이 아니라 아버지께서 내 안에 계셔서 그의 일을 하시는 것이라"(요 14:10). 하나님의 아들조차 자신은 전달자이자 소리에 불과하다고 하신 것입니다. 명백한 진술이 또 있습니다. "모든 성경은 하나님의 감동으로 된 것으로"(딤후 3:16). 성경은 스스로 하나님이 숨을 불어넣으신 책이라고 주장합니다. 사도 베드로도 "성경의 모든 예언은 사사로이 풀 것이 아니니……오직 성령의 감동하심을 받은 사람들이 하나님께 받아 말한 것임이라"라고 했습니다(벧후 1:20-21). 이 예언의 메시지는 인간의 정신으로 고안해 내거나 지어 낸 것이 아니라는 뜻입니다. 역사와 철학에 대한 인간의 이해나 통찰이 아니라는 뜻입니다. 그렇습니다. 성경은 성령의 감동과 감화를 받은 자들이 "하나님께 받아 말한 것"입니다. 이것은 우리 신분 전체의 토대를 이루는 사실입니다.

개인적으로나 전체적으로나 현대의 혼란 가운데 빠져 있는 우리는 지금 이 두 파派가 하는 말을 듣고 있습니다. 하나님에게서 나왔다고 주장하는 한 메시지가 있고, 사람들에게서 나온 다른 모든 메시지가 있습니다. 성경은 '지금처럼 죄와 비참과 수치 속에 사는 자들은 자기 자신과 자신의 필요와 구원의 길에 관한 진실에 도달할 수 없다'는 아주 극단적으로 보이는 가정에서 출발합니다. 세상은 아주 오랫동안 자기 문제를 해결하고자 애써 왔습니다. 그런데 오늘날 어느 때보다 더 해결책에 접근했다고 말할 만큼 어리석은 자가 있을까요? 오히려 어느 때보다 더 혼란스러운 것이 사실입니다. 세상 자체가 인간은 자신의 가장 큰 필요에 관한 진실에 도달할 수 없다는 성경의 기본명제가 옳음을 입증하고 있습니다.

성경은 이 명제를 여러 방식으로 표현합니다. "네가 하나님의 오묘함을 어찌 능히 측량하겠"느냐고 물으며(욥 11:7), 이 세상은 "자기 지혜로 하나님을 알지 못"한다고 적극적으로 주장합니다(고전 1:21). 이것이 우리의 핵심 문제입니다.

그러므로 하나님의 계시에 전적으로 의존해야 한다는 사실을 무엇보다 먼저 알아야 합니다. 여러분이 받아들이든 받아들이지 않든 성경은 처음부터 이렇게 말합니다. 다른 길은 없습니다. "하나님이 말씀하셨으니 다 듣고 믿겠다"라고 하든지, "아니, 나는 동의하지 않는다. 이건 받아들여도 저건 받아들이지 못하겠다"라고 하든지 둘 중에 하나입니다. 그리고 이렇게 동의하지 않는 사람은 이미 계시를 부인하고 있는 것입니다.

무력한 우리는 계시를 뚫고 들어가지 못합니다. 주 예수 그리스도는 말씀하셨습니다. "너희가 돌이켜 어린아이들과 같이 되지 아니하면 결단코 천국에 들어가지 못하리라"(마 18:3). 니고데모라는 학자에게도 "거듭나야 하겠다"라고 하셨습니다(요 3:7). 현 위치를 고수한 채 "난 여기까지 왔다"라고 하면서 발돋움을 하고 약간의 도움을 얻어 천국에 들어가는 것이 아닙니다. 결코 아닙니다. 현 위치에서 바로 내려와야 합니다. 자신의 완전한 실패를 고백하고 계시를 기다려야 합니다. 이것이 성경의 전적인 메시지입니다. 우리 스스로 하나님을 열망하거나 구원에 들어갈 수 없습니다. 하나님이 그 무한한 은혜와 자비로 구원을 베풀어 주시며 계시해 주셔야 합니다. 여호와의 말씀이 임해야 합니다.

가만히 생각해 보면 즉시 그럴 수밖에 없음을 확신하게 됩니다. 하나님의 크심 자체가 우리의 노력으로 그분께 도달하려는 시도를 아예 불가능하게 만듭니다. 절대적이고 순전한 영을(하나님은 영이십니다) 상상할 수 있습니까? 전지하고 전능하며 편재하는 인격체를 상상할 수 있습니까? 그럴 수 없습니다. 하나님의 크심 자체가 우리의 이해를 아예 불가능하게 만듭니다. 그런데도 오늘날 사람들은 어리석게도 "하나님을 이해해 보겠다"라고 나섭니다. 이를테면 하나님을 작업대 위에 올려놓고 해부해서 자기 머리로 파악하려 드는 것입니다. 하나님을 자기 손으로 잡아 보려 하는 것입니다. 참으로 어처구니없는 일입니다! 하나님의 크심 자체가 그 가능성 자체를 배제해 버립니다.

완전히 절대적인 거룩함이 어떤 것인지 상상할 수 있습니까? 눈멀지 않은 채 태양을 계속 쳐다볼 수 있습니까? 그러면서 어떻게 절대적이고 영원한 빛이신 하나님, 무한하고 영원한 거룩함이신 하나님의 얼굴을 쳐다보겠다는 것입니까? 인간이 무엇이관대 하나님 앞에 서서 감히 그 얼굴을 쳐다볼 수 있겠습니까? 그런 생각을 하는 것 자체가 완전히 전적으로 불가능합니다! 인간은 절대 하나님을 발견하지 못합니다.

바울이 고린도 교인들에게 한 말을 다시 인용해 보겠습니다. "이 세상이 자기 지혜로 하나님을 알지 못하므로." 자기 노력으로 하나님께 도달한 사람은 세상에 아무도 없습니다. 가장 위대한 옛 철학자들이 시도했지만 전부 실패했고, 오늘날 철학자들 또한 참담히 실패하고 있습니다. 하나님의 크심 자체 때문에 우리는 계시를 뚫고 들어가지 못합니다. 하나님이 친히 말씀해 주시지 않는 한 아무것도 알 수 없습니다.

더 나아가 죄에 빠진 우리의 본성과 상태를 고려하면, 모든 기능이 타락한 우리가 하나님께 도달한다는 것이 얼마나 불가능한 일인지 깨닫게 됩니다. 인간이 타락하면서 모든 기능도 함께 타락했습니다. 정신과 의지와 마음을 비롯한 모든 것이 타락했습니다. 우리의 두뇌는 지치고 정신은 피로를 느낍니다. 어느 정도 따라가다가 한순간에 주저앉습니다. 필요한 훈련을 받아도 따라가지 못하기는 매한가지입니다. 이처럼 하나님의 크심뿐 아니라 인간의 상태와 조건 자체가 하나님께 도달하는 일을 완전히 불가능하게 만듭니다.

성경은 이 모든 사실을 알려 주면서 이야기를 시작합니다. "자, 너희의 결핍과 비참함과 무력함 속에서 하나님의 소리를 들으라"라고 말합니다. 이것이 계시에 전적으로 의존하는 태도입니다. 첫 번째 요점은 이처럼 성경 스스로 하나님과 그의 영원한 마음이 계시된 책이라고 주장한다는 것입니다.

두 번째 요점은 성경의 계시가 항상 모든 시대에 해당된다는 것입니다. 성경이 시대에 뒤떨어지고 시의적절하지 못한 옛날 책이라는 주장 또한 정확히 같은 방식으로 무너지게 되어 있습니다. 성경의 메시지가 항상 시의적절한 이유가 무엇일까요? 성경을 펴서 읽을 때 즉시 발견하는 사실은 늘 동일한 메시지를 전하는 듯 보인다는 것입니다. 창세기 맨 앞부터 하나님이 인간을 만드시고 그에게 말씀하셨으나 불순종함으로 비참해지고 무력해졌다는 기록이 나옵니다. 홍수 시대에도 같은 일이 일어났습니다. 이후 수백 년의 역사를 보아도 마찬가지입니다. 아브라함 시대나 열왕의 시대나 선지자들의 시대나 신약 시대나 동일합니다.

성경은 놀라운 책입니다. 서로 알지도 못하고 연관도 없는 사람들이 서로 다른 시대에 이 긴 책을 썼는데도 한결같이 똑같은 메시지를 전합니다. 그 이유가 무엇일까요? 한 하나님이 항상 말씀하시기 때문입니다. 하나님은 변하지 않으십니다. 우리는 세상의 변화와 사람들의 변화에 대해 이야기합니다. 그러나 이것은 하나님에게서 나온 메시지—하나님이 아담과 아벨과 노아와 아브라함과 다윗과 선지자들에게 주신 메시지—입니다. 그가 영원히 동일하신 분이라면, 변함도 없고 회전하는 그림자도 없는 빛들의 아버지시라면, 변할 수 없으신 분이라면, 그의 메시지 또한 언제나 동일할 것을 기대할 수 있으며 실제로 그의 메시지는 동일합니다.

이 메시지가 변하지 말아야 할 또 한 가지 타당한 이유는 인간 역시 변하지 않는다는 사실에 있습니다. 방금 언급한 인물들을 보십시오. 오늘날 우리도 그들과 같은 짓을 하고 있지 않습니까? 아담은 하나님의 뜻에 순종하는 대신 자기 뜻을 행사했고, 어리석은 우리는 여전히 같은 짓을 하고 있습니다. 가인은 아우를 죽였고, 사람들은 여전히 여러 방법으로 서로 죽이고 있습니다. 다윗은 간음이라는 위중한 죄를 지었고, 신문들은 여전히 간음의 기사들로 채워져 있습니다.

그런데 왜 메시지가 변해야 합니까? 하나님도 변하지 않으시고 인간도 변하지 않았습니다. 상황도 여전히 동일합니다. 바벨론에 잡혀간 이스라엘 자손의 역사를 읽으나 오늘날 세상의 모습을 바라보나 차이가 없습니다. 나라가 다르다는 형식상의 차이만 있을 뿐, 상황은 일치합니다. 하나님이 동일하시며 죄에 빠진 인간도 동일합니다. 그래서 성경이 모든 시대에 해당된다는 것입니다.

성경의 메시지는 이것입니다. 우리 모든 사람에게—지금 살아 있는 사람에게나 천 년, 2천 년, 6천 년 전에 살았던 사람에게나—중요한 문제는 오직 한 가지, 하나님과 우리의 관계입니다. 성경 어디를 보아도 거의 모든 곳에 이 메시지가 나옵니다. 에스겔서 36:16-36은 우리 주와 구주 되신 예수 그리스도의 복음에 대한 완벽한 진술입니다. 여기에 복음이 다 들어 있습니다. 그 메시지가 무엇입니까? 첫째는 하나님 자신에 관한 진실입니다. 이것은 주변 세상의 소리에서 들을 수 없는 것입니다. 그 소리들은 하나님에 대해 알려 주지 않습니다. 인간의 특징이나 계산이나 이익 같은 데만 관심을 기울일 뿐입니다. 그러나 성경은 "잠깐 멈추라"라고 말합니다. 여호와의 말씀이 임했다고 말합니다.

다시 말하건대, 성경을 떠나서는 하나님에 대해 아무것도 알 수 없습니다. 물론 "하나님이 이러시면 안 되는데"라든지 "하나님이 저러시는 것이 이해되지 않는다"라고 말하는 이들이 있습니다. 대체 어떤 지식에 근거해서 그렇게 말하는 것입니까? 무슨 권리로 하나님을 그렇게 규정하는 것입니까? 여러분은 하나님을 알고 있습니까? 하나님께 말해 본 적이 있습니까? 그의 소리를 들은 적이 있습니까? 그의 임재를 느낀 적이 있습니까? 그를 본 적이 있습니까? 당연히 없습니다. 하나님이 은혜로 기쁘게 계시하시고 나타내 주신 것 외에 우리가 그에 대해 알 수 있는 바는 하나도 없습니다. 그리고 그가 계시해 주신 모습은 분명합니다. 그는 거룩하신 하나님입니다. 십계명을 통해 그가 어떤 분이신지 살짝 엿볼 수 있습니다. 그는 세상을 지으신 창조자십니다. 영원한 심판자십니다. 온 우주 위 보좌에 앉아 계신 분입니다. 우리는 다 그 앞에 서 있는 존재들입니다.

그의 말씀을 들으십시오. 다른 모든 소리—왁자한 웃음소리, 우스갯소리, 겉으로만 굉장하고 훌륭하고 황홀하고 신나는 소리—에는 귀를 막으십시오. 그런 소리들은 차단하고 하나님이 여러분에 대해 알려 주시는 소리를 들으십시오. 그는 먼저 자신의 영원한 영광에 대해 알려 주십니다. 세상과 인간을 창조하신 일에 대해 알려 주십니다. 여기에서부터 출발해야 합니다. 연이어 인간에 관한 진실도 알려 주십니다. 주변 세상 소리를 듣는 일이 비극적인 것은 우리에 관한 진실을 알려 주지 않기 때문입니다!

신문을 읽어 보십시오. 인간이 어떤 존재인지 알려 줍니까? 제 생각에 여러분이 도달할 수 있는 유일한 결론은 '인간은 동물이며 인간에게 가장 중요한 문제는 음식과 성性'이라는 것입니다. '인간은 정글의 동물이나 합성물 덩어리 내지 시간을 어찌 보내야 할지 모르는 일종의 짐승'이라는 인상만 받습니다.

오, 여러분에 관한 진실을 알려 주는 하나님의 말씀을 들으십시오! 인간은 원래 이렇게 살도록 지어지지 않았습니다. 신문에 나오는 모습처럼 살도록 지어지지 않았습니다! 이것은 삶이 아니라 지옥입니다! 우리는 삶을 지옥으로 만들어 버렸습니다.

오직 성경에서만 인간의 위대함과 영광을 알 수 있습니다. 인간의 참된 본성과 원래 목적이 무엇인지, 어떤 삶을 살아야 하고 어떤 존재가 되어야 하며 무엇을 해야 하는지 알 수 있습니다. 이 책에 나오는 여러분 자신에 관한 진실을 들으십시오. 마찬가지로 역사와 영원에 관한 진실도 알 수 있습니다. 그 모든 것을 알 수 있습니다. 그런데 36장의 본문을 자세히 고찰할 때 우리가 집중하게 되는 특별한 질문은, 그런 인간이 대체 왜 이 지경이 되어 버렸느냐 하는 것입니다.

그 대답을 미리 조금 알려 드리겠습니다. 다음 구절을 들어 보십시오. "인자야, 이스라엘 족속이 그들의 고국 땅에 거주할 때에 그들의 행위로 그 땅을 더럽혔나니"(17절). 그들이 이스라엘에 있을 때 상황이 악화된 이유가 여기 있습니다. 하나님은 마치 이렇게 말씀하시는 것 같습니다. "에스겔아, 너는 지금 네 당대인, 동족과 함께 완전히 비참하고 불행한 모습으로 바벨론 강가에 앉아 있다. 문제는 너희가 왜 이스라엘이 아닌 여기에 앉아 있느냐 하는 것이다. 그 대답은 아주 명확하다. 너희 자신의 어리석음 때문인 것이다. 너희가 고국 땅을 오염시키고 더럽혔다. 너희가 나와 내 길을 거스르고 반역했다. 너희가 이런 상황을 자초했다. 환경이나 다른 요소가 아닌 너희 자신이 원인이다. 너희 자신이 이렇게 만들었다." 하나님은 이런 그들의 행위를 미워하고 정죄하여 마침내 벌했다고 하십니다. 자신이 친히 갈대아인들을 통해 이 백성을 고국 땅에서 쫓아내 각국으로 흩어 버렸다고 하십니다. 여러분은 하나님을 농락할 수 없으며 회피할 수 없습니다. 그는 반드시 죄를 벌하십니다. 태초부터 그렇게 해오셨습니다. 아담과 하와를 에덴동산에서 쫓아내셨고, 그처럼 자기 백성을 이스라엘 땅에서 쫓아내셨습니다.

오, 그러나 감사하게도 그것이 끝은 아닙니다. "여호와의 말씀이 또 내게 임하여 이르시되." 이 메시지는 하나님과 이스라엘 백성에 대해 이야기하며 그들이 이 지경이 된 이유와 하나님이 그들을 벌하신 이유를 알려 준 다음, 그럼에도 불구하고 하나님이 그들을 구원하실 것이라고—그들에게 그럴 자격이 있어서가 아니라 하나님 자신의 영광과 이름을 위해 구원하실 것이라고—말합니다.

"여호와의 말씀이……임하여." 이 책의 영광은 계속해서 이렇게 말하는 데 있습니다! 저나 여러분이 하나님이었다면 매번 이스라엘 자손을 눈앞에서 내쳐 버렸을 것입니다. 그러나 하나님은 이들에게 내려와 말씀하셨습니다.

이것이 복음의 전적인 메시지입니다. 때가 차매 하나님이 아들을 보내셨습니다. 아들은 하나님 자신의 말씀이자 사랑의 표현이었습니다. 하나님은 독생자를 통해 인간에게 최종적인 말씀을 주셨습니다. 아들이 친히 오셔서 말씀하시고 행하셨습니다. 그리고 지금은 성찬의 떡과 잔이 계속해서 말하고 있습니다. 이 모든 것이 전하는 메시지는 동일합니다. 우리와 상관없이 구원하시는 하나님의 방법을 알려 주는 것입니다.

이 모든 내용에 비추어 볼 때 알게 되는 마지막 요점은 이것입니다. **하나님의 말씀은 우리를 불러 회개하라고, 다시 생각하라고 촉구합니다.** 하나님은 에스겔에게 말씀하셨습니다. "가서 저 백성에게 말하라. 저들이 깨달은 후에는 자기 죄를 미워하며 혐오할 것이다. 저들을 불러 회개하게 하라. 내게로 돌아오게 하라." 이것이 성경의 메시지입니다. 전체로 받아들여야 할 하나의 온전한 메시지입니다. 일부만 골라서 "저것은 받아들이고 나머지는 빼 버리겠다"라고 할 수 없습니다. 그것은 불가능합니다. 성경의 메시지는 하나님의 계시입니다. 사람이 발견해 낸 것이 아닙니다. 하나님이 친히 자신에 관해 계시해 주신 것입니다. 계시를 받아들일 때는 전부 다 받아들이는 것이 일관되고 논리적인 태도입니다.

"죄 교리는 싫다"라고 할 수도 있습니다. 그러나 제 질문은 무엇이 마음에 드느냐는 것이 아닙니다. 하나님의 말씀을 믿겠느냐는 것입니다. 하나님의 거룩하심에 대한 성경의 메시지를 받아들이지 않으면 그의 사랑을 알 수 없습니다. 거짓 선지자들은 이스라엘 백성에게 "아, 괜찮다! 하나님은 사랑이시다. 너무 심각하게 생각하지 마라! 계속 그대로 살아도 된다. 하나님은 사랑이시다"라고 했습니다. 그러나 백성은 하나님이 또한 공의로우시다는 것, 그래서 자신들이 바벨론까지 잡혀 왔다는 것을 알게 되었습니다. 맞습니다. 하나님은 사랑이십니다. 그러나 또한 거룩하신 분입니다. 어둠이 하나도 없는 빛이십니다. 성경 메시지는 전체로 다 받아들여야 합니다.

"그래도 인간에게 비참하고 악한 죄인임을 인정하라는 건 좀 굴욕적인 일 같다. 난 그런 교리는 믿지 않는다"라고 할 수도 있습니다. 다시 말하지만, 이것은 마음에 드느냐 들지 않느냐 하는 문제가 아닙니다. 진실로 자기 자신을 알게 되면 성경의 메시지가 참됨을 깨달을 것입니다. 그러나 아직 모른다 해도, 하나님이 이렇게 진단하시니 그대로 믿으십시오. 이것은 하나님이 계시하신 사실입니다. 구주의 필요성을 모르면서 그리스도를 구주로 알게 된 자는 아무도 없습니다. 바리새인들의 전적인 문제가 이것이었습니다. 스스로 죄인이라고 생각하길 싫어했습니다. 구주가 필요한 자신의 상태를 보고 싶어 하지 않았고, 그래서 그리스도를 거부했습니다. 자신의 필요를 보아야 자신을 구원해 주신 하나님께 감사하게 됩니다. 구원은 취사선택할 수 있는 메시지가 아닙니다. 모든 부분을 다 받아들여야 하는 하나의 전체적인 메시지입니다. 전체로 다 받아들이지 않는 복음은 복음이 아닙니다.

그리스도의 피 교리를 싫어하는 사람들도 있습니다. 그들은 "피를 강조하는 게 싫다"라고 합니다. 그렇게 싫다면 할 수 없지만, 그 피 없이는 천국에 가지 못합니다. 지성소에 들어가는 길은 오직 한 가지, 예수 그리스도의 피를 힘입는 것뿐입니다. 피 흘림이 없으면 죄 사함도 없습니다. 이것은 선지자나 제사장들이 지어 낸 생각이 아닙니다. 하나님의 계시입니다. 하나님은 모세를 산으로 불러 "성막과 제사의 본을 보여줄 테니 잘 들으라"라고 하셨습니다. 어떤 짐승은 바쳐도 되고 어떤 짐승은 바치면 안 되는지, 제사장들이 어떻게 짐승에게 안수하고 잡아야 하는지, 어떻게 사체를 태우고 피를 바쳐야 하는지 알려 주셨습니다. 백성은 그 메시지 전체를 받아들여야 했습니다.

힘들고 불행한 영혼에게 다음과 같이 복음 메시지를 제시하며 오늘 설교를 맺겠습니다. 여러분은 마치 에스겔과 같습니다. 수치와 슬픔 속에 앉아 있습니다. 전에는 자기 생각대로 인생을 바라보며 자신이 할 일을 결정했습니다. 자신은 의지가 강하기에 얼마든지 죄를 가지고 놀 수 있다고 생각했습니다. 그런데 결국은 죄가 자신을 가지고 논 것을 발견하기에 이르렀습니다. 명성도 잃었고 좋은 평판도 잃었습니다. 자신이 상황을 좌우할 수 없음을 비로소 느끼고 있습니다. 그래서 우울하고 부끄러운 심정으로 바벨론 강가에 앉아 있습니다.

이제 가만히 귀를 기울여 보십시오. 여러분이 자초한 온갖 어리석음이나 교만이나 수치와 상관없이 하나님이 자신의 이름을 위해 아들을 세상에 보내셨다는 소리, 여러분과 여러분의 죄를 위해 죽게 하셨다는 소리가 들려오지 않습니까? 하나님은 지금 여러분이 앉아 있는 그 자리, 실패와 굴욕 속에 앉아 있는 바벨론 강가로 찾아오십니다. 왜 거기까지 이르게 되었는지 알려 주십니다. 어떻게 여러분을 거기에서 일으켜 자신에게로 돌이키실 수 있는지, 정결하게 씻어 성령으로 채워 주실 수 있는지, 새 마음과 부드러운 마음을 주실 수 있는지, 엄청난 복을 쏟아부으실 수 있는지 알려 주십니다.

여러분은 그 소리를 들었습니까? 하나님의 말씀이 예수 그리스도 안에서 여러분에게 임했습니까? 그는 말씀하십니다. "하나님이 세상을 이처럼 사랑하사 독생자를 주셨으니 이는 **그를 믿는 자마다** 멸망하지 않고 영생을 얻게 하려 하심이라"(요 3:16). 들으십시오!

2

반역 행위

여호와의 말씀이 또 내게 임하여 이르시되 "인자야, 이스라엘 족속이 그들의 고국 땅에 거주할 때에 그들의 행위로 그 땅을 더럽혔나니 나 보기에 그 행위가 월경 중에 있는 여인의 부정함과 같았느니라. 그들이 땅 위에 피를 쏟았으며 그 우상들로 말미암아 자신들을 더럽혔으므로 내가 분노를 그들 위에 쏟아 그들을 그 행위대로 심판하여 각국에 흩으며 여러 나라에 헤쳤더니 그들이 이른바 그 여러 나라에서 내 거룩한 이름이 그들로 말미암아 더러워졌나니 곧 사람들이 그들을 가리켜 이르기를 '이들은 여호와의 백성이라도 여호와의 땅에서 떠난 자라' 하였음이라." 겔 36:16-20

이스라엘 자손은 지금 곤경에 빠져 있습니다. 강력한 원수가 그들의 땅에 쳐들어와 큰 성 예루살렘의 성벽과 성루를 부수고 성전을 비롯한 웅장한 건물들을 무너뜨려 돌무더기로 만든 후, 백성을 사로잡아 자신들의 나라 바벨론으로 끌고 왔습니다. 이스라엘 자손은 포로가 되어 여기 바벨론에 와 있습니다. 에스겔이라는 이 사람, 하나님의 선지자도 그들과 함께 바벨론 강가에 앉아 있습니다. 그들은 때때로 고국과 예루살렘 성을 생각하고 돌아보며 자신들이 여기까지 오게 된 이유를 물었습니다. 이런 상황에서 하나님이 에스겔 선지자에게 이 메시지를 주어 포로 된 백성에게 전하게 하신 것입니다.

우리는 이것이 아주 전형적인 성경의 진술임을 지적했습니다. 실제로 성경은 서로 다른 시기에 서로 다른 방식으로 서로 다른 상황과 실례들을 이야기함에도, 시종일관 한 메시지를 전합니다. 그 메시지는 다름 아닌 하나님에게서 나온 것입니다.

이 책은 인간의 책이 아닙니다. 인간의 생각이 아닙니다. 여호와의 말씀입니다. 에스겔이 몇 주 몇 달에 걸쳐 자신들의 상황을 이해하고자 애쓰며 연구한 끝에 마침내 발견한 내용이 아닙니다. 전혀 아닙니다. 동족과 다름없이 절망적이고 무력하게 앉아 있던 그에게 여호와의 말씀이 임한 것입니다. 현 세상의 유일한 소망 또한 여기에 있습니다. 이 옛 말씀이 오늘날에도 세상에 임하고 있습니다. 이 말씀에 복음이 완벽하게 요약되어 있습니다.

우리는 이것이 온전한 하나의 메시지라는 점에 주목했습니다. 여러 부분으로 이루어져 있지만 전부 하나입니다. 이 메시지는 전체로 받아들여야 한다는 사실, 그렇지 않으면 받아들인 것이 아니라는 사실을 처음부터 이해하고 넘어가야 합니다. 이보다 더 중요한 일이 없습니다. 이 메시지는 토막토막 나누어 받아들일 수 없습니다.

성경 메시지의 영광은 각 단계가 다른 단계와 이어진다는 데 있습니다. 서로 무관하거나 이질적인 부분이 하나도 없습니다. 전에도 종종 말했듯이, 저는 다른 이유 없이 이 논리성 하나만으로도 성경이 하나님의 말씀임을 충분히 믿습니다. 성경은 하나의 전제에서 출발하여 다음 단계로 나아가며, 또 그 다음 단계로 나아갑니다. 항상 논리적인 전체, 완벽한 하나를 이룹니다. 성경 각 부분을 낱낱이 다 받아들이지 않으면 결코 전체를 알 수 없으며 성경이 주는 큰 구원을 경험할 수 없습니다.

에스겔에게 임한 여호와의 말씀이 첫 번째로 다룬 문제는 그들이 왜 이 지경이 되었느냐 하는 것입니다. 포로로 잡혀 온 이스라엘 자손에게 맨 처음 전하게 하신 메시지가 이것입니다. 이 점부터 명백히 밝혀야 합니다. 지금 백성이 있는 자리에서부터 출발하여 명백히 물어 보아야 합니다. 이스라엘 자손은 바벨론에서 왜 이러고 있는 것입니까? 왜 고국으로 돌아가지 못하는 것입니까? 왜 예루살렘 성에서 살지 못하는 것입니까? 대체 왜 이러고 있는 것입니까? 여호와의 말씀은 그 이유를 조사하며 그에 대한 심판을 선언합니다.

우리 마음에 들든 들지 않든, 성경은 항상 여기에서 출발합니다. 현대인이 이런 말을 싫어한다는 것은 저도 잘 압니다. "그러니까 진단을 내리고 죄 이야기를 하는 데 시간을 쓰지 말고 치료법만 알려 달라니까요"라고 합니다. 조속한 치료만 받길 바랍니다. 자신들의 실상을 살펴보고 조사해서 알려 주길 바라지 않습니다. "그런 건 다 됐고요, 하나님의 사랑만 이야기해 주세요. 모든 문제를 즉시 바로잡을 방법만 알려 달라고요. 내가 바라는 건 그겁니다"라고 합니다.

그러나 하나님은 그렇게 하지 않으십니다. 지금 우리가 있는 자리에서 출발하십니다. 여러분은 지금 바벨론에 와 있습니다. 대체 왜 이러고 있는 것입니까? 어쩌다가 여기까지 오게 된 것입니까? 그 이유를 분명히 알기 전까지는 고국 땅으로 돌아갈 수 없습니다.

사람들이 이 지경이 된 이유가 무엇입니까? 오늘날 세상이 이 지경이 된 이유가 무엇입니까? 이 곤경의 원인이 무엇입니까? 성경은 항상 이 질문에서 출발하며, 제가 볼 때 이것은 너무나 자명한 순서이기에 솔직히 이에 반대하는 심리를 이해하기가 매우 어렵습니다. 물론 자신이 아플 때 병상에 찾아와 아무 검사도 없이 "통증이 있다는 말씀 들었습니다. 자, 모르핀 주사를 한 대 놓아 드리지요"라고 말하는 의사를 선호할 수도 있습니다. 그러면 통증이 가시면서 더할 나위 없이 행복해지고 편안해질 것입니다. 그 상냥한 의사는 환자를 살피고 조사하는 데 시간을 들이지 않고 재빨리 주사만 놓은 후 가 버릴 것입니다.

여러분이 그런 의사를 선호한다면, 장담하건대 극히 위험한 짓을 하고 있는 것입니다. 확실히 말하는바, 반드시 문제의 원인부터 찾아내야 합니다. 통증의 원인이 무엇입니까? 몸에 무슨 문제가 있어서 이런 상태에 이른 것입니까? 질병의 원인을 찾기도 전에 증상부터 완화시키고 환자를 편안하게 해주는 것은 위험한 짓으로서, 그런 의사는 친구는커녕 오히려 원수라고 해야 할 것입니다. 그것은 환자의 인생과 미래의 생존 전체를 위험에 빠뜨리는 짓입니다.

다시 말해서, 치료법을 알아보기 전에 정확하고 확실한 진단부터 내려야 한다는 것은 누구나 인정하는 기본원칙인 것이 분명합니다. 물론 그 과정이 고통스러울 수 있습니다. 마음이 조급한 환자는 아주 성가시게 여길 수도 있습니다. "이 의사는 왜 혈액 샘플을 채취하는 거야? 왜 엑스레이를 찍으라는 거야? 왜 환자가 아닌 사람까지 불러서 이런저런 조사를 하는 거야? 왜 빨리 아픔과 고통을 덜어 주지 않는 거야?"라고 할 수 있습니다. 그러나 환자에게 주도권을 내주는 의사는 아주 형편없는 의사입니다. 자신이 할 일을 아는 의사는 오직 질병의 원인을 최대한 정확하게 찾아내길 고집하는 것이 정직한 태도임을 압니다.

성경이 하는 일이 바로 그것입니다. 우리 마음에 들든 들지 않든, 죄 교리에서부터 출발합니다. 모든 문제가 거기에서 비롯되기 때문입니다. 그런 이유로 성경이 창세기 앞장에서 처음부터 죄에 대해 설명하는 것입니다. 홍수 사건이나 소돔과 고모라 사건, 인생을 선하게 시작해서 악하게 끝낸 왕들이나 여러 인물들의 사례를 통해 죄에 대해 설명하는 것입니다. 그들의 문제가 무엇입니까? 언제나 똑같습니다. 죄 때문인 것입니다.

성경은 이스라엘 자손의 사례를 통해 놀랍고도 객관적인 교훈을 줍니다. 그들의 기록을 남긴 이유가 여기 있습니다. 이스라엘 자손은 이 교리를 완벽하게 보여주는 실례입니다. 사도행전 13장에 나오는바, 바울이 비시디아 안디옥에서 설교한 내용도 이것입니다. 사도는 이스라엘 자손의 역사를 훑어보며 그들이 이 지경이 된 이유를 밝힙니다.

제가 이 점에 주의를 환기시키는 것은, 이 사람 에스겔이 오래전 동족에게 말한 내용을 학문적으로 연구하는 데 관심이 있기 때문이 아니라 오늘날 상황이 그때와 정확히 일치하기 때문입니다. 지금 세상은 곤경에 빠져 있습니다. 불행하고 비참합니다. 온 인류가 낯선 강가에 앉아 있습니다. 근본적으로 잘못된 문제, 절망적으로 잘못된 문제가 있습니다. 그것이 무엇일까요? 에스겔이 전한 말을 들어 봅시다.

첫 번째 주장—성경이 다른 모든 부분에서도 내놓는 주장—은 전적으로 자신들의 잘못 때문에 곤경에 처한다는 것입니다. 자신들이 그렇게 살고 행동했기 때문에, 그 결과로 이 지경이 된다는 것입니다.

성경의 진단은 세상이 믿고 싶어 하는 바와 거리가 멉니다. 성경이 얼마나 진실하고 현실적이며 분명하고도 정직하게 우리를 바라보며 적나라한 진실을 알려 주는지 모릅니다. 그러나 사람들은 그것을 결코 좋아하지 않습니다. 이 점에서 일관성이 전혀 없습니다. 다시 의료계의 비유를 들자면, "선생님, 전 제 상태를 정확히 알고 싶습니다. 그러니 아무것도 숨기지 말고 알려 주세요. 전 아무리 최악의 상황이라도 알고자 하는 사람이라고요. 그러니 정확히 뭐가 문제인지 알려 주세요"라고 의사한테 말하는—그리고 자신이 그런 사람이라는 데 자부심을 느끼는—환자 유형이 있습니다. 그러면서도 영적인 차원에서 정확하게 알려 주면 싫어합니다. 죄에 빠진 인간은 얼마나 일관성이 없고 비논리적인지요!

이것은 기본적인 진술입니다. 사람들 스스로 곤경을 자초합니다. 왜 그럴까요? 에스겔의 분석을 몇 가지 원리의 형태로 요약해 보겠습니다. 인간은 몇 가지 기본사실을 깨닫거나 기억하지 못하는 탓에 곤경에 빠집니다. 그 몇 가지가 무엇입니까?

첫째는, 하나님과 어떤 관계를 맺느냐 하는 것이야말로 인생에서 가장 긴요한 일이라는 것입니다. 이것이 가장 중요합니다. 인류의 전적인 비극은 이 점을 잊어버린 데 있습니다. 이 일보다 다른 일을 더 앞세우고 고려합니다. 오늘날 세상이 안고 있는 온갖 문제들을 보십시오. 그 문제들을 해결하고자 하는 일이 무엇입니까? 회의를 열고, 자문을 구하며, 이런저런 계산을 하고, 이런저런 시도를 하는 것입니다. 하나님이나 하나님과 우리의 관계에 대해 얼마나 이야기합니까? 그러나 이것이 모든 곤경의 핵심 원인입니다. 오늘날 사람들이 이 지경이 된 것은 옛 이스라엘 자손처럼 하나님께 등을 돌린 탓입니다.

성경은 모든 문제를 푸는 유일한 열쇠가 여기 있다고 말합니다. 다른 부분들이 얼마나 바르냐 아니냐는 중요치 않습니다. 이 관계가 어긋나면 전부 어긋나게 되어 있습니다. 하나님과 관계가 바르지 못하면 결국 어떤 것도 바를 수 없기 때문입니다.

이것은 포괄적인 원리입니다. 하나님과 어떤 관계를 맺느냐가 중요합니다. 인간의 첫 번째 잘못은 하나님이 자신들을 위해 행하시는 일과 베푸시는 복의 가치를 알아보지 못하는 것입니다. 본문이 이에 대해 어떻게 말하는지 보십시오. 하나님은 에스겔에게 말씀하십니다. "인자야, 이스라엘 족속이 그들의 고국 땅에 거주할 때에 그들의 행위로 그 땅을 더럽혔나니"(17절). "이스라엘 자손의 문제를 알려 주겠다. 그들에게 가서 말하라. 내가 처음 그들을 고국 땅에 두었다. 내가 그들을 그 땅으로 데려갔고 완벽한 출발을 하게 해주었다"라는 것입니다. 그들은 애굽에서 완전히 무력한 노예로 살았습니다. 감독들은 충분치 못한 짚으로 벽

돌을 만들게 했고 채찍을 휘둘렀습니다. 그런 압제에서 벗어날 길이 전혀 없었습니다. 그들은 멸절당할 위기에 처했습니다. 맏아들을 낳는 대로 죽이라는 명령이 산파들에게 떨어졌습니다. 그런데 어떻게 애굽을 떠나 이스라엘 땅으로 가게 되었습니까? 하나님은 말씀하십니다. "내가 그 땅으로 데려갔다. 내가 그 땅을 주었다. 내가 심히 무력한 그들을 강한 손으로 끌어냈다. 내가 홍해를 건너게 했고, 젖과 꿀이 흐르는 땅으로 인도했다. 내가 그 땅을 주어 차지하게 했다. 내가 그들 앞에서 원수들을 쫓아냈다. 내가 그 땅을 그들에게 넘겨주었다. 내가 그들에게 고국 땅을 주어 거주하게 했다."

하나님은 전적으로 자신의 선하심과 자비하심과 인자하심과 사랑으로 그들을 그 땅에 두셨고 완벽한 출발을 하게 해주셨습니다. 안녕과 생명과 번영에 필요한 모든 것을 마련해 주셨습니다. 그렇게 그들은 고국 땅에 거주했습니다. 어긋날 이유가 하나도 없었습니다.

그런데 왜 어긋났습니까? 그 대답은 하나님이 그들을 위해 행하신 일과 베푸신 복의 가치를 알아보지 못했기 때문이라는 것입니다. 그들은 자신들의 방식과 행위로 그 땅을 더럽혔습니다.

이것이 인류의 전 역사입니다. 태초에 하나님은 인간을 완벽하게 만들어 에덴동산—낙원—에 두셨습니다. 그보다 더 좋을 수가 없었습니다. 그들은 이상적이고 목가적인 삶을 살았습니다. 이마에 땀을 흘려 가며 양식을 얻을 필요가 없었습니다. 그저 열매만 따서 먹으면 되었습니다. 거기에는 완벽한 조화가 있었습니다. 하나님이 그들과 말씀하셨고, 내려와 함께 거하셨습니다. 그 사이에 놀라운 교통이 있었습니다. 그런데 왜 이 지경이 되었습니까? 남자와 여자가 낙원의 가치를 알아보지 못했기 때문입니다. 그들은 스스로 더 좋은 것을 알 수 있고 할 수 있다고 생각했습니다. 그래서 변명의 여지 없이 이 지경이 되어 버린 것입니다. 그들 스스로 이 모든 결과를 자초했습니다.

신약성경에 나오는 탕자의 비유, 비할 데 없이 아름다운 주님의 비유에 나오는 완벽한 예를 보십시오. 먼 나라로 떠난 청년의 처지를 보십시오. 그는 들에서 돼지나 먹는 쥐엄열매를 먹었습니다. 곁을 지키는 이가 아무도 없었습니다. 친구들이 다 떠나 버렸습니다. 돈이 떨어지자 그들도 떠나 버렸습니다. 돈이 있을 때는 이용하다가 돈이 떨어지자 가 버렸습니다. 무엇이라도 건네주는 이가 없었습니다. 철저히 혼자 남아 누더기를 걸치고 고립된 생활을 했습니다. 대체 왜 이렇게 되었을까요? 그는 훌륭한 양육을 받으며 자란 사람이었습니다. 필요한 것이 전부 구비되고 바라는 것 또한 넉넉히 제공되는 집에서 아버지와 함께 아주 행복하게 살던 사람이었습니다. 그런데 어쩌다가 이런 처지가 된 것일까요? 자신이 의도적으로 한 행동 때문이었습니다. 그는 자기 집의 가치를 알아보지 못했습니다. 이스라엘 자손처럼 고향 땅에 사는 것에 만족하지 않았습니다. 더 좋은 삶을 안다고 생각했습니다. 먼 나라의 소문을 듣고 그리로 찾아갔습니다.

이것은 우리의 핵심 문제를 보여주는 성경의 사례입니다. 하나님은 남자와 여자에게 완벽한 출발을 주셨지만, 그들은 그 가치를 알아보지 못했습니다. 우리의 모든 곤경은 하나님이 우리를 두신 자리에 머물지 않는 데서 비롯됩니다. 우리는 하나님이 의도하신 대로 살지 않으려 합니다. "인자야, 이스라엘 족속이 그들의 고국 땅에 거주할 때에 그들의 행위로 그 땅을 더럽혔나니." 약속의 땅과 그 모든 영광 및 축복을 받고

서도 그 땅을 더럽혀 바벨론 땅까지 잡혀간 백성은 얼마나 어리석습니까? 그런데 인류는 여전히 같은 문제에 빠져 있습니다.

두 번째 원리를 통해 계속 설명해 보겠습니다. 사람들은 의도적으로 하나님을 외면하고 자기 길을 선택합니다. 이스라엘 자손도 그랬습니다. 왜 그랬을까요? 젖과 꿀이 흐르는 땅, 사람이 바랄 수 있는 모든 것이 갖추어진 땅에 살았는데, 대체 무엇이 어긋난 것일까요? 그들은 하나님의 법에 반발했습니다. 하나님의 길에 반발하면서 그가 명확히 계시하신 율법 대신 자신들의 호오好惡를 기준으로 삼았습니다.

애굽에 잡혀 있던 이스라엘 자손을 끌어내신 하나님은 광야에서 여정을 잠시 멈추게 하시고, 지도자 모세를 산으로 불러 백성에게 전달할 사항을 알려 주셨습니다. "너는 돌아가 그들은 내 백성이요 택한 족속이요 왕 같은 제사장들이요 거룩한 나라요 나의 특별한 소유가 된 백성이라고 말하라. 내가 그들을 사랑하여 애굽에서 끌어냈다고 말하라. 나는 날 위해 내 백성을 만들었고 그들에게 복 주길 원한다. 그들을 통해, 그들 가운데 내 영광을 나타내길 원한다. 그들에게 가서 그들은 나와 이런 관계에 있으니 특정한 방식으로 살라고 명하라"라고 하셨습니다. 그러면서 십계명과 도덕법을 주셨습니다.

그들은 자기 마음대로, 다른 나라 백성이 사는 대로 살 수 없었습니다. 다른 나라 백성은 아무나 좋아하는 사람과 결혼할 수 있었지만, 이스라엘 자손은 그럴 수 없었습니다. 다른 나라 백성은 일주일 내내 원하는 일을 할 수 있었지만, 이스라엘 자손은 그럴 수 없었습니다. 일주일 중 하루는 안식일로서 그날을 존중하고 지켜야 했습니다. 다른 나라 백성이 다 하는 일을 하나님의 백성은 할 수 없었습니다. 이스라엘 자손의 전적인 문제는 "젖과 꿀이 흐르는 땅에서 사는 것은 좋지만 율법은 반대한다. 이처럼 편협하고 엄격하게 사는 것은 삶이 아니다. 다른 나라 백성을 좀 봐라. 우리도 저들처럼 살고 싶다"라고 말한 데 있었습니다. 그들은 실제로 그렇게 살기 시작했습니다.

그것은 의도적인 반역 행위였습니다. 이스라엘 자손은 아담이 에덴동산에서 했던 짓을 그대로 반복했습니다. 모든 면에서 절대적으로 완벽한 낙원에 살고 있던 아담과 하와에게 마귀가 찾아와 말했습니다. "이게 공평한 처사라고 생각해? 저 나무 열매는 먹지 못하잖아. 하나님은 지금 너희를 통제하고 있는 거야. 억압하고 있는 거라고. 너희는 자유롭지 못해. 이제야말로 자유의지를 행사할 때인 것 같지 않아? 평생 이렇게 붙잡혀서 억압당하며 살 거야? 왜 해방과 자유를 찾지 않는 거지? 왜 그걸 차지하지 못하는 거야? 그렇게 해도 전혀 잘못될 게 없어." 두 사람은 그 말을 듣고 믿었으며, 의도적으로 하나님을 반역했습니다.

이것이 오늘날 세상이 곤경에 빠진 전적인 원인입니다. 이 한 행위에서 모든 문제가 뻗어 나왔습니다. 사람들도 세상의 실상을 보면, 정치인이나 철학자나 그 밖의 인물들이 지혜를 모아 시도한 모든 방법과 방책이 무위로 돌아간 것을 보면, 결국 "하나님께 돌아가자"라고 하지 않겠느냐고 생각할지 모르겠습니다. 그런데 왜 돌아가지 않을까요? 하나님의 복—젖과 꿀—은 여전히 좋지만 율법과 명령은 싫기 때문입니다. 하나님의 길을 따라 살려면 그의 법에 순종해야 한다는 것을 사람들은 알고 있습니다.

하나님의 길은 도덕적입니다. 윤리적이고 공정하며 진실합니다. 무차별적으로 복 주는 하나님은 하나님이 아닙니다. 하나님의 말씀에 나오는 모든 약속에는 항상 조건이 따릅니다. 그런데 사람들은 이 조건을 좋아하지 않습니다. 그들이 의도적으로 하나님을 외면하는 것은 바로 이 법 때문입니다. 그래서 자기 땅에 살면서도 그 땅을 더럽히며 그 땅에서 쫓겨날 짓을 하는 것입니다.

이것은 17-20절이 무엇보다 강조하는 그다음 원리로 이어집니다. 사람들은 자기 행동의 위중함을 알지 못합니다. 죄의 참된 본질을 알지 못하며, 특히 하나님이 보시는 죄의 실상을 알지 못합니다.

지금 바벨론 강가에 앉은 이스라엘 자손은 큰 불행과 낙담에 빠져 있습니다. 에스겔은 그들에게 말합니다. "너희가 여기에서 이렇게 고통당하는 이유를 알려 주겠다. 너희가 고국 땅에서 한 짓 때문에 이렇게 고통당하는 것이다. 그때도 선지자들은 너희에게 이야기했다. 하나님이 그들을 일으키셨고, 이사야와 예레미야와 미가를 보내셨다. 연달아 선지자들을 보내서 '계속 이렇게 살면 하나님이 복 주시지 않고 벌하실 것이다'라고 질책하며 경고하게 하셨다. 그러나 너희는 듣지 않았다. 너희 죄의 위중함을 깨닫지 못했다. 포로 신세에서 벗어나 고국 땅으로 돌아가고 싶다면 이 사실부터 알아야 한다. 설사 돌아가더라도 이전에 하던 짓을 반복하면 다시 이 지경이 될 것이기 때문이다. 하나님이 보시는 죄의 실상부터 알아야 한다."

그렇다면 죄란 무엇일까요? 첫째로, 에스겔은 하나님의 작품을 더럽히는 것이라고 말합니다. "이스라엘 족속이 그들의 고국 땅에 거주할 때에 그들의 행위로 그 땅을 더럽혔나니 나 보기에 그 행위가 월경 중에 있는 여인의 부정함과 같았느니라." 그들은 그 땅을 더럽혔습니다.

이 원리가 얼마나 중요한지 모릅니다! 하나님이 보시는 죄의 본질과 성격을 깨닫지 못하는 한 소망이 없습니다. 우리 모두 이 죄를 짓고 있습니다. 하나님의 작품을 더럽히고 있습니다.

그 땅은 하나님의 땅이었습니다. 하나님이 그들을 거기에 두셨습니다. 그들을 위해 그 땅을 준비하셨습니다. 그런데 그들은 피와 우상과 가증한 것들과 온갖 끔찍한 죄로 더럽혔습니다. 죄는 땅을 더럽히고 오염시킵니다.

이것이 죄의 핵심 본질임을 알고 있습니까? 아담은 죄를 지음으로써 자신에게 주신 하나님의 형상을 더럽혔습니다. "하나님이 자기 형상 곧 하나님의 형상대로 사람을 창조하시되"(창 1:27). 그런데 아담은 그 형상을 망쳐 버렸습니다. 몹시 아름다운 그림이나 태피스트리를 더럽히고, 찢고 훼손하며 흙칠한 것과 같습니다. 죄는 사람을 그렇게 만듭니다.

다시 말해서 인류의 근본 문제는 하나님이 지으신 인간의 모습, 하나님이 의도하시고 실제로 만드신 모습을 제대로 깨닫지 못하는 데 있습니다. 인간을 "자기 형상 곧 하나님의 형상대로" 지으셨다는 말이 무슨 뜻일까요? 하나님을 닮게 지으셨다는 것입니다. 하나님은 자신의 존재와 본질의 일부를 인간 안에 두셨습니다. "인간이 두 발로 걷는 것은 하나님의 형상대로 지어졌다는 표시"라고 가르치는 이들이 있는데, 저도 그 말에 동의합니다. 우리는 네 발로 기어 다니는 동물과 달리 똑바로 서서 다닙니다. 말하자면 하늘을 쳐다보며 다니는 것입니다. 이처럼 하나님은 인간을 자기 형상대로 만드셨습니다.

인간에게 놀라운 능력과 성향도 주셨습니다. 우리는 몸이요 정신(또는 혼)이요 영입니다. 혼과 영의 구체적 차이를 밝히는 일은 중요치 않습니다. 요점은 남자와 여자에게 그냥 몸이 아닌 완벽한 몸을 주셨다는 것입니다. 하나님이 손으로 빚으신 인간은 완벽한 표본이었습니다. 흠이 없었고 병든 데나 아픈 데도 없었으며 손상된 데도 없었습니다. 인간은 신체적으로 완벽했습니다.

정신과 혼도 주셨습니다. 자신을 객관적으로 바라볼 수 있는 놀라운 능력을 주셨습니다. 사색할 수 있는 능력을 주셨습니다. 정신과 이성의 능력을 주어 상황을 파악할 수 있게 하셨고 하나님의 논리를 따라올 수 있게 하셨습니다.

무엇보다 하나님 자신을 받아들일 수 있는 능력, 하나님을 알고 즐거워하며 하나님과 동행하고 교통할 수 있는 능력을 주셨습니다. 그것이 이 위대한 형상의 일부를 이루고 있었고, 핵심적인 의를 이루고 있었습니다. 그때까지만 해도 인간은 아무 죄를 짓지 않았습니다. 그 속에 악이 없었습니다. 악에 끌리지 않았습니다. 완전히 의로웠습니다. 도덕적으로도 모든 면에서 부족함이 없었습니다. 모든 부분이 흠 없이 완벽했습니다. 하나님 앞에 똑바로 서 있었습니다.

죄가 무엇입니까? 인간 안에 있는 이 하나님의 형상, 작품을 더럽히는 것입니다. 이 모습과 방금 전에 묘사한 오늘날 인간의 모습—여러분이 보고 있으며 알고 있는 모습—을 비교해 보십시오. 죄는 이토록 무서운 것입니다.

우리는 죄를 행동의 관점에서 바라보는 경향이 있습니다. 죄가 되는 행동과 아닌 행동을 구분합니다. 그러나 행동은 죄에서 가장 덜 중요한 부분입니다. 죄의 무서운 점은 저와 여러분의 본성을 타락 이전에 아담이 가졌던 본성과 딴판으로 만들어 버린 데 있습니다. 나를 과연 하나님의 손으로 만드신 작품이라고 할 수 있겠습니까? 하나님의 완벽한 피조물이라고 할 수 있겠습니까? 술에 취한 자들, 악하고 음란한 자들을 보십시오. 시궁창을 기어 다니는 자들을 보십시오. 그런 자들을 하나님의 작품이라고 할 수 있겠습니까? 이처럼 죄는 하나님의 작품을 더럽힙니다.

그뿐만이 아닙니다. 죄는 하나님의 작품을 더럽히는 데서 더 나아가 하나님 자신을 모욕합니다. 사람들이 한 짓을 정확히 짚어 주는 18절에서 선지자가 어떻게 이 점을 명백하게 밝히는지 보십시오. "그들이 땅 위에 피를 쏟았으며 그 우상들로 말미암아 자신들을 더럽혔으므로 내가 분노를 그들 위에 쏟아." 오, 죄는 참으로 충격적이고 악하며 더럽고 끔찍한 것입니다!

죄가 어떻게 하나님을 모욕할까요? 다음과 같이 모욕합니다. 죄는 자기 우상을 세워 놓고 그 우상을 예배합니다. 참되고 살아 계신 유일하신 하나님께 등을 돌립니다. "우리를 위해 신을 만들자"라고 말합니다. 이스라엘 자손도 그렇게 했습니다. 이방 땅의 우상들을 쳐다보며 "정말 훌륭한데! 저들은 즐겁게 잘도 사는구나. 우리처럼 살지 않고 우리처럼 명령에 따라 하나님을 예배하지도 않네. 이제부터 우리도 저 신들을 섬기자. 그러면 똑같이 즐겁게 살겠지"라고 했습니다. 그래서 나무와 돌과 귀금속으로 신들을 만들었습니다. 그렇게 만든 신들 앞에 엎드려 절했습니다. 영원하시고 영존하시며 영광스러우신 하나님, 천지의 하나님, 만물의 창조자이신 하나님을 떠나 제 손으로 만든 것들을 예배했습니다. 하나님께 이보다 더 큰 모욕이 있겠습니까?

현대세계도 마찬가지 아닙니까? 오늘날 세상도 하나님께 등을 돌리고 있습니다. 하나님을 예배하지 않습니다. 하나님의 법에 복종하지 않습니다. 자기 신들을 예배함으로써 이스라엘 자손처럼 심각하게 하나님을 모욕하고 있습니다. 그때와 같은 방식은 아닐지 몰라도 여전히 신을 만들고 있습니다. 우리 신은 우리가 삶의 목표로 삼는 대상이자 돈과 시간을 바치는 대상입니다. 우리가 예민하게 느끼는 대상이며 그것을 위해 얼마든지 싸울 태세를 갖추는 대상입니다. 우리 삶의 중심에 있는 것들입니다.

사람들은 여전히 자기 신, 자기가 만든 신을 예배하며 모든 영광 중에 계신 하늘의 하나님께 등을 돌리고 있습니다. 자기 나라를 예배하고, 자기 자신을 예배하며, 자기 머리와 돈과 지위와 신분과 부와 집과 차와 아내와 자식들을 예배합니다. 그런 것들을 하나님보다 앞세웁니다. 하나님을 멸시합니다. 그의 법을 무시합니다. 양심의 소리를 들을 생각조차 하지 않고 몰아냅니다. 자기가 하고 싶은 대로 다 합니다. 자기 신에게 제물을 바치며, 전능하신 주 하나님은 뒷전으로 밀어냅니다.

이와 연결되어 죄가 하는 또 한 가지 일은 하나님의 원수들에게 항상 기뻐할 기회를 제공하는 것입니다. 20절의 메시지가 그것입니다. "그들이 이른바 그 여러 나라에서 내 거룩한 이름이 그들로 말미암아 더러워졌나니 곧 [이방] 사람들이 그들을 가리켜 이르기를 이들은 여호와의 백성이라도 여호와의 땅에서 떠난 자라 하였음이라." 이방 나라들은 이스라엘 자손이 바벨론에 포로로 잡혀가는 것을 보면서 "자신들의 하나님이 유일한 하나님이요 심히 놀랍고 전능한 하나님이라고 떠들더니, 별로 그렇지도 않네. 그런 명성에 걸맞은 신이라면 자기 백성이 저런 꼴을 당하게 두겠어? 저들을 좀 봐. 고국 땅을 떠나 저 먼 데까지 잡혀가잖아. 저런 신이 저들의 하나님이라고? 저런 자들이 하나님의 작품이라고?"라고 했습니다. 이스라엘 자손의 죄와 실패가 원수들에게 하나님을 비웃을 기회를 제공한 것입니다.

이것은 이중의 메시지입니다. 우선은 모든 그리스도인에게 주는 메시지입니다. 저와 여러분이 죄를 지으면 하나님의 원수들이 기뻐합니다. "하나님이 자신들을 구원했고 예수가 자기 백성을 죄에서 구원한다더니, 저 꼴을 좀 봐"라고 합니다.

동시에 이것은 그리스도인뿐 아니라 모든 사람에게 해당되는 메시지이기도 합니다. 죄는 마귀를 기쁘게 합니다. 에덴동산에서 마귀가 어떠했는지 보십시오. 자신이 꼬드긴 하와가 아담까지 꼬드기는 것을 보면서 크게 기뻐했습니다! 여러분에게도 지옥의 웃음소리가 들리지 않습니까? 타락한 악한 영들이 하나님의 형상대로 지어졌다가 부끄럽게 실패한 인간을 손가락질하고 하나님을 비웃으며 의기양양해하는 소리가 들리지 않습니까?

오늘날 인류를 보면서 지옥이 기뻐하고 있으며, 사방에 있는 하나님의 원수들이 기뻐하고 있습니다. 죄와 수치에 빠져 불행하고 비참하게 서로 싸우고 다투며 하나님의 세상을 엉망으로 만들고 있는 자들을 보면서 "저런 게 전능자가 만든 피조물이라고? 저들의 꼴을 좀 봐" 하며 비웃고 있습니다. 이것이 죄가 위중한 또 한 가지 이유입니다.

마지막으로, 죄는 하나님 보시기에 심히 거슬리는 것입니다. "나 보기에 그 행위가 월경 중에 있는 여인의 부정함과 같았느니라." 세상이 왜 이 지경이 되었습니까? 우리가 왜 계속 죄를 범하고 있습니까? 하나님의 거룩한 성품을 모르는 탓입니다. 우리는 스스로 방어하고자 애쓰며 어쨌든 자신이 그렇게 나쁜 사람은 아니라고 말합니다. 오히려 복음이 너무 편협하다고 생각합니다. 왜 그럴까요? 하나님의 거룩하심에 대한 개념이 전혀 없기 때문입니다.

죄는 하나님 앞에 심히 가증한 것입니다. 혐오스러운 것입니다. 어둠이 빛 앞에 가증하고, 부정함이 완전무결한 정결함 앞에 가증한 것과 같습니다. 하나님은 빛이십니다. 그 안에 어둠이 조금도 없습니다. 오, 하나님의 거룩하심을 조금이라도 안다면 죄가 얼마나 위중하며 하나님 보시기에 무서운 것인지 알 것입니다! 새하얀 종이는 점 하나만 찍혀도 더러워집니다. 그 예를 무한히 확대하면 거룩하신 하나님이 보시기에 죄가 어떠할지 희미하게나마 짐작할 수 있습니다.

이스라엘 자손이 바벨론 포로로 잡혀간 이유가 여기 있습니다. 죄는 하나님이 보시기에 너무나 혐오스럽고 가증한 것으로서 형벌을 피할 길이 없습니다. "그들이 땅 위에 피를 쏟았으며 그 우상들로 말미암아 자신들을 더럽혔으므로 내가 분노를 그들 위에 쏟아."

세상이 오늘날 이 지경이 된 것은 죄가 바로 이런 것이기 때문이며, 하나님이 이처럼 거룩한 분이시기 때문입니다. 세상은 형벌을 피할 수가 없습니다. 이제까지도 형벌을 받아 왔고 앞으로도 받을 것입니다. 마음에 들든 들지 않든 이해가 되든 되지 않든, 여러분은 거룩하신 하나님 앞에 이런 죄를 지은 죄인입니다.

그는 지금도 온 우주의 조성자요 창조자요 보전자로서 자신의 뜻과 방법을 계속 시행하고 계십니다. 이스라엘 자손은 이 사실을 입증하는 영구한 증거입니다. 오늘날 세상이 깨달아야 할 사실 한 가지가 이것입니다. 이스라엘은 이것을 깨닫고 회개하며 하나님을 바라보았고, 하나님은 그들을 고국 땅 예루살렘으로 다시 데려가 재출발하게 해주셨습니다. 탕자도 자기 죄의 위중함을 깨닫고 집으로 돌아가 환영받고 용서받았습니다. 지금 이 순간 기독교 복음이 전하는 복된 메시지가 이것입니다. 스스로 하나님을 거역했음을 깨닫고 완전히 낮아져서 베옷을 입고 재를 무릅쓰며 그 앞에 엎드려 자비와 긍휼을 외쳐 구하는 자는 누구나 하나님이 받아주신다는 선언, 그가 죄의 모든 오염과 죄책을 처리하며 형벌을 끝낼 방법을 마련해 놓으셨다는 영광스러운 선언을 들을 것입니다. 하나님은 "내가 분노를 그들 위에 쏟"겠다고 하셨고, 아들에게 그 분노를 쏟으셨습니다. 저와 여러분에게 쏟으실 분노를 아들에게 쏟으셨습니다. 그 때문에 우리를 값없이 용서하시고 우리 죄를 사해 주시는 것입니다. 우리를 정결케 하시고 새롭게 하시며 돌이키시고 새로 출발하게 하시는 것입니다. 영원하고 복된 소망을 주시는 것입니다.

이처럼 하나님을 거역하는 죄의 위중함을 깨닫기 전까지는 그의 사랑에 대해 말하지 마십시오. 이것이 출발점입니다. 타락의 타격을 받아 상처를 입었습니까? 아니, 더 정확히 묻겠습니다. 자신이 그런 상태에 있음을 알고 있습니까? 하나님은 "내게로 오라"라고 하십니다. 와서 쉬라고 하십니다. 즉시 편안하게 해주겠다고 하십니다. 즉시 아픔과 고통을 진정시키고 덜어 주겠다고 하십니다. 그의 손이 자신을 치료하심을 느끼는 순간, 상처는 아물고 힘과 활력과 능력이 생겨날 것입니다. 그가 자기 십자가를 지고 따라오도록 여러분을 초청하실 것이며, 거듭된 승리와 말할 수 없는 기쁨과 충만한 영광으로 이끄실 것입니다. 여러분의 육신이 마침내 죄와 타락의 모든 흔적에서 벗어나 이르게 될 땅, 영화로워진 영혼이 영화로워진 육신을 입고 그의 거룩한 임재 안에서 영원히 살게 될 땅을 살짝 보여주실 것입니다. 이처럼 타락에 상처 입은 자들을 해방시키기 위해 아들을 보내 주신 하나님께 감사드리십시오. 아픔과 고통 속에서 그분께 부르짖으십시오. 그가 평안하게 해주실 것입니다.

3

내가 분노를 그들 위에 쏟으리라

여호와의 말씀이 또 내게 임하여 이르시되 "인자야, 이스라엘 족속이 그들의 고국 땅에 거주할 때에 그들의 행위로 그 땅을 더럽혔나니 나 보기에 그 행위가 월경 중에 있는 여인의 부정함과 같았느니라. 그들이 땅 위에 피를 쏟았으며 그 우상들로 말미암아 자신들을 더럽혔으므로 내가 분노를 그들 위에 쏟아 그들을 그 행위대로 심판하여 각국에 흩으며 여러 나라에 헤쳤더니 그들이 이른바 그 여러 나라에서 내 거룩한 이름이 그들로 말미암아 더러워졌나니 곧 사람들이 그들을 가리켜 이르기를 '이들은 여호와의 백성이라도 여호와의 땅에서 떠난 자라' 하였음이라."

겔 36:16-20

우리는 지금 바벨론 강가 포로들 사이에 앉아 있던 에스겔에게 임한 여호와의 말씀을 살펴보는 중입니다. 이 메시지에서 거의 필연적으로 맨 먼저 던지게 되는 질문이 있습니다. 바벨론 강가에 앉아 있는 백성에게 던지게 되는 그 첫 질문은 "대체 왜 이러고 있는가? 이스라엘 땅 예루살렘에 있어야 할 백성이 어쩌다가 여기까지 오게 되었는가?"라는 것입니다. 다시 말해서, 예수 그리스도의 복음은 항상 죄 교리에서 출발합니다. 우리는 죄가 어떤 것인지 알아보았습니다. 죄는 바보짓을 하게 만듭니다. 하나님이 완벽한 출발을 주셨음에도 인간은 그 가치를 알아보지 못했습니다. 이스라엘 족속 또한 젖과 꿀이 흐르는 고국 땅에 거주하면서도 그 가치를 알아보지 못하고 더럽혔습니다. 그래서 바벨론까지 오게 된 것입니다.

그런데 이 메시지는 거기에서 그치지 않습니다. 에스겔은 연이어 그들이 어떻게 의도적으로 죄를 지었는지, 하나님 보시기에 죄가 어떤 것인지 보여줍니다. 죄는 하나님 앞에 가증한 것입니다. 혐오스럽고 추하며 더러운 것입니다. 하나님을 모욕하고 그의 원수들을 기쁘게 하는 것입니다. 현대세계가 첫 번째로 이해해야 할 것이 바로 이 죄입니다. 물론 현대인은 이것을 싫어합니다. 죄 교리 전체를 반대하며 죄라는 말 자체를 조롱하려 듭니다. 그러나 그들의 마음에 들든 들지 않든, 현 상태는 전부 죄에서 비롯된 것입니다. 죄가 없었다면 오늘날처럼 되지 않았을 것입니다.

이제 그다음 단계로 나아가 봅시다. 하나님은 죄를 벌하십니다. 사람들이 죄와 관련된 모든 명제를 얼마나 한결같이 믿지 않는지 보십시오. 그들은 죄라는 개념 자체를 싫어합니다. 형벌의 개념은 더더욱 싫어해서 있는 힘껏 제거하려 듭니다. 그런데 바로 그 개념이 18-19절에 나옵니다. "여호와의 말씀이 또 내게 임하여 이르시되……내가 분노를 그들 위에 쏟아 그들을 그 행위대로 심판하여 각국에 흩으며 여러 나라에 헤쳤더니." 사도 바울도 "하나님의 진노가 불의로 진리를 막는 사람들의 모든 경건하지 않음과 불의에 대하여 하늘로부터 나타나나니"라고 했습니다(롬 1:18). 에스겔의 말을 정확히 반복한 것입니다!

이것은 복음 메시지 전체에 꼭 필요한 진술이라는 점, 앞서 나온 죄에 대한 메시지뿐 아니라 앞으로 나올 구원의 메시지에도 꼭 필요한 진술이라는 점을 기억하십시오. 여러분이 취사선택할 수 있는 것이 아닙니다. "아, 거기에서 그치지 말았으면 좋겠네요. '이스라엘 족속아, 내가 이렇게 행함은 너희를 위함이 아니요 너희가 들어간 그 여러 나라에서 더럽힌 나의 거룩한 이름을 위함이라……나의 큰 이름을 내가 거룩하게 할지라……맑은 물을 너희에게 뿌려서 너희로 정결하게 하되 곧 너희 모든 더러운 것에서와 모든 우상숭배에서 너희를 정결하게 할 것이며 또 새 영을 너희 속에 두고 새 마음을 너희에게 주되 너희 육신에서 굳은 마음을 제거하고 부드러운 마음을 줄 것이며' 같은 구절들로 나아가면 안 됩니까?"라고 할 수 있습니다(36:22-23, 25-26). "왜 그런 구절들로 나아가지 않는 겁니까? 왜 이 주제만 계속해서 다루는 거예요?"라고 할 수 있습니다. 제가 이처럼 죄 문제를 계속해서 다루는 것은 동일하신 하나님이 두 부분을 다 말씀하셨기 때문입니다. 그런데 어떻게 앞부분을 믿지 않으면서 뒷부분은 믿을 수 있는지 모르겠습니다. 어떻게 앞부분은 하나님의 메시지가 아니고 뒷부분만 하나님의 메시지라고 여길 수 있습니까? 저는 그 근거를 찾을 수가 없습니다. 똑같은 한 사람이 "이것은 하나님이 내게 전하라고 주신 말씀"이라고 밝히고 있습니다. 그런데도 자기 마음에 드는 부분만 받아들이고 나머지는 빼 버리는 것을 과연 논리적이고 합리적인 태도라고 할 수 있습니까? 대체 무슨 근거로 그렇게 하는 것입니까? 무슨 권위로 그렇게 하는 것입니까?

물론 우리는 누구나 인생에서 그렇게 하길 원하고 그렇게 하려 든다는 사실을 알고 있습니다. 만약 아이들 마음대로 하게 두면 방학만 계속하려 들 것입니다. 어떤 수업이나 훈련도 받지 않고 방학만 영원히 하려 들 것입니다. 자연이 풍성히 제공하는 먹을거리도 마음대로 먹게 두면 어떤 이는 쓴 재료를 마다하고 어떤 이는 단 재료를 마다할 것입니다. 그러나 실제로는 그럴 수 없습니다. 쓴 재료와 단 재료를 다 먹어야 합니다. 가시 없이 장미만 꺾을 수는 없습니다. 이런 것들은 일체를 이루고 있기에 우리 마음대로 나눌 수가 없습니다. 다른 이유를 다 떠나 "오, 난 저게 싫으니까 건드리지 않겠다"라는 것은 최고로 어리석은 태도입니다. 전체를 다 보든지 아예 보지 않든지 해야 합니다.

복음 메시지가 무엇입니까? 첫째로, 이 메시지는 하나님이 죄를 미워하시고 심판하시며 벌하신다고 선언합니다. 이 명백한 사실을 진술합니다. 이처럼 명백한 사실 앞에 그에 반하는 자기 생각과 이론을 제시하는 것은 다소 어리석은 일입니다. 저는 우리가 다 이 죄를 짓는다고 생각합니다. 사실이 마음에 들지 않을 때 우리는 마치 그 사실을 모르는 것처럼 둘러대며 회피하려 듭니다. 죄의 결과로 어리석어진 탓에 어떻게든 사실을 바꾸어 보고자 아주 진지한 노력을 기울입니다.

너무 많은 사람이 이렇게 하기에 인생이 어긋나는 것입니다. 경고 표시가 몇 번이나 나타나는데도 어떻게든 둘러대며 회피합니다. 사업가들이 종종 하는 짓이 그것입니다. 회계 책임자가 명백한 사실을 제시하는데도 "아, 문제없어. 저 사람은 원래 비관적이지. 난 별로 신경 쓰지 않아"라고 합니다. 건강과 관련해서도 자주 이렇게 합니다. 사실을 직시하고 싶지 않기에 사실로 인정하지 않습니다. 하나님이 죄를 미워하고 벌하신다는 이 중대한 성경 교리에 대해서도 똑같이 합니다. 그러나 이것은 명백한 사실입니다.

성경에는 우리가 이해할 수 없는 내용이 많다는 점을 인정하는 데 지혜의 핵심이 있습니다. 자기 이해에 따라 성경을 판단하는 사람은 예수 그리스도가 주시는 구원을 경험치 못할 것이 아주 확실합니다. 하나님의 진노만 이해하면 되는 것이 아니기 때문입니다. 성육신과 동정녀 탄생, 기적과 속죄, 오순절에 임하신 성령을 비롯한 여러 가지 일들의 성격 또한 이해해야 합니다. 그런데 그런 일들을 이해하기란 불가능합니다. 구원의 영역은 하나님이 행동하시는 초자연적인 세계로 우리를 이끌고 갑니다.

우리는 창조를 이해할 수 없습니다. 아니, 하나님과 그의 길을 이해할 수 있다면 우리가 하나님보다 큰 것입니다. 내 작은 정신으로 하나님과 그가 행하시는 모든 일을 이해할 수 있다고 주장하는 것은 곧 내 정신으로 하나님을 포괄할 수 있으며 무엇이든 다 이해할 수 있다는 뜻입니다. 그러니 하나님을 이해해 보겠다는 뜻입니다.

그러나 제가 볼 때 그것은 터무니없는 소리입니다. 하나님은 그 정의상 영원하신 분이요 절대적이신 분입니다. 철학자들조차 기꺼이 '절대자'라고 부르는 분입니다. 그런데 유한한 존재가 그렇게 절대적인 존재를 이해할 수 있겠습니까? 왜소한 존재가 영원한 존재를 이해할 수 있겠습니까? 그럴 수 없습니다.

하나님이 죄에 진노하신다는 이 중대한 성경 교리를 다룰 때는 "글쎄, 하나님은 사랑이라면서 어떻게 분노를 쏟겠다고 하는지 이해할 수가 없네. 두 가지를 조화시킬 수가 없네"라고 하지 말고, 자신의 작은 이론을 한쪽으로 밀어 놓아야 하는 것이 분명합니다. 저는 지금 두 가지를 조화시키라고 요구하는 것이 아닙니다. 저는 여러분이 그렇게 할 수 없음을 알고 있습니다. 하나님의 존재와 그의 크심을 조금이라도 알고 싶다면 이해하려는 시도 자체를 포기하고, 주 예수 그리스도의 명령대로 어린아이가 되어야 합니다. 그러면 그의 나라에 들어갈 것이며, 그제야 이해하기 시작할 것입니다. 그 전까지는 이해할 수 없습니다.

이처럼 우리 앞에 있는 것은 명백한 사실입니다. 성경은 도처에서 진노의 교리를 가르칩니다. 이 교리를 전부 빼 버리면 남는 분량이 과연 얼마나 될지 의문입니다. 예컨대 하나님은 인간을 만들어 에덴동산에서 두시면서 일정한 금기사항을 주셨고, 그것을 어기면 죽는다고 경고하셨습니다. 가인에게도, 홍수 이전 사람들에게도, 이스라엘 자손에게도 동일한 메시지를 주셨습니다.

복되신 주님의 가르침에도 같은 메시지가 나옵니다. "사랑의 하나님이 어떻게 분노를 쏟으실 수 있는지 이해가 안 돼요"라고 말할 수 있습니다. 그러나 주 예수 그리스도는 전혀 어려움을 느끼지 않으셨던 것으로 보입니다. 여러분이 나사렛 예수보다 더 하나님의 사랑을 잘 알겠습니까? 그는 하나님의 사랑이 육신으로 나타나신 분입니다. 마태복음 24장을 읽은 후 25장을 읽어 보십시오. 복음서를 죽 읽어 보십시오. 구더기도 죽지 않고 불도 꺼지지 않는 곳에 대해 주님이 친히 하신 말씀을 들어 보십시오. 부자와 나사로의 비유를 하시면서, 거지가 아브라함의 품에 안겨 있는 곳과 부자가 떨어져 있는 지옥 사이에 큰 구렁텅이가 있어 건너다닐 수 없다고 하신 말씀을 들어 보십시오. 진정 우리가 하나님의 아들보다 더 하나님의 사랑을 잘 안다고 할 수 있겠습니까? 그것은 터무니없는 말입니다.

모든 서신서에도 같은 메시지가 나옵니다. 첫 사도들은 "임박한 진노를 피하라"라고 설교했습니다. 성경 마지막 책인 계시록도 중대한 심판의 기록—봉인을 떼고 나팔을 불며 사람들의 죄로 인해 대접을 쏟는 일과 탄식하며 이를 가는 일에 대한 기록—으로 가득합니다.

그 이야기가 성경 도처에 나옵니다. 그런데 이 책을 믿는다고 하면서 진노에 대한 메시지는 믿지 않는 이유가 무엇입니까? 이 책을 하나님의 말씀이라고 부르면서 진노에 대한 메시지는 거부하고 삭제하는 합리적 근거가 무엇입니까? 그것은 일관성도 없고 논리적이지도 않은 태도입니다. 오히려 성경을 전혀 믿지 않는다고 말하는 편이 더 논리적입니다. 성경은 취사선택할 수 있는 책이 아닙니다.

이것은 성경 도처에 나오는 가르침일 뿐 아니라, 36장 본문에서 볼 수 있듯이 성경 역사 그 자체이기도 합니다. 이것은 훨씬 더 의미심장한 사실로서, 성경은 하나님이 죄를 미워하시고 벌하신다는 교리를 가르칠

뿐 아니라 실제로 역사 속에서 죄를 벌하셨음을 알려 줍니다.

창세기로 거슬러 올라가 에덴동산에 살던 아담과 하와를 살펴봅시다. 하나님은 그들을 동산에서 쫓아내셨고, 그룹들과 불 칼로 동쪽 입구를 막아 다시는 돌아오지 못하게 하셨습니다. 죄 때문에 쫓아내신 것입니다.

오늘날 세상이 이 지경이 된 것은 이처럼 인간이 에덴동산 밖으로 쫓겨난 탓입니다. 이 중대한 원리가 작용하지 않았다면, 세상이 이처럼 비참해지고 불행해지지 않았을 것이며 지금 같은 문제와 곤경 또한 발생하지 않았을 것입니다. 하나님이 죄에 진노하신다는 사실을 믿지 않으면 역사를 이해할 수 없습니다. 세상이 왜 이렇게 되었는지 이해할 수 없습니다. 보다시피 요즘 사람들은 혼란에 빠져 있습니다. 진노의 교리를 믿지 않는 자들은 대부분 진화론을 믿는데, 그러면 심한 혼란에 빠지는 것이 당연합니다. 세상 역사가 그들의 이론을 부정하기 때문입니다. 그들의 이론대로라면 모든 것이 향상되어야 하는데, 실제로는 명백히 퇴보하고 있습니다. 현실과 이론이 맞지 않는 것입니다. 그러나 하나님이 죄에 진노하신다고 가르치는 성경 교리를 믿으면 세상이 이 지경이 된 것에 그리 놀랄 필요가 없습니다. 현실 자체가 이 교리를 확증해 줍니다.

에덴에서만 벌하신 것이 아닙니다. 홍수 때도 벌하셨습니다. 죄 때문에 세상을 멸하셨습니다. 그러나 에스겔이 상기시키듯이 무엇보다 단번에 이 교리를 입증해 주는 것, 다른 증거가 더 필요 없을 만큼 충분히 입증해 주는 것은 이스라엘 자손의 역사 그 자체입니다. 초대교회가 주로 이방인들로 이루어져 있었음에도 구약 문서를 계속 읽도록 성령이 인도하신 이유는 분명합니다. 구약 문서에 신약의 교리를 확증해 주는 놀라운 증거가 있기 때문인 것입니다. 이스라엘 역사가 무엇보다 확실히 입증해 주는 것이 바로 이 진노의 교리입니다.

이스라엘 자손은 하나님의 백성이었습니다. 하나님이 친히 아브라함을 불러 이 백성을 만드셨습니다. 그들은 기근을 피해 애굽으로 내려갔습니다. 그리고 요셉을 모르는 애굽의 통치자가 일어나 그들을 혹사하고 박해하며 있는 힘껏 멸절시키려 했습니다. 하나님이 개입하지 않으셨다면 지상에서 그대로 사라져 버렸을 것입니다. 그런데 하나님이 그들을 애굽에서 끌어내셨고 젖과 꿀이 흐르는 땅을 주셨습니다.

그러면서 자기 백성이 어떻게 살아야 하는지 아주 명확하게 알려 주셨습니다. "그렇게 살지 않으면 이 땅에서 쫓아내겠다"라고 하셨습니다.

> 네가 그 땅에서 아들을 낳고 손자를 얻으며 오래 살 때에 만일 스스로 부패하여 무슨 형상의 우상이든지 조각하여 네 하나님 여호와 앞에 악을 행함으로 그의 노를 일으키면 내가 오늘 천지를 불러 증거를 삼노니 너희가 요단을 건너가서 얻는 땅에서 속히 망할 것이라. 너희가 거기서 너희의 날이 길지 못하고 전멸될 것이니라. 여호와께서 너희를 여러 민족 중에 흩으실 것이요 여호와께서 너희를 쫓아 보내실 그 여러 민족 중에 너희의 남은 수가 많지 못할 것이며(신 4:25-27).

하나님은 그들을 가나안 땅에 들이시기 전에 이 말씀을 하셨습니다. 그리고 에스겔서 36장에서는 이렇게 말씀하십니다. "그들이 땅 위에 피를 쏟았으며 그 우상들로 말미암아 자신들을 더럽혔으므로 내가 분노를 그들 위에 쏟아 그들을 그 행위대로 심판하여 각국에 흩으며 여러 나라에

혜쳤더니." 하나님은 자신이 경고하고 말씀하신 그대로 행하셨습니다. 이것은 이스라엘 자손의 역사가 입증하는 사실입니다. 그런데 어떻게 이 교리를 거부할 수 있겠습니까?

신명기 4장뿐 아니라 레위기 26장을 비롯한 성경 다른 본문에도 같은 경고가 나옵니다. 하나님은 이스라엘 나라에 "들으라. 내가 너희를 이 땅에 두겠다. 그러나 내가 원하는 삶을 살지 않으면 쫓아내겠다"라고 하셨고, 과연 그 말씀대로 쫓아내셨습니다. 갈대아인들이 와서 성을 무너뜨리고 백성을 잡아갔습니다.

이것은 엄숙하고도 강력한 사실입니다. 누가 감히 거부할 수 있겠습니까? 또 다른 증거를 원한다면 주후 70년에 일어난 일을 보기 바랍니다. 로마 군대가 예루살렘 성을 포위하고 약탈했습니다. 유대인들은 다시 사로잡혀 각국으로 흩어졌습니다. 이것은 역사적 사실입니다. 유대 민족은 하나님이 죄를 미워하시고 벌하신다는 교리를 입증하는 증거입니다. 이것은 한 개인의 이론이 아니라 다른 역사적 사실들처럼 엄숙한 역사적 사실입니다.

하나님이 이렇게 하시는 이유가 무엇일까요? 경외함으로 감히 말하건대, 이렇게 하시지 않으면 안 되기 때문입니다. 그가 하나님이시기 때문입니다. 우리의 문제는 하나님에 대해 아무 개념이 없다는 것입니다. 그래서 하나님에 대해 이야기할 때 그 옛날 욥처럼 추론하고 논쟁하며 질문할 태세를 갖춥니다. 욥이 하나님 앞에서 그를 진정으로 알게 되었을 때 한 일이 무엇입니까? "내가 주께 대하여 귀로 듣기만 하였사오나 이제는 눈으로 주를 뵈옵나이다"(욥 42:5). 욥의 첫 행동은 자기 손으로 입을 가리는 것이었습니다.

우리는 하나님에 대해 무엇을 알고 있습니까? 그가 영원부터 영원까지 계신다는 말의 의미를 알고 있습니까? 그가 거룩하시다는 개념을 지극히 희미하게라도 알고 있습니까? 하나님은 어둠이 하나도 없는 빛이십니다. 그러나 우리는 그런 모습이 어떤 것인지 상상할 수도 없지 않습니까? 우리의 전적인 문제가 여기 있으며, 우리의 모든 말이 심히 어리석고 헛된 이유 또한 여기 있습니다. 하나님을 모르면서 어떻게 그에 대한 견해를 피력할 수 있습니까? 성경은 말합니다.

> 우리 하나님은 소멸하는 불이심이라(히 12:29).
>
> 여호와의 산에 오를 자가 누구며 그의 거룩한 곳에 설 자가 누구인가?(시 24:3)
>
> 가까이 가지 못할 빛에 거하시고(딤전 6:16).
>
> 본래 하나님을 본 사람이 없으되(요 1:18).
>
> 나를 보고 살 자가 없음이니라(출 33:20).

모세는 하나님께 "주를 보여주옵소서. 그래야 제 손에 맡기신 이 큰 임무를 수행할 수 있겠습니다. 주 없이 가기는 두려우니 주를 보여주옵소서. 주의 모습을 나타내 주옵소서"라고 구했습니다. 그러자 하나님은 그를 바위틈에 숨기시며 "모세야, 너는 나를 볼 수 없다. 그러니 등만 보여주겠다"라고 하셨습니다. 만약 그가 하나님의 얼굴을 보았다면 죽었을 것입니다. 하나님을 보고도 살 수 있는 자는 없습니다.

우리는 하나님에 대해 무지하고 왜소하며 유한하고 죄로 가득한 탓에 질문을 던지고 의문을 제기합니다. 말할 수도 없고 형언할 수도 없는 그의 영광과 거룩하심과 정결하심을 조금이라도 안다면, 하나님이 눈앞의 죄를 용인하신다는 것 자체가 아예 불가능한 일임을 깨달을 것입니다.

"주께서는 눈이 정결하시므로 악을 차마 보지 못하시며 패역을 차마 보지 못하시거늘"이라는 하박국의 말이 합당한 이유가 여기 있습니다(합 1:13). 빛과 어둠, 옳음과 그름은 결코 부합하지 않으며 섞이지 않습니다. 하나님은 죄와 영원히 구분되시기에 눈앞의 죄를 용인하실 수 없습니다. 반드시 처리하셔야만 합니다.

하나님이 보시기에 죄는 거슬리는 것이며 더러운 것입니다. 그것이 어떤 것인지 우리도 조금은 알고 있습니다. 우리도 죄—아마도 자기가 지은 죄—에 역겨움을 느낀 적이 있습니다. "대체 내가 어떻게 그런 짓을 했을까? 어떻게 그리 악한 짓을 했을까?" 하며 한탄한 적이 있습니다. 또는 남의 죄를 보며 역겨움을 느꼈을 수도 있습니다. 대책 없이 술에 취해 짐승만도 못하게 구는 형편없는 사람을 보고 그 추하고 더러운 모습에 메스꺼움을 느꼈을 수도 있습니다. 동물에게 고약하고 몹쓸 짓을 하는 자들을 보고 혐오감을 느꼈을 수도 있습니다. 그러나 그런 경험을 무한히 확대한다 해도, 하나님의 눈에 죄가 어떻게 보일지 감히 깨달아 알기가 어렵습니다.

우리의 작은 정신으로 이런 일들을 이해해 보고자 할 때는 지극히 조심해야 합니다! 하나님은 하나님이시기에 죄를 벌하셔야 합니다. 그는 공평하신 분입니다. 의로우신 분입니다. 거룩하신 분입니다.

그런 하나님께 대항하는 것보다 더 어리석은 일이 있습니까? 그런데 인간은 정신으로 대항하고 있으며 행동으로 대항하고 있습니다. "당신이 뭐라고 하든 상관없어요. 우리는 현대에 살고 있고, 난 그런 말에 겁먹지 않아요"라고 합니다. 그런다고 하나님이 달라지실까요? 그의 거룩하심이 약화될까요? 그의 공평하심과 의로우심이 약화될까요?

인간이 변함없이 죄를 짓듯이 하나님은 변함없이 거룩하십니다. 오늘날 사람들도 이전 사람들과 똑같이 악하고 더럽고 가증한 죄를 짓고 있습니다. 인간은 동일합니다. 하나님도 동일하시며, 동일하게 죄를 바라보십니다. 그런데도 눈멀고 무지하며 어리석은 인간은 하나님께 대항하고 있습니다.

이스라엘 자손처럼 우리도 그의 권세 안에 있습니다. 이스라엘 자손은 자신들을 찾아와 경고하는 선지자들을 비웃었습니다. 조금도 주목하지 않았습니다. "하! 아무 문제 없어. 전에도 몇 번이나 저런 말을 들었지만 아무 일도 일어나지 않았잖아"라고 했습니다. 계속 그렇게 살다가 결국 바벨론으로 잡혀갔습니다.

살아 계신 하나님의 손에 빠지는 것은 무서운 일입니다. 우리는 전부 그의 손안에 있습니다. 어디든 마음대로 가 보십시오. 하나님을 피할 수 없습니다. 그는 거룩하실 뿐 아니라 전능하시며 영원하신 분입니다. 오, 죄의 무모함과 어리석음이여!

그렇다면 하나님은 어떻게 죄를 벌하실까요? 에스겔이 강조하는 점은 이것입니다. "그들이 땅 위에 피를 쏟았으며 그 우상들로 말미암아 자신들을 더럽혔으므로 내가 분노를 그들 위에 쏟아 그들을 그 행위대로 심판하여 각국에 흩으며 여러 나라에 헤쳤더니." 하나님은 항상 쫓아내심으로 벌하십니다. 자신이 계신 곳에서, 자신이 그들을 두신 곳에서, 자신의 복에서 쫓아내십니다.

앞서 보았듯이 하나님은 아담과 하와도 에덴동산에서 쫓아내셨습니다. 이스라엘 자손도 바벨론으로 쫓아내셨습니다. 주후 70년에도 유대인들을 세계 각국으로 쫓아내셨습니다. 오늘날도 그들은 세계 곳곳에 흩어져 살고 있습니다. 하나님의 백성임에도 큰 성에서 쫓겨나 각국으로 흩어진 것입니다. 죄의 형벌이 무엇입니까? 그리스도 없이 사는 것입니다. 하나님 없이, 소망 없이 사는 것입니다. 자신과 자신 같은 자들끼리만 남는 것입니다. 이스라엘과 예루살렘에서 살지 못하고 모든 복에서 끊어진 채 바벨론으로 쫓겨나는 것입니다. 그것이 지옥입니다.

혹시 지금 불행합니까? 큰 결핍을 느낍니까? 그 이유가 무엇일까요? 하나님의 복에서 끊어졌기 때문입니다. 하나님은 자신을 거슬러 죄를 지은 자들을 쫓아내시며 복을 거두어 가십니다. 그래서 오늘날 세상이 이 지경이 된 것입니다. 세상이 더 이상 낙원이 아닌 것은 이처럼 인간이 하나님을 떠난 탓이며 하나님의 복에서 끊어진 탓입니다. 우리는 하나님 앞에서 쫓겨났습니다. 그 앞에서 살도록 창조되었고 원래 아담 안에서 그렇게 살았지만, 지금은 쫓겨나 있습니다. 그래서 이처럼 이마에 땀을 흘리며 노동하게 된 것이며, 가시덤불과 엉겅퀴와 역병을 비롯하여 삶을 고되게 만드는 온갖 문제들이 생겨난 것입니다. 이것은 전부 죄의 형벌입니다.

무엇에도 만족하지 못하고 계속 실망하는 것 또한 형벌의 일부입니다. "악인에게는 평강이 없다"라고 하나님은 말씀하십니다(사 57:21). 우리는 하나님에게서 떨어져 나왔습니다. 어떤 접촉도, 교류도 없이 바깥에서 살고 있습니다. 동산 안에서 살지 못합니다. 그의 복을 받지 못합니다. 그는 항상 이렇게 죄를 벌하십니다.

그리고 앞으로도 이렇게 벌하실 것입니다. 마태복음 25장에서 한 달란트 받은 자가 최종적으로 받은 선고는 이것입니다. "이 무익한 종을 바깥 어두운 데로 내쫓으라. 거기서 슬피 울며 이를 갈리라"(마 25:30). 그는 쫓겨났습니다! 앞서 두 종은 "잘하였도다, 착하고 충성된 종아"라는 메시지를 받았습니다. 그러나 세 번째 종은 "내쫓으라"라는 선고를 받았습니다. 쫓겨나 슬피 울며 이를 갈게 되었습니다. 이것은 그리스도가 다시 오셔서 의로 세상을 심판하시는 마지막 심판 때 일어날 일입니다. 그리스도께 속하지 않은 자들은 이런 운명을 맞이할 것입니다.

성경 마지막 장은 이렇게 말합니다. "자기 두루마기를 빠는 자들은 복이 있으니 이는 그들이 생명나무에 나아가며 문들을 통하여 성에 들어갈 권세를 받으려 함이로다"(계 22:14). 하나님과 그리스도를 믿고, 그가 기뻐하시는 삶을 살며, 세상이 아닌 하나님의 계명을 따라 사는 그리스도인의 궁극적인 운명은 이것입니다. 생명나무로 나아갈 권세, 그리스도가 빛으로 계시기에 태양이 필요 없는 성으로 문들을 통해 들어갈 권세를 얻는 것입니다.

그런데 다음 절에는 이런 말씀이 나옵니다. "개들과 점술가들과 음행하는 자들과 살인자들과 우상숭배자들과 및 거짓말을 좋아하며 지어내는 자는 다 성 밖에—여러분도 알듯이 항상 바깥에—있으리라." 이처럼 영원히 바깥에서 지내는 것, 땅에서 알고 지내던 사람들과 성도들 사이에 끼지 못한 채 하나님 밖에서, 거룩한 성 밖에서 주 예수 그리스도의 미소 밖에서 영원히 지내는 것보다 무서운 일을 저는 상상할 수 없습니다. 개들과 간음하는 자들과 음행하는 자들과 살인자들 및 이기적이고 자기중심적이며 악하고 비열한 모든 자들, 진실을 싫어하고 거짓말을 좋아하며 지어내는 자들과 함께 성 밖에서 지내야 합니다. 끝없이 비참하고 불행하며 가증한 상태로 영구히 지내야 합니다.

이것이 하나님이 죄를 벌하시는 방식입니다. 에덴에서, 가나안에서, 주후 70년에는 예루살렘에서, 영원한 성에서, 하늘의 예루살렘에서, 하나님의 얼굴 광채에서 쫓아내십니다. 이제 알겠습니까? 이것은 이론이 아닌 역사입니다. 저는 지금 하나님의 말씀을 전하고 있습니다.

알다시피 여러분은 머잖아 죽을 것입니다. 그런데 죽은 후 눈을 떴을 때 바벨론으로 잡혀간 이스라엘 자손과 같은 처지에 있음을 발견하게 될까 봐, 바깥 외부에 있음을 발견하게 될까 봐 걱정입니다. 그때 미친 듯이 돌아와 문을 두드려도 "나는 너를 모른다. 밖에 있으라"라는 소리만 들릴 것입니다.

부정하고 불결한 것은 성에 들어가지 못합니다. 거룩함이 없이는 주를 보지 못합니다. 그러나 마음이 청결한 자는 복이 있습니다. 그들은 하나님을 볼 것입니다. 무서운 사실은 그때 변명할 말이 전혀 없다는 것입니다. 우리는 이미 경고를 받았습니다. 형벌은 완전히 공평하게 주어집니다. 에스겔의 말을 들어 보십시오. "그들을 그 행위대로 심판하여." 그는 우리가 행한 대로 벌하십니다. 아무 말도 할 수 없습니다. 지옥에 떨어진 부자도 항변할 생각을 하지 않았습니다. 도저히 변명할 수가 없었습니다. 하나님의 심판은 공평하게 이루어집니다. 그는 "네가 살았던 대로 벌하겠다"라고 하십니다. 완전히 의롭게 심판하십니다. 하나님을 뵙게 되는 그날, 여러분은 아무 말도 하지 못할 것입니다.

주님은 예복을 입지 않고 혼인잔치에 참석한 한 사람에 대해 이야기하셨습니다. "친구여, 어찌하여 예복을 입지 않고 여기 들어왔느냐?"라는 왕의 질문에 그는 아무 말도 하지 못했습니다(마 22:12). 할 말이 전혀 없었습니다. 하나님은 경건치 않은 자들도 항상 공평하고 의롭게 심판하십니다. 하나님이 정확히 경고하신 그 형벌, 그들이 받아 마땅한 형벌을 주십니다.

오, 그러나 그 형벌은 불가피한 것이 아닙니다! 이 교리에 불평할 이유가 없는 것은 형벌을 피할 길이 이미 마련되어 있기 때문입니다! 하나님은 그리스도 안에서 여러분을 찾아와 말씀하십니다. "네가 죄를 짓고 나를 비웃었음에도, 내 거룩한 음성을 뿌리치고 내 법에 침을 뱉었음에도, 내 성소를 모독하고 내 땅을 더럽혔음에도, 네게 준 내 형상을 훼손하고 짐승처럼 악하게 살았음에도, 이 모든 죄를 지었음에도 나는 너를 용서할 길을 마련했다. 내 아들을 보내 너와 네 죄를 위해 죽게 했다. 지금 내 앞에 엎드려 그 죄를 인정하고 고백하면, 네 모든 죄와 그 죄의 기록 자체를 정녕 도말해 주겠다. 내 독생자의 의를 네게 입혀 주겠다. 너를 영원한 거처로 영접해 주겠다."

그 형벌은 불가피한 것이 아닙니다. 피할 길이 열려 있습니다. 화목할 길이 마련되어 있습니다. 하나님이 친히 그 길을 마련하시고 그리로 오라 명하고 계십니다. "우리가 아직 죄인 되었을 때에 그리스도께서 우리를 위하여 죽으심으로 하나님께서 우리에 대한 자기의 사랑을 확증하셨느니라"(롬 5:8). 여러분은 하나님의 의와 공평이라는 측면에서 변명할 말이 없을 뿐 아니라, 설사 변명한다 해도 독생자의 손에 난 못자국과 옆구리에 난 창자국을 가리키시면 입을 다물 수밖에 없을 것입니다. "각 사람의 눈이 그를 보겠고 그를 찌른 자들도 볼 것이요"(계 1:7). 변명할 여지가 전혀 없습니다. 그런 상황을 굳이 자초하지 마십시오. 오직 거룩하신 하나님과 자기 자신을 정직하게 대면하십시오. 그 앞에 엎드리십시오. 모든 죄를 인정하고 고백하십시오. 그의 자비를 구하십시오.

그러면 장담하건대, 그가 받아주실 것입니다. "그리스도가 형벌을 받았으니 너는 자유다"라고 말씀해 주실 것입니다. 그것을 믿는다면 지금 이 순간부터 하나님과 화목케 될 것입니다. 하나님의 자녀로서 문들을 통해 성에 들어갈 권세를 얻을 것이며, 영원토록 여러분을 먹여 주고 채워 주고 황홀케 해줄 생명나무에 참여할 것입니다.

4

거룩하게 구별하심

"그러나 이스라엘 족속이 들어간 그 여러 나라에서 더럽힌 내 거룩한 이름을 내가 아꼈노라. 그러므로 너는 이스라엘 족속에게 이르기를 '주 여호와께서 이같이 말씀하시기를 이스라엘 족속아, 내가 이렇게 행함은 너희를 위함이 아니요 너희가 들어간 그 여러 나라에서 더럽힌 나의 거룩한 이름을 위함이라. 여러 나라 가운데에서 더럽혀진 이름 곧 너희가 그들 가운데에서 더럽힌 나의 큰 이름을 내가 거룩하게 할지라. 내가 그들의 눈앞에서 너희로 말미암아 나의 거룩함을 나타내리니 내가 여호와인 줄을 여러 나라 사람이 알리라. 주 여호와의 말씀이니라.'"

겔 36:21-23

우리는 바벨론의 포로와 노예가 된 이스라엘 자손에게 하나님이 주신 중대한 말씀을 고찰하고 있습니다. 그들이 어떻게 가나안의 고국 땅을 떠나게 되었는지는 이미 살펴보았습니다. 그들은 자신들의 나라를 정복하고 성을 무너뜨린 갈대아인의 포로와 노예가 되어 낯선 땅 바벨론에 잡혀 와 있습니다. 그래서 극심한 절망과 비탄 속에 바벨론 강가에 앉아 있던 중에 하나님이 그 종 에스겔 선지자를 통해 말씀을 주셨습니다. 이 중대한 본문은 이 같은 상황에 있던 이스라엘 자손에게 임한 메시지입니다.

제가 이 메시지에 주의를 환기시키는 것은, 하나님이 옛 이스라엘 자손에게 무슨 말씀을 주셨는지 알기 위해서일 뿐 아니라 오늘날 인류에게 무슨 말씀을 주시는지 알기 위해서입니다. 그가 이스라엘 자손에게 주신 예비적 메시지는 이것입니다. "너희가 지금 이곳에서 고생하는 것은 여러 이방 나라 앞에서 내 거룩한 이름을 더럽혔기 때문이다." 오늘날 우리 세대에게 주시는 메시지도 동일합니다. 하나님은 우리 모두에게 이렇게 말씀하십니다. 그렇다면 이 메시지가 전부일까요? 우리에게는 아무 소망도 없는 것일까요? 제가 전할 말이 파멸과 재앙의 메시지밖에 없는 것일까요? 거기에 덧붙일 말이 하나도 없는 것일까요? 본문에 그 대답이 나옵니다.

이 새 단락이 어떻게 시작되는지 주목해서 보았습니까? 하나님은 모든 화와 심판과 재난을 선포하신 후, 이렇게 말씀하십니다. "그러나 이스라엘 족속이 들어간 그 여러 나라에서 더럽힌 내 거룩한 이름을 내가 아꼈노라. 그러므로 너는 이스라엘 족속에게 이르기를 주 여호와께서 이같이 말씀하시기를……." 다 끝난 것이 아닙니다. 메시지가 계속 이어집니다.

"이제 아무 소망도 없는 겁니까?"라는 질문에 대한 제 대답은 "아니, 있습니다"라는 것입니다. 영원한 소망, 가장 경이로운 소망이 있습니다. 이 소망은 늘 그렇듯이 "그러나"라는 짧지만 놀랍고도 복된 단어에서 시작됩니다.

복음은 항상 "그러나"에서 시작됩니다. 본문은 복음이 믿는 자에게 무슨 일을 해주는지 구체적으로 말하고 있으며, 저도 그것을 알려 드리고자 합니다. 그러나 그에 앞서 나오는 일반적인 진술이 있고, 우리는 성경의 순서에 따라 그 진술부터 다루어야 합니다. 구체적인 진술로 속히 나아가 맑은 물을 뿌려 주시는 일과 장차 주실 복에 대해 듣고 싶은 것이 우리의 심정이지만, 그에 앞서 하나님이 주시는 말씀이 여러 가지 있습니다. 예비적이고 일반적인 그 진술부터 받아들이지 않으면 구체적인 복을 누리지 못할 것이 확실합니다.

사람들이 이 크고 영광스러운 구원과 관련하여 어긋난 길로 가는 것은 복음을 대하는 태도 자체가 잘못된 탓입니다. 복음에 대해 많은 오해를 하고 있습니다. 단순한 철학이나 사교邪教를 대하듯이 자신들이 찾아서 고려할 대상으로 여기는 것 같습니다. "글쎄, 나한테 도움이 되거나 만족이 되거나 얻을 게 있으면 받아들이겠다"라고 합니다. 그러나 그것은 치명적인 태도입니다. 그런 태도를 고수하면 절대 복음을 알거나 경험할 수 없습니다. 복음은 복음의 방식대로, 복음이 제시하는 조건대로 받아들여야 합니다.

이것은 제 말이 아닌 하나님의 말씀입니다. 하나님이 친히 에스겔에게 "이스라엘 자손에게 가서 말하라"라고 하셨고, 에스겔은 그 말씀을 그대로 전했습니다. 제가 강단에서 하는 일은 일종의 축음기 역할에 불과합니다. 하나님의 말씀을 그대로 옮기는 것에 불과합니다.

그렇다면 본문에 나오는 일반적인 진술은 무엇일까요? 첫 번째는 이것입니다. 구원은 우리와 아무 상관 없이 주시는 것입니다. 제가 이 말부터 하는 것은 반드시 여기에서부터 출발해야 하기 때문입니다. 본문은 이 사실을 두 번이나 강조하고 있습니다. 우리는 21절에서 복음이 시작되고 구원의 길이 열리는 것을 봅니다. 하나님이 어떤 표현을 쓰시는지 주목해서 보십시오. "내 거룩한 이름을 내가 아꼈노라." 그는 훨씬 더 강하게 다시 한 번 말씀하십니다. "그러므로 너는 이스라엘 족속에게 이르기를 주 여호와께서 이같이 말씀하시기를 이스라엘 족속아, 내가 이렇게 행함은 너희를 위함이 아니요 너희가 들어간 그 여러 나라에서 더럽힌 나의 거룩한 이름을 위함이라."

구원은 우리와 아무 상관 없이 주시는 것입니다. 이제껏 살펴본 내용에 비추어 보면 그럴 수밖에 없습니다. 구원은 당연히 주어지는 것이 아닙니다. 하나님이 이스라엘 자손에게 말씀하셨듯이 우리에게도 말씀하시는 첫 번째 사실이 이것입니다. 우리는 형벌을 받아 마땅한 자들입니다. 이 말에 동의하지 않으면 기독교 구원의 축복을 알 수 없다는 점을 다시금 강조해야겠습니다.

복음이 오늘날 사람들에게 많은 것을 제공하는 사교 및 단체들과 갈라지는 지점을 알겠습니까? 사교는 이런 말을 하지 않습니다. 죄에 대해 한마디도 하지 않습니다. 죄라는 것이 있다고 믿지도 않습니다. 예컨대 모든 문제를 해결하며 큰 행복을 주겠다고 말하는 크리스천사이언스를 보십시오. 여러분이 형벌받아 마땅한 자라는 말을 절대로 하지 않습니다. 심리학도 마찬가지입니다. 전부 여러분을 칭찬하고 돕고자 애쓰며 무언가 주려 하는 데서 출발합니다. 이를테면 여러분을 일으켜 주기 전에 먼저 쓰러뜨리는 법이 없습니다. 그러나 복음은 그렇게 합니다.

아기 예수 그리스도를 품에 안았던 이스라엘의 경건하고 거룩하고 의로운 노인 시므온을 기억합니까? 이스라엘의 위로를 기다렸던 그는 "주재여, 이제는 말씀하신 대로 종을 평안히 놓아 주시는도다. 내 눈이 주의 구원을 보았사오니"라고 했습니다(눅 2:29-30). 그리고 또 무슨 말을 했습니까? 아기 예수를 보며 "이스라엘 중 많은 사람을 넘어졌다가 다시 일어나게 하기 위해 세움을 받았"다고 했습니다(눅 2:34, KJV). 과연 그 예언은 이루어졌습니다! 그리고 오늘날도 이루어지고 있습니다. 오직 자신이 형벌과 저주를 받아 마땅한 존재임을 깨닫고 고백한 자들만 그리스도 안에서 하나님의 복을 누리며 기독교의 구원을 즐거워합니다.

앞서 살펴본 내용에 비추어 보더라도 이것은 명백한 사실입니다. 우리는 죄가 어떤 것인지 고찰했습니다. 죄는 하나님 보시기에 가증한 것입니다. 하나님 앞에 "월경 중에 있는 여인의 부정함"과 같은 것입니다. 혐오스럽고 모욕적이고 더럽고 추하고 악한 것입니다. 우리는 다 죄를 지었습니다. 자신이 죄인임을 깨닫는 순간 하나님께 형벌을 받아 마땅하다는 것을 알게 됩니다. 그는 말씀하십니다. "내가 이 일을 하는 것은 너희를 위해서가 아니며, 그만큼 너희가 훌륭하거나 큰 도움을 받을 자격이 있기 때문이 아니다. 이 일은 너희와 상관없이 내가 하는 것이다." 이스라엘 자손은 하나님께 등을 돌렸습니다. 다른 신을 찾고 예배했습니다. 하나님의 법을 무시하고 다른 나라들처럼 살았습니다. 그들은 오직 형벌을 받아 마땅한 자들이었습니다. 하나님이 그들을 구원하신 것은 그들과 아무 상관 없이 행하신 일이었습니다.

우리도 그렇지 않습니까? 여러분의 삶 어디에 하나님의 자리가 있습니까? 여러분은 항상 그의 영광을 위해 살고 있습니까? 그를 삶의 중심에 모시고 있습니까? 그 앞에 무릎을 꿇고 그를 시인하며 그분께 삶을 양도함으로, 그를 예배하고 찬양하고 높임으로 하루를 시작하고 있습니까? 지금 그렇게 하고 있습니까? 이제껏 그렇게 해왔습니까? 아니라면 무서운 죄를 짓고 있는 것입니다. 단언하건대, 하늘의 모든 영광스러운 영들은 지금 이 순간도 그렇게 하고 있습니다. "거룩하다, 거룩하다, 거룩하다, 만군의 여호와여"라고 노래하고 있습니다(사 6:3). 그 앞에 엎드리고 있습니다. 그를 자랑하며 그의 놀라운 이름을 높이고 있습니다. 하나님은 찬양과 예배와 영광을 받기에 합당하신 분입니다. 그런데 그렇게 하지 않는 데 죄의 핵심 본질이 있습니다.

여러분의 삶 어디에 하나님이 들어와 계십니까? 여러분은 얼마나 자주 그를 생각합니까? 얼마나 자주 그를 예배합니까? 여러분의 삶은 그의 통제를 받고 있습니까? 여러분은 십계명을 지키며 산상설교대로 살고 있습니까? 오직 삶 속에서 하나님을 찬양하며 사람들을 그분께로 인도하는 일에 관심을 쏟고 있습니까? 아니라면 그를 모욕하고 있는 것입니다. 그것은 무서운 죄입니다.

이스라엘 자손은 그 죄를 지었습니다. 하나님을 잊었습니다. 무시했습니다. 다른 일에 자신을 바쳤습니다. 인류는 지금도 같은 죄를 짓고 있습니다. 그렇기 때문에 형벌을 받아 마땅한 것입니다.

세상에서 가장 훌륭한 자들의 고백이 이것이었습니다. 자신은 형벌을 받아 마땅한 자라고 주저 없이 고백했습니다.

> 빈손 들고 앞에 가
> 십자가를 붙드네.
> —오거스터스 탑레이디 Augustus Toplady*

찰스 웨슬리 Charles Wesley 의 고백도 들어 보십시오.

> 주의 이름은 의롭고 거룩하나
> 나는 온통 불의하나이다.
> 나는 악과 죄가 가득하나
> 주는 진리와 은혜가 가득하나이다.

자신은 내세울 것이 하나도 없다는 것입니다. 이런 자가 할 수 있는 말은 하나뿐입니다.

> 오, 그리스도여, 내가 원하는 전부시니

* 통일찬송가 188장 2절.

만유에 넘치는 것 주 안에 있나이다.*

여러분도 이렇게 말할 수 있습니까? 여러분에게 필요한 모든 것, 볼 수 있는 눈과 부요함과 마음의 치료를 다 그리스도 안에서 찾았습니까? "내게 필요한 모든 것 주 안에 있나이다"라고 말할 수 있습니까? 이렇게 말할 수 없는 것은 "나는 악과 죄가 가득하나"라고 고백한 적이 없기 때문이며 "나는 온통 불의하나이다"라고 고백한 적이 없기 때문입니다. 두 가지는 서로 분리될 수 없습니다. 자신의 절박한 필요를 보지 못하면 그리스도의 복을 알 수 없습니다. 주님이 산상설교 첫째 복에서 말씀하신 바가 그것입니다. "심령이 가난한 자는—다름 아닌 가난한 자만—복이 있나니 천국이 그들의 것임이요"(마 5:3).

이 말에 반대하고 싶으면 하십시오. 그러나 복을 경험하고 싶다면 받아들여야 합니다. 여러분 속에 무엇이 있어서 구원받는 것이 아닙니다. 여러분과 아무 상관 없이 구원받는 것입니다. 이 사실을 강조하지 않을 수 없는 것은, 이 사실을 알아야만 구원이 얼마나 놀라운 것이며 우리를 구원하시는 하나님의 사랑이 얼마나 큰 것인지 알 수 있기 때문입니다.

'어쨌든 나는 남들이 하는 나쁜 짓을 하지 않고 선행은 아주 많이 하는 좋은 사람'이라고 생각하는 자는 그리스도를 그리 놀랍게 생각하지 않을 것입니다. 성도들처럼 찬송하지 않을 것입니다. "예수를 생각만 해도 내 맘이 좋거든"이라고 노래하지 않을 것입니다.** 그저 이것저것 좀 도와주는 조력자로만 여길 것입니다.

* 통일찬송가 441장 3절 다시 옮김.

** 통일찬송가 85장 1절.

그렇습니다. 구원은 우리와 아무 상관 없이 주시는 것입니다. 우리의 죄와 상관없이, 무력하고 절망적인 우리의 상태와 상관없이 주시는 것입니다. 구원과 관련하여 우리가 할 수 있는 일은 말 그대로 하나도 없습니다. 우리는 무력한 자들입니다.

지금 이스라엘은 포로로 잡혀 와 있습니다. 원수가 자신들을 정복하고 성을 파괴하며 군대를 섬멸했습니다. 그렇게 모든 무기를 빼앗긴 채 고국 땅에서 멀리 끌려와 있습니다. 바벨론의 노예가 되어 보초와 군사들의 감시를 받고 있습니다. 자신들이 할 수 있는 일은 하나도 없습니다. 반란을 꾀하는 것은 무모한 짓입니다. 그래서 바벨론 강가에 무력하게 앉아 서로 위로하며 자신들의 운명과 이런 운명을 자초한 어리석음을 한탄하고 있습니다. 아무 행동도 취할 수 없는 포로이자 노예로서 완전히 무력하게 앉아 있습니다.

이 세상에 살고 있는 우리 각 사람의 처지도 똑같습니다. 우리 모두 "허물과 죄"로 죽은 상태에서 태어납니다(엡 2:1).

> 주여! 죽은 저는 생기 없는 제 영혼 일깨워
> 주 앞에 나아갈 수 없나이다.
> —W. T. 맷슨William Tidd Matson

우리는 죽어 있습니다. 이보다 더 나쁠 수가 없습니다.

이스라엘 자손은 원수의 포로이자 노예로서 아무것도 할 수 없는 무력하고 절망적인 상태에 빠져 있었고, 거기에서 벗어날 가능성이 전혀 없었습니다. 복음의 전적인 메시지는 이처럼 그들이 할 수 없었던 일을 하나님이 모든 면에서 그들과 상관없이 하겠다고 말씀하셨다는 것입니다.

첫 번째 원리를 요약하면, 구원은 결코 우리 속에 있는 무언가 때문에 일어나는 일이 아닙니다. 자신에게 무슨 권리나 자격이 있다고 생각하는 사람, 여전히 하나님께 불만을 토하는 사람은 계속 사로잡힌 상태로 하나님의 진노 아래 머물 것입니다. 이 원리를 받아들이고 이에 동의하지 않는 사람에게는 이제부터 나올 복이 하나도 해당되지 않습니다. 그 복을 결코 경험하지 못합니다. 그러나 스스로 가난하고 궁핍한 노예임을 깨달은 사람, 이스라엘 백성처럼 하나님의 눈으로 자기 모습을 보는 사람, 모든 무기를 버리고 그 앞에 엎드려 "맞습니다. 저는 아무 할 말이 없습니다. 변명하거나 항의하거나 주장할 말이 없습니다"라고 고백하는 사람에게는 이제부터 나올 말이 들리기 시작할 것입니다.

두 번째 명백한 원리는, 구원은 전부 하나님이 하시는 일이라는 것입니다. 하나님은 "저기 있는 이스라엘 자손을 내가 불쌍히 여기노라"라고 하십니다. "그러므로 너는 이스라엘 족속에게 이르기를 주 여호와께서 이같이 말씀하시기를……." 구원은 전적으로 하나님이 하시는 일입니다. 하나님이 생각하시고 목적하시며 계획하신 일입니다. 이스라엘 자손이 공청회를 열고 "우리가 뭘 할 수 있을까? 완전히 무력한 것은 맞지만, 그래도 대표를 파견할 수 있지 않을까? 어떻게든 하나님께 구원을 요청할 수 있지 않을까?"라고 한 것이 아닙니다. 전혀 그런 것이 아닙니다. 그들은 모든 소망을 버렸습니다. 아무 생각도 하지 않았습니다. 자신들이 지은 죄를 돌아볼 때 변명할 여지가 전혀 없었습니다. 그들은 심히 무력한 상태에 있었습니다. 그렇습니다. 구원을 생각하시고 계획하신 장본인은 하나님입니다.

이것이 성경의 전적인 메시지입니다. 하나님, 영원하시고 영존하시는 하나님이 친히 인간을 구하실 방법을 계획하셨다는 것입니다. 친히 그 방법을 생각하셨다는 것입니다. 친히 그 일을 시작하셨다는 것입니다. 친히 그 방도를 마련하셨다는 것입니다. 구원은 전부 하나님에게서 나온 것입니다. 기도회 때 인간의 대표가 나아와 요청하는 말을 들으시고 아들을 보내 주신 것이 아닙니다! 이것은 인간이 생각하지도 못할 일이요 감히 제안하지도 못할 일입니다. 그렇습니다. 구원은 전적으로 하나님이 생각하신 일입니다.

이 사실에서 출발하지 않기에 구원의 크기와 영광을 모르는 것입니다. 사람들은 하나님을 하늘에 가만히 앉아 계신 분으로, 자신들이 나아가 요청하면 수동적으로 "그래" 하며 수락하시는 분으로 생각합니다. 자기 자신이 능동적인 주체이고, 하나님은 단순히 "알았다" 하며 요청에 응하시는 분으로 생각하는 것입니다. 설사 그렇다 해도 사실상 아무도 구원을 요청하지 못했을 것입니다. 구원을 시작하시는 분은 하나님입니다. 하나님이 친히 움직이십니다. 하나님이 친히 불러 모으십니다. 모든 것이 하나님에게서 나옵니다. 그래서 홀로 하나님만 영원히 찬송과 영광을 받으셔야 하는 것입니다.

그는 생각하는 데서 그치지 않고 행동하십니다. "내가 너희를 여러 나라 가운데에서 인도하여 내고 여러 민족 가운데에서 모아 데리고 고국 땅에 들어가서 맑은 물을 너희에게 뿌려서……." 하나님이 친히 이 모든 일을 하십니다. 기독교의 구원에 필요한 모든 일을 하십니다.

사교에서는 인간이 모든 것을 다 합니다. "나는 날마다 모든 면에서 더 좋아지고 있다" 같은 문구를 반복하며 스스로 나아지고 있다고 설득합니다. 심리학에도 많은 유익이 있다는 것은 저도 인정합니다. 그러나 심리학은 복음이 아닙니다. 복음에는 언제나 인간이 아닌 하나님이 계십니다.

사도 바울은 "우리가 그리스도를 대신하여 사신이 되"었다고 말합니다(고후 5:20). 우리에게 있는 메시지는 우리 것이 아니라 왕의 것입니다. 그 내용이 무엇입니까? "하나님께서 그리스도 안에 계시사—그리스도를 통해, 그리스도로 말미암아—세상을 자기와 화목하게 하시며 그들의 죄를 그들에게 돌리지" 않으신다는 것입니다(고후 5:19). 하나님이 친히 이 일을 하십니다.

성경 전체에서 이것을 볼 수 있습니다. 본문에서도 하나님이 친히 이스라엘 자손을 예루살렘 성으로 데려가겠다고 하십니다. 하나님은 태초부터 그렇게 하셨습니다. 창세기 3장으로 돌아가 보십시오. 남자와 여자—아담과 하와—가 나무 뒤에 숨은 모습이 보일 것입니다. 그들은 하나님을 거슬러 죄를 지었습니다. 그 사실을 깨닫고 불행해졌으며, 하나님의 음성이 들리자 어쩔 줄을 몰랐습니다. 그들은 비참해졌습니다. 그런데 하나님이 내려와 그들에게 말씀하시며 소망의 메시지를 주셨습니다.

그 후 하나님은 아브라함이라는 사람을 불러 한 나라를 이루게 하셨습니다. 그들을 애굽으로 내려가게 하셨다가, 압제자의 손에서 빼앗아 데리고 나오셨습니다. 하나님이 안 계셨다면 영영 애굽에서 빠져나오지 못했을 것입니다. 오직 하나님만 홍해를 가르고 바로 군대의 병거를 박살내실 수 있었습니다. 오직 하나님만 요단강을 가르고 적군을 멸하실 수 있었습니다. 계속 오해하고 불평하는 이스라엘 자손을 하나님이 친히 붙잡아 끌어내셨습니다.

구약의 나머지 이야기는 이 한 주제—하나님을 잊어버리고 떠난 어리석은 백성—의 변주에 지나지 않습니다. 원수에게 패하여 망하거나 자신들의 죄 때문에 스스로 망할 뻔한 적이 얼마나 많았는지요! 그런데 하나님이 계속 그들을 뒤따라가셨습니다.

구약도 그 이야기지만, 신약은 더더욱 그렇습니다! "하나님이 세상을 이처럼 사랑하사 독생자를 주셨으니"(요 3:16). "때가 차매 하나님이 그 아들을 보내사 여자에게서 나게 하시고 율법 아래에 나게 하신 것은 율법 아래에 있는 자들을 속량하시고 우리로 아들의 명분을 얻게 하려 하심이라"(갈 4:4-5). 때가 차매 하나님이 다시 행동하셨습니다. 아들을 보내셨고, 그에게 임무를 맡기셨으며, 그 임무를 수행할—죽임을 당할—힘을 주셨습니다. 그리고 죽은 자 가운데서 다시 일으키셨습니다. 바울은 비시디아 안디옥에서 이렇게 설교했습니다. "성경에 그를 가리켜 기록한 말씀을 다 응하게 한 것이라. 후에 나무에서 내려다가 무덤에 두었으나 하나님이 죽은 자 가운데서 그를 살리신지라"(행 13:29-30).

구원은 언제나 하나님의 행동임을 알겠습니까? 혹시 자신이 남들보다 선하고 나은 삶을 살았기에 그리스도인이 되었으며 하나님께 만족과 기쁨을 드릴 수 있었다고, 스스로 해방과 구원을 얻을 수 있었다고 생각했던 것은 아닙니까? 구원은 전적인 하나님의 행동임을 이제 알겠습니까? 스스로 아무 힘도 없고 소망도 없는 빈털터리 가난뱅이임을 깨달은 자가 값없이 받는 선물이라는 것, 하나님이 전부 준비해서 은혜와 자비로 값없이 주시는 선물이라는 것을 알겠습니까? 이것이 두 번째 원리입니다.

세 번째 원리는 이 구원, 기독교 구원의 주된 목적이 하나님의 성품을 입증하려는 데 있다는 것입니다. 어떤 이는 말할 것입니다. "이런, 난 날 도우려고 구원하시는 줄 알았는데요. 나한테 친구와 행복과 황홀한 체험을 주고자 구원하시는 줄 알았어요. 전부 날 위한 일인 줄만 알았습니다!"

포로로 잡혀 온 이스라엘 자손을 보십시오. 여러 이방 나라가 그들을 비웃고 조롱했습니다. "여호와의 백성이 자기 땅에서 쫓겨났네. 여호와 이야기를 그렇게 하더니, 전능하고 유일한 하나님이요 거룩하고 의롭고 공평한 하나님이라고 그렇게 떠들더니, 지금 저들의 꼴을 좀 봐!" 하나님은 "너희가 여러 나라에서 내 이름을 더럽혔다"라고 하십니다. 그런데 왜 그대로 버려두지 않으십니까? 왜 깨끗이 잊고 다른 나라를 택하지 않으십니까? 그 대답이 여기 나옵니다.

> 그러나 이스라엘 족속이 들어간 그 여러 나라에서 더럽힌 내 거룩한 이름을 내가 아꼈노라. 그러므로 너는 이스라엘 족속에게 이르기를 "주 여호와께서 이같이 말씀하시기를 '이스라엘 족속아, 내가 이렇게 행함은 너희를 위함이 아니요 너희가 들어간 그 여러 나라에서 더럽힌 나의 거룩한 이름을 위함이라. 여러 나라 가운데에서 더럽혀진 이름 곧 너희가 그들 가운데에서 더럽힌 나의 큰 이름을 내가 거룩하게 할지라. 내가 그들의 눈앞에서 너희로 말미암아 나의 거룩함을 나타내리니 내가 여호와인 줄을 여러 나라 사람이 알리라. 주 여호와의 말씀이니라.'"

하나님이 이같이 하시는 것은 자신의 이름을 입증하고 성품을 증명하시기 위해서입니다.

이것은 '이 크고 영광스러운 구원은 하나님의 영광을 밝히 나타낸다'라는 말의 다른 표현에 지나지 않습니다. 예수 그리스도는 복음서에서 늘 이 점을 말씀하셨습니다. "나는 내 이름이 아니라 나를 보내신 이의 이름을 영화롭게 하려고 왔다"라고 하셨고, "내 자의로 말"하지 않는다고 하셨습니다(요 12:49). 마지막 대제사장의 기도에서도 "아버지께서 내게 하라고 주신 일을 내가 이루어 아버지를 이 세상에서 영화롭게" 했다고 하셨습니다(요 17:4). 도처에서 자신이 아니라 자신을 보내신 이를 높이기 위해 왔음을 밝히셨습니다(요 5:30 이하, 8:50 참조). 하나님의 영광을 위해, 사람들이 하나님께 영광과 찬송과 경배를 드리게 하기 위해 왔다고 하신 것입니다.

언제나 이것이 구원의 일차적 이유입니다. 하나님은 본문에서 이스라엘 자손에게 말씀하십니다. "내가 너희를 고국 땅으로 다시 데려가는 것은 내 이름을 증명하기 위해서다. 날 비웃는 여러 나라 백성에게 내가 누구이며 어떤 존재인지 보여주기 위해서다. 나는 너희를 통해 그 일을 할 것이다. 너희는 지금 포로로 잡혀 와 있고, 그들은 자기 신이 나보다 강하다고 말한다. 좋다. 그들의 신 벨이 어찌 되는지 보여주겠다. 벨을 박살내고 너희를 끌어내 고국 땅으로 데려가겠다. 그들의 눈앞에서 너희를 통해 거룩히 여김을 받겠다." 하나님은 과연 그 말씀대로 하셨습니다. 바벨론에서 아무 힘도 없고 소망도 없이 살던 자들을 끌어내 예루살렘으로 다시 데려가셨습니다. 성이 재건되고 성전이 새로 지어지면서 하나님의 이름은 다시 찬송과 영광을 받게 되었습니다. 그리고 후에 하나님의 아들이 그 성전에 찾아오셨습니다.

그러나 그가 복음 안에서 하시는 일에 비하면 이것은 아무것도 아닙니다. 복음의 영광은 하나님의 속성과 그가 찬송받으실 이유를 밝히 드러내는 데 있습니다. 복음이 이렇게 하는 것을 모르는 사람은 복음 자체를 모르는 것입니다. 자기 혼자 그리스도인이라고 생각하는 것이거나, 단순한 심리적 체험을 한 것이거나, 사교를 믿는 것입니다. 복음으로 인해 하나님께 영광을 돌리지 않는 신앙은 기독신앙이 아닙니다.

복음은 하나님의 능력을 밝히 드러냅니다. 그는 바벨론을 능히 무너뜨리시는 분이며, 실제로 무너뜨리신 분입니다. 그가 예수 그리스도를 세상에 보내신 이유가 무엇입니까? 요한은 이렇게 답합니다. “하나님의 아들이 나타나신 것은 마귀의 일을 멸하려 하심이라”(요일 3:8). 이것이 기독교의 구원입니다. 우리는 태생적으로나 본성적으로 사탄에게 사로잡혀 있는 노예입니다. 사탄이 우리를 장악하고 있습니다. 인간이 죄를 지은 이래 그의 모든 후손은 사탄의 지배를 받고 있습니다. 사탄은 자신이 하나님보다 강하다고 믿습니다.

하나님이 구원을 통해 하시는 일이 무엇입니까? 사탄에게 그의 분수를 보여주시는 것입니다. 하나님은 그의 손에서 사람들을 낚아채십니다. 그를 패배시키십니다. 그리스도는 40일 밤낮 광야에 계시면서 그를 패배시키셨습니다. 겟세마네 동산과 십자가에서도 공개적인 망신을 주시고 승리하셨습니다. 구원하신다는 말의 일차적 의미는 마귀의 손에서 빼앗아 오신다는 것입니다. 지금 온 세상은 마귀의 손안에 있습니다. 수많은 사람이 마귀에게 사로잡혀 있습니다. 그래서 그토록 먹고 마시고 웃고 춤추고 도박하고 저주하고 욕하는 것입니다. 그들은 공중의 권세 잡은 자, 불순종의 아들들 안에 거하는 영을 따라 행하고 있습니다. 하나님이 그 능력으로 무장한 강한 자를 굴복시키시며 죄와 사망에서 그들을 구해 주시고 속량해 주실 때까지 결코 벗어나지 못합니다.

한 사람의 죄인이 성도가 될 때마다 하나님의 능력이 입증됩니다. 그 능력에 비할 것은 오직 그리스도를 죽은 자 가운데서 다시 살리신 능력뿐이라고 바울은 에베소서에서 말합니다. 구원은 간단하고 쉬운 일이 아닙니다. 저와 여러분이 도저히 이룰 수 없는 일입니다. 우리의 결단으로 이룰 수 없는 일입니다. 오직 하나님의 능력으로만 이루어지는 일입니다. 사도 바울은 거듭 말합니다. "내가 복음을 부끄러워하지 아니하노니 이 복음은 모든 믿는 자에게 구원을 주시는 하나님의 능력이 됨이라"(롬 1:16).

여러분은 그 능력을 알고 있습니까? 그 능력을 느낀 적이 있습니까? 그 능력의 필요성을 알고 있습니까? 오직 하나님의 능력만 무력한 자신을 구원해 줄 수 있음을 알고 있습니까?

또한 구원은 하나님의 거룩하심을 입증합니다. 그는 거룩하신 하나님입니다. "너희가 그들 가운데서 더럽힌 나의 큰 이름을 내가 거룩하게 할지라." 하나님은 어떻게 자신의 거룩함을 입증하실까요? 한편으로는 죄를 벌함으로써 입증하십니다. 여러 이방 나라는 하나님이 약한 탓에 이스라엘 자손이 바벨론으로 끌려갔다고 생각했습니다. 거룩하신 하나님이 그들을 벌하여 그리로 보내신 것을 알지 못했습니다.

그뿐 아니라 하나님은 각 영혼을 구원함으로써 자신의 거룩하심을 입증하십니다. 구원의 일차적 목적 한 가지는 우리를 거룩하게 하시려는 것입니다. 그리스도가 십자가에서 죽으신 이유가 무엇입니까? 나를 지옥에서 구해 주시기 위해서입니까? 감사하게도 그렇습니다. 그러나 그것이 전부는 아닙니다. 바울은 디도에게 말합니다. "그가 우리를 대신하여 자신을 주심은 모든 불법에서 우리를 속량하시고 우리를 깨끗하게 하사 선한 일을 열심히 하는 자기 백성이 되게 하려 하심이라"(딛 2:14). 그리스도는 나를 하나님께로 인도하려고 오셨습니다. 나를 구별하여 하나님께 드리려고, 하나님의 자녀답게 아버지를 닮게 하려고 오셨습니다. 여호와는 말씀하셨습니다. "내가 거룩하니 너희도 거룩할지어다"(벧전 1:16).

구원의 목표는 거룩한 백성을 구별하여 하나님께 드리려는 데 있습니다. 하나님은 이스라엘 백성에게 "내가 그들의 눈앞에서 너희로 말미암아 나의 거룩함을 나타내"겠다고 말씀하셨습니다. 그리고 우리에게도 동일하게 말씀하십니다. 그는 각 영혼을 구원함으로 자신이 거룩하신 하나님이요 그 백성도 자신처럼 거룩한 존재임을 증명하시며, 거룩함의 능력이 마귀의 능력보다 크다는 것을 증명하십니다. 따라서 우리가 거룩함을 나타내지 못하면 원수를 당황케 할 수 없습니다. 그의 고소를 조롱할 수 없으며, 여러 이방 나라 앞에서 하나님의 이름을 거룩하게 높일 수 없습니다.

그러니 행복이나 놀라운 체험에 대한 이야기는 이제 그만 하기로 합시다. 물론 행복이나 체험이 수반되는 것은 맞습니다. 그럼에도 우리가 첫 자리에 두어야 할 것은 거룩한 백성으로서 하나님의 거룩하심과 그의 영원한 이름을 입증하는 일입니다.

구원은 또한 그의 공평과 의를 입증합니다. 십자가가 하는 일이 이것입니다. 사랑이신 하나님이 "괜찮다. 미안하다고만 하면 다 용서해 주마"라고 자애롭게 말씀하시며 용서하시는 것이 아닙니다. 결코 아닙니다. 하나님은 자기 독생자를 십자가에 매달아 때리고 치셨습니다. 그 안에서 우리 죄를 벌하셨습니다. 오늘날 사람들이 십자가를 감상적으로 바라보며 사랑만 찾으려 드는 것, 그리스도가 "너희는 날 못 박았어도

난 여전히 너희를 사랑하고 용서한다"라고 말씀하신다고 주장하는 것은 비극입니다. 십자가에는 그보다 무한히 더 큰 의미가 있습니다! 하나님은 말씀하십니다. "나는 경건하지 않은 자를 의롭다 하면서도 공평을 지킨다. 너희 생각처럼 죄를 쉽게 용서하는 것은 내 성품에 맞지 않는다. 나는 죄를 반드시 벌한다. 반드시 처리한다. 그래서 내 아들을 통해 죄를 처리한 것이다. 나는 죄를 용서하면서도 공평하고 의로우며 거룩하다."

물론 그가 영광스럽고 놀라운 사랑 때문에 이 일을 하신 것은 맞습니다. 그 사랑 때문에 독생자를 보내 우리의 죄와 그 책임과 형벌을 지고 죽게 하셨습니다. 고국 땅에서 교만하게 하나님의 이름을 더럽힌 이스라엘 자손, 무모했던 이스라엘 자손은 지금과 같은 처지가 되어 마땅했습니다. 그럼에도 하나님은 남은 자들을 다시 고국 땅으로 옮기시고 데려가셨습니다. 왜 그렇게 하셨습니까? 영원한 사랑과 자비와 연민과 긍휼 때문이었습니다. 하나님에 대해 교만하게 생각하고 말하며 신랄하게 비웃고 그의 모든 법을 어긴 저와 여러분은 지옥의 고통을 받아 마땅한 자들입니다. 그런데도 제가 이처럼 기독교 설교자가 되어 강단에 서 있는 이유가 무엇입니까? 하나님이 그 큰 사랑으로 이제껏 말한 모든 일을 행하심으로 용서하시고 구원하시며 속량하셨기 때문입니다. 이처럼 구원은 전부 하나님이 하시는 일이자 그의 성품을 입증하는 일입니다.

구원이 절대적으로 확실한 이유가 여기 있습니다. 구원은 실패할 수 없습니다. 하나님이 이스라엘 자손을 다시 데려오지 않으셨다면 계속 이방 나라의 비웃음을 샀을 것이며 그 이름의 가치 또한 입증되지 못했을 것입니다. 그런데 하나님이 그들을 다시 데려오셨습니다. 그처럼 확실하게 그리스도 안에서 하나님께 속한 자들도 구원하실 것이며, 누구도 하나님의 손에서 그들을 빼앗지 못할 것입니다. 또한 그처럼 확실하게 하나님께 속하지 않은 자들은 영벌을 받을 것입니다.

여러분은 이런 사실들을 알고 있습니까? 자기 자신에 관한 진실을 알고 있습니까? 여러분은 단 한 번 세상에 살다가 떠날 것이며, 앞으로 얼마나 더 세상에 머물지 알지 못합니다. 그 후에는 하나님을 대면해야 합니다. 지금 우리가 살펴보는 이 엄청난 일들을 머리로 이해하려 들지 마십시오. 그러나 미약하게라도 하나님에 대한 개념을 깨닫고 일부라도 자신의 모습을 보았다면, 얼른 그 앞에 엎드리십시오. 이제야 알게 된 자신의 삶과 행동에 대해 자비와 용서와 긍휼을 구하십시오. 그의 손에 자신을 완전히 의탁하십시오. 자신의 죄를 진심으로 인정하고 고백하며 그의 자비에 맡기십시오. 그러면 그에게 속하게 될 것입니다. 그가 여러분을 구해 주실 것입니다. 이 크고 영광스러운 구원을 주실 것입니다. 그때 여러분의 입에서 나오는 첫마디는 "하나님이 전부 다 하셨다. 나는 아무것도 하지 않았다"라는 고백일 것입니다.

오직 자비에 빚진 자,
자비의 언약을 노래하리.
—오거스터스 탑레이디

"오직 주가 구원해 주셔야 하나이다"라고 아뢰십시오. 이 말이 사실임을 그는 입증하실 것이요 여러분은 경험할 것입니다.

5

바벨론에서 가나안으로

내가 너희를 여러 나라 가운데에서 인도하여 내고 여러 민족 가운데서 모아 데리고 고국 땅에 들어가서.

겔 36:24

우리는 복음이 일차적으로 하나님의 거룩하고 경이로운 존재와 성품의 영광을 놀랍게 나타낸다는 사실을 알았습니다. 복음은 하나님의 것입니다. 전적으로, 유일하게, 언제나 하나님의 것입니다. 이번에는 선지자가 24절에서 알려 주는바, 복음이 실제로 우리를 위해 하는 일을 살펴보고자 합니다.

선지자는 24절에서 그 일을 전체적으로 알려 주고 있습니다. 이를테면 광범위한 관점에서 진술하며 처음과 끝을 보여주는 것입니다. 그리고 25절부터 다시 구체적인 설명을 시작하면서, 이 복을 충만히 받기 위해 꼭 필요한 모든 요소와 여러 단계 및 절차를 보여줍니다. 그렇다면 하나님이 구원을 통해 하시는 일이 무엇일까요? 그 핵심이 여기 나옵니다. "내가 너희를 여러 나라 가운데에서 인도하여 내고 여러 민족 가운데서 모아 데리고 고국 땅에 들어가서." 이것이 구원입니다.

24절은 복음의 중대한 특징을 상기시킵니다. 저는 어리석고도 잘못된 복음관—우리 모두 갖기 쉬운 복음관—에서 모든 문제가 야기된다는 생각을 점점 더 많이 하게 됩니다. 무엇보다 여기 이토록 확실하고 명백하게 나와 있는 복음의 크기를 보지 못합니다.

오늘날 모든 사람이 하나님을 찬양하지 않는 이유가 무엇입니까? 여러분은 솔직히 "오, 만 입이 내게 있으면 내 크신 구주를 찬송하겠네"라고 노래할 수 있습니까?* 찬송을 부르는 것은 때로 무서운 거짓과 위선이 될 수 있습니다. 복음을 바라볼 때 참으로 한 입이 아닌 만 입이 필요하다고 느낍니까? "나는 복음을 그런 관점에서 바라본 적이 있는가?"라고 냉정하게 자문해 봅시다.

만약 그런 적이 없다면 왜 없는지 알려 드리겠습니다. 이유는 단 두 가지입니다. 한편으로는 죄의 진정한 깊이를 한 번도 깨닫지 못했기 때문이요, 또 한편으로는 구원의 높이를 한 번도 깨닫지 못했기 때문인 것입니다. 이 놀라운 주제—이방 땅에서 끌어내 고국 땅으로 데려가시는 일—가 보여주는 영광 및 구원의 높이와 죄의 깊이 사이의 간격이 얼마나 큰지 모르는 것입니다.

그토록 찬양하며 감사해야 할 엄청난 구원의 크기를 한번 헤아려 봅시다. 24절이 알려 주는 첫 번째 사실은 오직 하나님의 능력으로만 구원이 이루어진다는 것입니다. 오직 하나님의 능력으로만 그리스도인이 된다는 것입니다.

그리스도인이 어떤 존재인지 우리는 사실상 모르고 있습니다. 태생胎生이라는 하찮은 개념—영국에서 태어났느냐 아니냐, 교회에 출석하도록 양육받았느냐 아니냐, 청소년기에 교회 명부에 이름을 올렸느냐 아니냐, 유아세례를 받았느냐 아니냐 등—이 그리스도인의 정의로 빈번히 통용되는 형편입니다. 이런 것들로 그리스도인이 된다고 말하고 있습니다. 이런 것을 기독교라고 말하고 있습니다. 그렇다면 만 입이나 가지고 노래할 필요가 없습니다.

* 통일찬송가 23장 1절 다시 옮김.

그러나 이런 것은 복음이 아닙니다. 복음이 처음부터 밝히는 사실은 오직 하나님의 능력으로만 구원이 이루어진다는 것입니다. 이 말씀을 들어 보십시오. "내가 너희를 여러 나라 가운데에서 인도하여." 하나님이 이 일을 하시는 이유가 무엇입니까? 다른 사람은 할 수 없기 때문입니다. 오직 하나님께만 이 일을 하실 능력과 힘이 있기 때문입니다. 세상 어느 누구도 한 사람을 그리스도인으로 만들지 못합니다. 얼마나 선한 삶을 살았고 얼마나 많은 서약을 했느냐는 중요치 않습니다. 여러분도 직업을 버리고 사회에서 격리된 채 수도사나 은둔자나 은거자가 될 수 있습니다. 원한다면 트라피스트 수도회에 들어갈 수도 있고 산 위에서 생활할 수도 있습니다. 남은 평생 침묵하며 금식과 노동과 기도에 온 힘을 쏟을 수도 있습니다. 그러나 그 모든 일을 한다 해도 그리스도인이 되지 못하며 그리스도인이 될 수 없습니다. 세상의 모든 재능을 발휘한다 해도 그리스도인이 될 수 없습니다. 오직 하나님만 한 사람을 그리스도인으로 만드실 수 있습니다. "내가 너희를……인도하여." 하나님이 친히 자기 이름을 위해 이 일을 생각하시고 행하십니다.

사도 바울이 에베소서에서 아주 명백하게 밝히듯이, 주 예수 그리스도를 죽은 자 가운데서 다시 살려 내시고 무덤에서 일으키신 그 능력으로만 한 사람을 그리스도인으로 만들 수 있습니다(엡 1:19-20 참조).

우리는 이 사실을 알고 있습니까? 처음부터 반드시 알아야 할 핵심 요점이 이것 아닙니까? 그리스도인이 되는 것이 쉬운 일 같습니까, 세상에서 가장 어려운 일 같습니까? 바울은 가장 어려운 일이라고 말합니다. 허물과 죄로 죽은 우리를 일으킬 수 있는 것은 오직 부활의 능력뿐입니다.

사도 바울은 이를 확신했습니다. 그의 명료한 진술을 기억해 보십시오. "내가 복음을 부끄러워하지 아니하노니—왜 부끄러워하지 않는다고 합니까?—이 복음은 모든 믿는 자에게 구원을 주시는 하나님의 능력이 됨이라"(롬 1:16). 복음 외에 다른 것으로는 사람들을 구원할 수 없음을 그는 알았습니다. 수도 로마의 이교 신앙과 대면하고 있었으며 사람들의 불결하고 추잡하고 악한 삶을 목격하고 있었기에, 하나님의 능력 외에는 그런 타락에서 사람들을 일으킬 것이 없음을 알았습니다. 오직 하나님의 능력만 구원할 수 있음을 알았습니다.

구원은 성령의 특별한 사역입니다. 한 사람이 그리스도인이 되려면 성령이 그 안에서 일하셔야 합니다. 그의 영혼과 존재의 중추와 토대 자체에서 일하셔야 합니다. 우리는 전후에 런던에서 계속 건물이 올라가는 현장을 보고 있습니다. 엄청난 기계들이 와서 공습지역의 돌무더기를 치우며 사람의 손으로 하면 몇 년씩 걸릴 일들을 순식간에 해치웁니다. 땅을 깊숙이 파헤쳐 부지를 정비하며 기초를 다집니다. 능력을 발휘합니다! 성령이 찾아와 우리의 실상을 다루시고 잔해와 쓰레기와 돌무더기를 치우실 때도 그런 능력이 필요합니다. 건물을 짓는 데 쓰이는 것과 같은 능력과 힘과 에너지가 필요합니다. 성령의 능력은 그런 것입니다.

사도 바울은 데살로니가 교인들에게 복음을 전한 후에 편지를 쓰면서 이렇게 말했습니다. "이는 우리 복음이 너희에게 말로만 이른 것이 아니라 또한 능력과 성령과 큰 확신으로 된 것임이라"(살전 1:5). 고린도 교인들에게 보낸 편지에서도 "내가 너희 중에서 예수 그리스도와 그가 십자가에 못 박히신 것 외에는 아무것도 알지 아니하기로 작정하였음이라"라고 했습니다(고전 2:2). "나는 너희를 찾아가 철학 강연을 하지 않기로 작정했다. 물론 그럴 수도 있었지만, 내가 너희에게 간 것은 큰 관심을 끌 만한 다양한 주제를 다루기 위해서가 아니었다. 그것은 무익한 일이다. 나는 너희 중에서 예수 그리스도와 그가 십자가에 못 박히신 것 외에는 아무것도 알지 않기로 작정했다. 그래서 인간의 지혜에서 나온 매력적인 말로 설교하거나 가르치지 않았다"라고 한 것입니다. 물론 그는 철학 강연을 할 수도 있었습니다. 엄청난 에너지를 가진 걸출한 정신의 소유자로서 얼마든지 추론하고 논쟁하며 자기 논리를 능숙하게 펼칠 수 있었습니다. 그가 원했다면 유창한 웅변으로 사람들을 감동시켰을 것입니다. 그가 쓴 서신들만 보아도 알 수 있습니다. 그는 이런 에너지와 능력을 전부 발휘하고 사용할 수 있었습니다. 그런데도 의도적으로 그렇게 하지 않았습니다. 왜 하지 않았을까요? 그런 것으로는 단 한 영혼도 구원하지 못하며 단 한 사람도 회심시키지 못한다는 사실을 너무나 잘 알았기 때문입니다. 강연을 듣고 돌아가는 자들이 그를 훌륭한 철학자요 선생이요 설교자라고 칭송할 수는 있었을 것입니다. 그러나 죄의 속박에서 벗어나지는 못했을 것입니다. "그래서는 안 된다"라고 그는 말합니다. "내 말과 내 전도함이 설득력 있는 지혜의 말로 하지 아니하고 다만 성령의 나타나심과 능력으로 하여 너희 믿음이 사람의 지혜에 있지 아니하고 다만 하나님의 능력에 있게 하였노라"(고전 2:4-5). 어디에서나 마찬가지입니다. 하나님이 친히 우리를 인도해 내셔야 합니다. "내가 너희를……인도하여 내고."

성신이 친히 여러분을 다루신 적이 있습니까? 하나님의 성령이 친히 여러분의 영혼 안에서 행하심을 인식한 적이 있습니까? 성령으로 인해 흔들린다는 것이 무엇인지 알고 있습니까? 유죄선고를 받고 공포와 두려움에 사로잡힌다는 것이 무엇인지 알고 있습니까? 자신에게 절망한다는 것이 무엇인지 알고 있습니까? 성령은 그런 일을 하십니다. 사람들을 찾아와 흔드시며 건물도 흔드십니다. 그 이야기가 사도행전 4장에 나옵니다. 사람들이 모여서 기도하던 방의 벽들이 흔들렸습니다. 성신의 능력은 모든 부흥의 때에도 나타났습니다. 바로 이 능력이 각 사람의 영혼을 구원합니다.

다른 것으로는 구원받을 수 없습니다. 결단한다고 그리스도인이 되는 것이 아닙니다. 결단한다고 구원받는 것이 아닙니다. 구원은 하나님의 일입니다. 하나님의 능력으로, 신성한 성령의 에너지로 이루어지는 일입니다.

하나님이 친히 여러분을 다루신 적이 있습니까? 하나님의 손에 붙잡힌다는 것이 무엇인지 알고 있습니까? 창조자가 나를 다시 붙잡아 부수시고 깨뜨리시며 재창조하시는 것을 느낀 적이 있습니까? 구원은 그가 친히 하시는 일입니다. "**내가**……." 36장 본문을 다시 읽어 보십시오. 처음부터 끝까지 그가 행하심을 알 것입니다.

이에 뒤따르는 두 번째 사실은 온전한 변화가 일어난다는 것입니다. "내가 너희를 여러 나라 가운데에서 인도하여 내고 여러 민족 가운데서 모아 데리고 고국 땅에 들어가서." 바울도 똑같이 말합니다. "그가 우리를 흑암의 권세에서 건져 내사 그의 사랑의 아들의 나라로 옮기셨으니"(골 1:13).

구원의 문제, 그리스도인이 되는 문제와 관련된 기본적이면서도 긴요한 또 한 가지 원리가 이것입니다. 구원은 세상이 보거나 아는 변화 중에 가장 온전하고 깊고 큰 변화입니다. 오, 우리가 이것을 안다면! 그리스도인이 된다는 것은 전보다, 또는 남보다 약간 좋아지거나 개선되는 것이 아닙니다. 너무 많은 죄를 짓지 않게 되거나 한 가지 죄를 자주 짓지 않게 되는 것이 아닙니다. 그런 것이 아닙니다. 구원은 온전한 변화입니다.

구원은 우리의 신분과 위치와 지위와 처지가 완전히 바뀌는 것입니다. 구원의 복음은 무엇보다 먼저 우리를 완전히 새로운 위치, 새로운 관계로 데려갑니다. 본문이 강조하는 점이 이것입니다. 죄는 관계를 어그러지게 합니다. 우리를 잘못된 자리에 있게 합니다. 이스라엘 자손도 가나안이 아닌 바벨론에 있었던 것이 문제였습니다. 구원이 무엇입니까? 바벨론에서 가나안으로 다시 데려가는 것입니다.

구약성경은 그 이야기로 가득합니다. 그리스도인이 된다는 것이 무엇입니까? 주 예수 그리스도의 말씀대로 다시 태어나는 것입니다. 여러분도 알듯이 약간 개선되는 것이 아니라 아예 다시 태어나는 것입니다. 처음으로 돌아가는 것입니다. 가련한 니고데모는 이 말에 걸려 넘어졌습니다. "사람이 늙으면 어떻게 날 수 있사옵나이까? 두 번째 모태에 들어갔다가 날 수 있사옵나이까?"(요 3:4) 주님은 "이 일을 머리로 이해하려 들지 마라. 너는 이해하지 못한다. 이것은 새로운 시작이다"라고 하셨습니다. 구원은 거듭남이요 중생입니다.

"누구든지 그리스도 안에 있으면 새로운 피조물이라"(고후 5:17). 구원받은 사람은 새로운 피조물이 됩니다. 바울은 "어두운 데에 빛이 비치라 말씀하셨던 그 하나님께서 예수 그리스도의 얼굴에 있는 하나님의 영광을 아는 빛을 우리 마음에 비추셨느니라"라고 말합니다(고후 4:6). "내게 일어난 일을 너희에게 알려 주겠다. 하나님이 세상을 창조하실 때 일어났던 일이 내게도 똑같이 일어났다. 태초에 성령이 혼돈 위에 운행하셨고 하나님이 '빛이 있으라'라고 말씀하셨다. 그러자 질서가 생겼고 세계가 창조되었다. 그런 일이 내게도 일어났다. 나는 단지 약간 좋아진 것이 아니다. 아예 새사람이 되었다. 보라, 옛 것은 지나가고 새 것이 되었다." 이처럼 구원은 바벨론에서 가나안으로 돌아가는 것입니다.

이런 이행移行에 대해 아는 바가 있습니까? 신분과 지위와 위치 자체, 기본태도 자체가 완전히 달라진다는 것이 무엇인지 알고 있습니까? 기독교는 그런 것입니다.

성경에만 그 이야기가 나오는 것이 아닙니다. 오랜 교회 역사 전체에 등장하는 모든 성도의 생애를 통해서도 확인할 수 있습니다. 아우구스티누스Aurelius Augustinus나 루터Martin Luther나 칼뱅Jean Calvin을 비롯한 모든 성도에게도 같은 일이 일어났습니다. 그들은 한결같이 "나는 과거의 내가 아니다. 이전 그 사람이 아니다. 변화가 일어났다. 완전히 변했다"라고 했습니다. 구원보다 더 큰 변화는 있을 수 없습니다.

그렇다면 이 변화는 구체적으로 어떻게 일어날까요? 에스겔은 다음과 같이 설명합니다. 가장 먼저 필요한 조처, 분명히 필요한 조처는 누군가 구해 주는 것입니다. 이스라엘 자손은 가나안을 떠나 바벨론으로 끌려갔을 뿐 아니라 노예와 포로로 전락했습니다. 바벨론 사람들, 갈대아인들의 손에 붙잡혀 전적인 지배를 받았습니다. 그들은 무력했습니다. 누군가 구해 주어야 했습니다. 포로생활에서 끌어내 데려가야 했습니다.

그리스도인이 아닌 불신자의 진정한 문제는 제자리에서 벗어나 있다는 것입니다. 원래 자리에서 떠나 있다는 것입니다. 인간의 원래 자리는 낙원이었습니다. 우리는 오늘날 이런 세상에서 이런 삶을 살도록 지어진 존재가 아닙니다. 이스라엘 자손이 바벨론이 아닌 가나안에서 살아야 할 백성이었던 것처럼, 우리도 이런 세상에서 살 존재가 아닙니다. 하나님은 남자와 여자를 낙원에 두시고 거기에서 살게 하셨습니다. 그런데 지금 인간은 낙원에서 살지 못합니다. 정상 궤도에서 벗어나 있고 집에서 멀리 떠나 있습니다. 마치 먼 나라에 와 있는 탕자와 같습니다. 하나님이 복 주시는 자리 바깥에 있습니다. 그렇기 때문에 누군가 구해 주어야 하는 것입니다.

이처럼 벗어난 자리에서 누군가 구해 주어야 한다는 것이 구체적으로 무슨 뜻일까요? 첫 번째 의미는 이것입니다. "내가 너희를 여러 [이방] 나라 가운데에서 인도하여 내고." "여러 [이방] 나라"는 경건치 못한 상태—하나님과 그의 모든 길과 모든 복을 모르는 상태—를 대변하는 말입니다. 누가 이방 나라입니까? 하나님을 모르는 자들입니다. 그래서 이방 나라라고 부르는 것입니다.

죄는 우리를 이방 나라에 있게 합니다. 죄 안에 있다는 것은 곧 이방 나라의 어둠과 무지 가운데 있다는 뜻입니다. 복음은 어떻게 거기에 구원 메시지가 찾아온다고 말합니까? "흑암에 행하던—무지 가운데 있던—백성이 큰 빛을 보고"(사 9:2). 이스라엘 자손이 하나님을 모르고 우상을 예배하는 이방 나라에 와 있는 모습은 죄의 이런 속성을 보여 줍니다.

오늘날 세상은 무엇보다 먼저 하나님에 대한 무지에서 구원받아야 합니다. 오늘날 사람들이 이렇게 살고 있는 이유가 무엇입니까? 그 대답은 한 가지뿐입니다. 하나님을 모르기 때문인 것입니다. 사람들이 왜 그토록 술과 도박과 성과 모든 왜곡된 일과 더러운 일들을 즐깁니까? 바로 이 때문입니다. 하나님을 즐거워한다는 것이 무엇인지 모르기 때문입니다. 다른 이유가 없습니다. 하나님을 모르며 그를 어떻게 즐거워할지 모르기 때문에 다른 즐거움의 대상을 찾는 것입니다.

앞서 보았듯이 하나님의 크심이나 능력이나 진노에 대해서도 아는 바가 전혀 없습니다. 하나님과 그의 거룩하심을 알기만 해도, 그의 법과 진노를 알기만 해도 다시는 죄를 짓지 않을 것입니다. 죄를 지을 생각만 해도 두려울 것입니다. 그런데 모릅니다. "하! 하나님 같은 건 없다니까"라고 합니다. "어리석은 자는 그의 마음에 이르기를 하나님이 없다 하는도다"(시 14:1). 사람들은 "듣지 마. 괜찮아. 계속 그렇게 살아도 돼. 나도 오랫동안 하나님을 무시하며 살았지만 아무 일 없었어. 즐겁게 잘만 살고 있지. 아무 문제 없다니까"라고 합니다. 그렇게 하나님에 대한 무지와 어둠 속에서 살아갑니다.

오, 하나님의 사랑과 자비와 긍휼에 대한 무지여! 설사 하나님이 있다고 믿는다 해도 자신들을 대적하고 미워하는 독재자로, 멋지고 좋은 모든 것을 즐겨 빼앗아 가는 괴물로 여깁니다. 그렇게 어둠 속에서 살아갑니다. 누군가 거기에서 구해 주어야 하는데, 오직 복음만 구해 줄 수 있습니다.

이방 정신의 문제는 단지 하나님을 모르는 데서 그치지 않습니다. 다른 많은 문제들이 따라옵니다. 이방 나라는 두려움과 공포 속에서 살아갑니다. 미신의 희생자가 되며, 나무와 돌과 금속으로 만든 우상을 예배합니다. 이방 정신의 무지가 낳는 두려움과 공포보다 끔찍한 것이 없습니다. 오늘날 세상은 이런 두려움과 공포로 가득합니다. 사람들은 신문에서 운세를 찾아 읽고, 점성가의 말에 귀를 기울이며, 점쟁이에게 자기 미래를 의탁합니다. 무슨 희망이 보이는 것 같으면 무엇에든 매달립니다. 삶을 두려워하며 미래의 일을 두려워합니다. 지금 자신이 어떤 자리에 있는지 알지 못합니다. 두려움과 공포와 이방의 어둠에 붙잡힌 채 아무거나 믿으려 듭니다. 무슨 신이든 세워 놓고 그 앞에 절하려 듭니다. 왜 그럴까요? 지금 자신이 어떤 자리에 있는지 모르는 탓이며, 특별히 하나님을 모르는 탓입니다.

이방 정신에 항상 뒤따르는 또 다른 문제는 노예가 되는 것입니다. 이방 나라는 죄의 노예입니다. 선교보고서—특히 19세기 개척 선교사들의 이야기—를 읽어 본 적이 있습니까? 선교사들은 이방인들이 인육을 먹는다는 사실을 알았습니다. 거의 동물이나 짐승만도 못한 수준까지 떨어져 있었습니다. 그 모든 왜곡과 더러움과 추잡함은 하나님을 모르고 경건치 못한 데서 비롯된 결과입니다.

바울은 에베소 교인들에게 말합니다.

> 그는 허물과 죄로 죽었던 너희를 살리셨도다. 그때에 너희는 그 가운데서 행하여 이 세상 풍조를 따르고 공중의 권세 잡은 자를 따랐으니 곧 지금 불순종의 아들들 가운데서 역사하는 영이라. 전에는 우리도 다 그 가운데서 우리 육체의 욕심을 따라 지내며 육체와 마음의 원하는 것을 하여 다른 이들과 같이 본질상 진노의 자녀이었더니(엡 2:1-3).

오늘날도 마찬가지입니다. 이방의 삶, 이방의 어둠이 이런 존재양식—세상의 방식, 쾌락을 찾아 순례하는 것, 술 취함, 싸움, 증오, 질투, 시기, 탐욕, 집착을 비롯한 모든 더러운 일들—을 만들어 냅니다. 누군가 이런 데서 사람들을 구해 주어야 합니다.

그들은 다 죄의 노예입니다. 마귀의 노예입니다. 그렇기 때문에 당연히 하나님을 아는 지식에 이를 수 없습니다. 이스라엘 자손도 포로였습니다. 무기도 없었고 할 수 있는 일도 없었습니다. 설사 무슨 시도를 했다 해도 곧장 진압되었을 것입니다. 오늘날 사람들도 마찬가지입니다. 허물과 죄로 죽어 있어 꼼짝할 수가 없습니다. 고국 땅 바깥에 있습니다. 하나님에게서 멀리 떠나 있으며 그가 주시는 복 바깥에 있습니다.

오, 죄는 그만큼 깊은 것입니다! 그러나 하나님은 말씀하십니다. "내가 너희를 구해 주겠다. 내가 이방 나라에서 너희를 끌어내겠다." 하나님은 그리스도 안에서 성령을 통해 개입하시며, 우리를 지배하는 세력과 싸워 그를 제거하십니다. 무장한 악한 자를 멸하시며, 그가 믿던 무기를 빼앗고 포로들을 해방시키십니다.

그래서 하나님의 능력이 아니면 구원받을 수 없다는 점을 그토록 강조한 것입니다. 습관이나 죄를 끊기가 얼마나 어려운지 우리 모두 잘 알고 있습니다. 새해 결심이 채 일주일도 가지 못합니다. 우리 모두 더 나아지겠다고 말하거나 맹세한 경험이 있습니다. 수없이 시도했다가 실패한 경험이 있습니다. 우리에게는 인간의 노력 그 이상의 것이 필요합니다. 하나님이 필요합니다. 복음은 모든 믿는 자를 구원하시는 하나님의 능력입니다. 그는 능히 우리를 이방 나라에서 해방시키시고 끌어내실 수 있습니다. 사로잡힌 땅에서 끌어내 한데 모으실 수 있습니다.

그리고 무슨 일을 하십니까? 우리를 회복시키십니다. "고국 땅에 들어가서." 복음은 우리가 원래 있었던 자리, 원래 있어야 할 자리로 다시 데려갑니다. 그 이야기가 성경 도처에 나옵니다.

태초에 하나님은 남자와 여자를 완벽하게 만들어 에덴동산에 두셨습니다. 아담과 하와는 동산을 거닐며 살았고, 하나님의 음성이 들리면 달려가 만났습니다. 그것이 인간의 정상적인 상태였습니다. 그런데 죄와 불순종에 빠진 후 하나님이 내려오시자 그대로 숨어 버렸습니다. 하나님의 첫 질문은 "아담아, 네가 어디 있느냐?"라는 것이었습니다. 아담은 있어서는 안 될 자리에 있었습니다. 죄는 항상 이렇게 만듭니다. 그러나 하나님은 그를 뒤따라가셨습니다. 그를 다시 불러오고자 하셨습니다.

신약성경 탕자의 비유에 나오는 불쌍한 청년이 마침내 정신을 차리고 한 말은 이것입니다. "내 아버지에게는 양식이 풍족한 품꾼이 얼마나 많은가?"(눅 15:17) 그는 들판에서 돼지를 치다가 문득 정신을 차렸습니다. "내가 어쩌다 이렇게 되었지? 아버지의 아들이 어쩌다 이런 나라에서, 그것도 들판에서 돼지나 치고 쥐엄 열매나 먹게 되었지? 여긴 내가 있을 자리가 아니야. 난 집으로 돌아가야 해"라고 했습니다. 그래서 일어나 아버지께 돌아갔습니다. 집으로 돌아갔습니다.

"내가 너희를 여러 나라 가운데에서 인도하여 내고 여러 민족 가운데서 모아 데리고 고국 땅에 들어가서." 그리스도인이 된다는 것이 무엇입니까? 집으로 돌아가는 것입니다. 아버지께 돌아가는 것이며, 원래 자리로 돌아가는 것입니다. 기독교를 약간 나아지거나 도덕적이 되는 일로만 여기는 어리석고 부적절한 개념은 이제 내버립시다. 그렇습니다. 기독교는 집으로 돌아가는 것입니다. 먼 나라에서 떠나오는 것입니다.

구원은 회복입니다. 무엇을 위한 회복입니까? 일차적으로는 하나님께 돌아가는 회복이며 하나님을 알게 되는 회복입니다. 바울은 골로새 교인들에게 편지를 쓰면서 그들이 하나님을 알게 된 것에 감사한다고 말합니다. "진리가 온 세상에 전파될 때 너희에게도 전파되었다. 그런데 너희가 그 진리를 깨닫고 받아들였다는 소식을 들으니 기쁘다. 너희는 아무것도 모르는 무지한 이방인이었다. 그런데 이제는 우리를 사랑하신 그 큰 사랑으로 찾아오신 하나님, 아들의 얼굴을 통해 자신을 알려 주신 하나님을 안다." 하나님은 우리에게도 그 사랑과 자비와 긍휼을 보여주셨습니다. 우리는 그를 바라보는 새롭고 바르고 참된 관점을 얻었습니다. 그와 함께 집으로 돌아왔습니다. 그가 기쁘게 우리 죄를 사하시며 용서해 주신 것을 알고 있습니다. 전에는 몰랐지만 이제는 알기에 사랑하고 찬송하며 예배합니다. 하나님과 관계가 회복되었습니다.

복음은 하나님을 아버지로 소개합니다. 철학적 X나 저 멀리 떨어져 있는 강력한 힘이 아니라 영원한 사랑으로 우리를 사랑하시는 아버지, 우리 죄를 사하시고 도말하시기 위해 아들을 보내 죽게 하실 만큼 우리를 사랑하시는 아버지로 소개합니다. 오, 복음은 이런 것입니다! 우리를 하나님께 다시 데려가는 것입니다. 하나님께 돌아간다는 것은 곧 복의 자리로 돌아간다는 뜻입니다. 바벨론에서는 복을 받지 못합니다. 하나님이 복 주시는 자리는 가나안입니다. 하나님이 자기 백성을 위해 그 땅을 마련하셨습니다. 그들을 그리로 데려가셨습니다. 젖과 꿀이 흐르는 그 땅에서 복을 내려 주셨습니다. 이제 그는 말씀하십니다. "내게로 돌아오너라. 내가 너희를 다시 그 땅으로 데려가 복을 쏟아부어 주겠다."

복음이 우리에게 주는 것이 무엇입니까? 하나님의 모든 부요한 은혜, 하늘의 처소에 있는 모든 영적인 복입니다. "내게 필요한 모든 것 주 안에 있나이다."

내 영혼아, 하늘 왕을 찬양하라.

그 발 앞에 예물을 드리라.

왜 그래야 합니까?

구속받고 치료받고 회복되고 용서받았으니

주처럼 찬양할 이 누구랴?

주를 찬양하라.

—H. F. 라이트Henry Francis Lyte

우리는 복의 자리, 하나님이 우리를 데려가고자 하시는 자리, 우리를 위해 마련하신 자리로 돌아왔습니다. 이것이 구원입니다. 아버지이신 하나님과 다시 화목케 되어 그의 복을 한없이 받는 것이 구원입니다.

그러려면 반드시 이방 나라에서, 죄의 추잡함과 악함과 더러움과 불결함에서 떠나야 합니다. 거룩한 삶으로, 씻음받아 정결해지고 새로워지고 성화되는 삶으로 돌아와야 합니다. 악을 기뻐하는 자리에서 떠나 의에 주리고 목마른 삶, 충만함을 갈망하는 삶으로 돌아와야 합니다. "나는 여전히 세상에 살고 있다. 그러나 세상을 이기는 승리는 이것이니 곧 우리의 믿음이다"라고 말할 수 있는 삶으로 돌아와야 합니다(요일 5:4 참조). 하나님의 계명을 무겁게 느끼는 것이 아니라 오히려 "나의 하나님이여, 내가 주의 뜻 행하기를 즐기오니"라고 말할 수 있는 삶으로 돌아와야 합니다(시 40:8).

이것이 구원입니다. 완전히 변화되는 것, 하나님을 알게 되는 것이 구원입니다. 여러분은 하나님을 알고 있습니까? 저는 지금 하나님에 대한 몇 가지 사실을 믿느냐고 묻는 것이 아닙니다. 그리스도인이 아니어도 몇 가지 사실은 믿을 수 있습니다. 여러분은 하나님을 알고 있습니까? 여러분의 아버지로서 알고 있습니까? 그의 복을 받고 있습니까? 날마다 받고 있습니까? 성경에 따르면, 그렇지 못한 사람은 스스로 그리스도인이라 여길 자격이 있다고 볼 수 없습니다.

그리스도는 우리를 하나님 앞으로 인도하기 위해, 하나님과 화목케 하기 위해 오셨습니다. 하나님이 기쁘게 복 주시는 자리, 우리 머리털까지 세시며 온 마음으로 돌보아 주시는 자리에 두기 위해 오셨습니다. 그리스도는 우리를 거룩하게 하고 정결하게 하며 깨끗하게 하심으로 "빛 가운데서 성도의 기업의 부분을 얻기에 합당하게" 만드십니다(골 1:12).

이것이 구원에 담긴 의미입니다. 구원은 하나님이 성령을 통해 하시는 일입니다. 이방 나라에서 우리를 끌어내 고국 땅으로, 원래 자리로 데려가시는 일입니다. 우리는 지금 그 자리에 있습니까?

하나님은 그리스도 안에서 이 일을 하십니다. 독생자를 세상에 보내 십자가에서 죽게 하신 이유가 무엇입니까? 우리를 모든 불법에서 구해 내 선한 일을 열심히 하는 자신의 특별한 백성으로 구별하시기 위해서였습니다. 구별되어야 바벨론에서 떠날 수 있습니다. 기독교는 우리를 세상에서 구별해 냅니다. 세상이 삶의 목적으로 삼는 모든 것과 탐욕과 요란함에서, "육신의 정욕과 안목의 정욕과 이생의 자랑"에서(요일 2:16), 세상이 그토록 멋지게 여기는 모든 것에서 구별해 냅니다. 우리는 세상을 떠나 이 새로운 나라로, 하나님과 함께 하는 새로운 삶으로, 천국을 미리 맛보고 준비하는 삶으로 옮겨 왔습니다. 구원은 하나님의 손에 붙잡혀 이 세상의 죄와 죽음의 강에서 벗어나는 것이며, 그 영광 앞에 아무 흠 없이, 말할 수 없는 기쁨 가운데 서는 것입니다.

여러분은 흑암의 나라에서 하나님이 사랑하시는 아들의 나라로 옮겨 왔습니까? 그렇다면 하나님의 복을 받을 것입니다. 그렇지 못하다면 더 이상 지체하지 마십시오. 여러분은 지금 위험한 자리에 있는 것입니다. 하나님의 진노 아래 있는 것입니다. 그 자리에서 죽으면 영원히 거기 있게 됩니다. 지금 그 자리에 있다면 하나님의 자비와 긍휼을 외쳐 구하십시오. 그러면 거절하지 않으실 것입니다. 여러분을 붙잡아 그의 강한 능력으로 부활시키실 것이며, 사랑하는 아들의 나라에 들여보내실 것입니다.

6

정결하게 하리라

맑은 물을 너희에게 뿌려서 너희로 정결하게 하되 곧 너희 모든 더러운 것에서와 모든 우상숭배에서 너희를 정결하게 할 것이며.

겔 36:25

우리는 24절에서 하나님의 구원 메시지에 대한 온전한 진술을 살펴보았습니다. 이제 그 메시지를 다시 다루면서 구원의 구성요소들을 살펴보려 합니다. 25절에 첫 번째 세부항목이 나옵니다.

인간의 구원에 꼭 필요한 첫 번째 요소, 하나님과 그의 놀라운 복을 경험하기 전에 반드시 필요한 요소가 무엇일까요? 바로 이것입니다. "맑은 물을 너희에게 뿌려서 너희로 정결하게 하되 곧 너희 모든 더러운 것에서와 모든 우상숭배에서 너희를 정결하게 할 것이며." 이것이 첫 번째 요소입니다. 연이어 다른 요소들도 나오는데, 그것들을 보면 얼마나 놀라운지 모릅니다. "또 새 영을 너희 속에 두고 새 마음을 너희에게 주되 너희 육신에서 굳은 마음을 제거하고 부드러운 마음을 줄 것이며"(26절). "또 내 영을 너희 속에 두어 너희로 내 율례를 행하게 하리니 너희가 내 규례를 지켜 행할지라"(27절). 이것은 예루살렘 오순절 사건—성신이 교회에 부어지신 사건—을 예언하는 말씀입니다.

다시 말해서 기독교 복음을 온전히 진술하는 24절을 지나 처음 직면하며 강조할 문제는 죄와 죄책의 문제입니다. 하나님은 에스겔을 통해 이스라엘 백성에게 "내가 너희를 바벨론 땅에서 끌어내 가나안 땅으로 데려가겠다"라고 하십니다. 그런데 그 전에 먼저 정결해져야 한다는 점을 아주 분명하게 밝히십니다. 그들은 불결하기에 씻음을 받아야 한다는 것입니다. 하나님은 "너희 모든 더러운 것에서와 모든 우상숭배에서 너희를 정결하게 할 것"이라고 하십니다. 성경은 항상 여기에서 출발합니다. 물론 우리 중에 이것을 좋아하는 사람은 아무도 없습니다.

우리는 많은 필요를 느끼고 있습니다. 삶에 짓눌려 있으며 어려움과 곤경에 처해 있습니다. 현대세계의 모든 긴장과 스트레스가 이를 웅변적으로 증명해 줍니다. 사람들이 아무거나 움켜잡으려 들거나 다양한 약물에 의지하여 살아가는 것이 그 증거입니다. 다들 도움과 지원과 인도의 필요성을 느끼고 있습니다. "뭘 해야 하지? 어디로 가야 하지?"라고 묻고 있습니다. 자신의 왜소함과 무능함을 느끼고 있습니다. 그래서 "자, 하나님은 언제든 당신을 인도하고 도와줄 준비를 하고 계십니다"라고 하면 관심을 보이며 기꺼이 듣고자 합니다.

그러나 구원에는 반드시 필요한 예비단계가 있다는 사실, 죄의 책임과 오염과 불결함이라는 문제에 직면하지 않는 한 하나님이 주시는 어떤 복도 받지 못한다는 사실을 기억해야 합니다. 아무리 복음을 자처하며 도움과 지원과 인도를 주겠다고 나선다 해도 이러한 죄책과 씻음의 필요성을 맨 먼저 정면으로 제시하지 않는 메시지는 기독교 메시지가 아닙니다.

이처럼 제가 아주 독단적으로 말하는 것은, 오늘날 씻음과 정결함의 필요성에 대해서는 한마디도 하지 않은 채 하나님께 나아갈 수 있고 복받을 수 있다고 가르치는 자들이 있기 때문입니다. 그것은 기독교 복음이 아닙니다. 정결함이 항상 맨 앞에 와야 합니다. 죄 문제가 처리되고 해결되지 않으면 하나님과 바른 관계를 맺을 수 없습니다.

성경은 도처에서 이 점을 강조합니다. 하나님의 존재와 본성과 성품을 제대로 이해하는 사람이라면 제 말에 놀라지 않을 것이 확실합니다. 성경은 하나님이 빛이시라고, 어둠이 조금도 없는 빛이시라고 말합니다. 그는 소멸하는 불이십니다. 거룩하신 분입니다. 가까이 가지 못할 빛에 거하시는 분입니다. 그런데 죄책으로 뒤덮인 인간, 죄의 악함과 불결함으로 뒤덮인 인간이 어떻게 그런 분과 교통하며 교제할 수 있겠습니까? 피상적으로만 생각해도 아예 불가능한 것이 분명합니다. 의로우시고 거룩하신 하나님의 성품 한 가지만 보아도 확실히 불가능하며 심히 불가능합니다. 하나님도 이 점을 노골적으로 분명하게 밝히셨습니다.

구약성경에 그 말씀이 나옵니다. 그것을 사도 바울은 이렇게 요약하고 있습니다. "하나님의 진노가 불의로 진리를 막는 사람들의 모든 경건하지 않음과 불의에 대하여 하늘로부터 나타나나니"(롬 1:18). 이것은 이미 계시된 사실입니다. 하나님이 친히 계시하신 사실입니다. 그가 십계명을 주시면서 하신 일이 무엇입니까? 바로 이 점을 계시하신 것입니다. 이스라엘 자손은 하나님이 친히 자신을 위해 만드신 백성이었습니다. 하나님은 그들을 애굽의 속박에서 구해 내 가나안 땅으로 데려가겠다고 하셨습니다. 그들을 자신의 백성으로 삼아 복을 주겠다고 하셨습니다. 그러나 한 가지 기억할 조건이 있다고 하셨습니다. "너희는 내 백성답게 행동하고 살아야 한다. 나는 거룩한 하나님이니 너희도 거룩한 백성이 되어야 한다. 내가 거룩하니 너희도 거룩할지어다"라고 하셨습니다(레 11:44, 벧전 1:14-16). 그러면서 십계명을 주셨습니다.

이처럼 어떻게 살아야 하는지 알려 주셨을 뿐 아니라 죄에는 형벌이 따른다는 점도 경고하셨습니다. 하나님이 죄에 진노하신다는 것은 명백한 사실입니다. 그가 친히 계시하신 사실입니다. 무엇보다 이스라엘 자손의 사례가 분명하게 보여줍니다. 에스겔은 36장 본문에서 이 점을 아주 선명하게 부각하고 있습니다. 전에 하신 말씀대로 하나님이 친히 이스라엘 백성을 바벨론에 정복당하게 하셨고 여기까지 잡혀 오게 하셨다는 것입니다. "그들을 그 행위대로 심판하여 각국에 흩으며 여러 나라에 헤쳤더니"(19절).

이처럼 하나님은 자신이 죄를 어떻게 대하는지 계시하셨습니다. 미워하고 심판하며 반드시 벌한다고 하셨습니다. 그러므로 '하나님과 교통하며 교제하는 자리로 돌아가기 전에 필연적으로 가장 먼저 대두되는 것은 죄성의 문제'라고 추론하는 것이 마땅합니다. 구약성경을 보면 인간이 하나님께 나아갈 때마다 제사를 드렸던 것을 알 수 있습니다. 아벨도 제사를 드렸습니다. 태초부터 제물이나 희생물 없이는 하나님께 나아갈 수 없었던 것이 분명합니다. 출애굽기와 레위기와 민수기에는 번제와 희생제사에 대한 규례들, 짐승은 어떻게 잡고 피는 어떻게 뿌리며 대제사장은 어떻게 하나님이 계신 곳에 들어가 피를 드려야 하는지에 대한 규례들이 아주 상세하게 나옵니다. 그 모든 규례가 가리키는 사실이 무엇입니까? 죄는 반드시 처리되어야 한다는 것입니다. 죄로 뒤덮여 있는 한 하나님과 어떤 관계도 맺을 수 없다는 것입니다. 하나님은 죄인을 받아주지 않으십니다. 하나님은 하나님이시기에 그 모습 그대로 받아주실 수 없습니다.

성경 가르침 전체가 이 점을 강조하고 있습니다. 그러므로 우리도 죄를 처리하는 것이 우리의 신분 전체에 절대적으로 필요한 일임을 깨달아야 합니다. 하나님을 알고 그의 복을 받기 원한다면, 무엇보다 먼저 하나님 앞에서 자기 죄성과 죄책의 문제부터 처리해야 합니다.

주님이 친히 말씀하신 탕자의 비유가 그 완벽한 예입니다. 정신을 차리고 아버지께 돌아간 탕자는 "아버지, 제가 왔으니 살찐 송아지도 내다 주시고 옷도 입혀 주시고 반지도 끼워 주세요. 이제 그런 것들을 건사할 줄 아니까 갖고 싶어요"라고 하지 않았습니다. 결코 그러지 않았습니다. "아버지, 내가 하늘과 아버지께 죄를 지었사오니 지금부터는 아버지의 아들이라 일컬음을 감당하지 못하겠나이다. 나를 품꾼의 하나로 보소서"라고 했습니다(눅 15:18-19). 그는 자신에게 죄책이 있는 것을 알았습니다. 자신이 한 짓 때문에 아버지와 관계가 끊어진 것을 알았습니다. 아들의 모든 권리를 잃어버린 것을 알았습니다. 그래서 제 아버지께 호소하듯 하지 않고 "저는 품꾼 정도밖에 되지 않으니 품꾼의 하나로 여겨 주십시오"라고 했습니다. 하나님께 나아가는 올바른 태도의 핵심 본질이 여기 있습니다. 그래서 주님이 이렇게 말씀하신 것입니다.

기도하러 성전에 올라간 바리새인과 세리의 비유에서도 같은 사실을 확인할 수 있습니다. 바리새인은 곧장 앞으로 나아가 "제가 다른 사람들과 같지 않은 것을 감사드립니다"라고 했습니다. 하나님의 필요성을 느꼈고 하나님과 바른 관계를 맺기 원했지만, 자신에게 죄의 문제가 있다고는 생각지 않았습니다. 자신의 행동에 자부심을 느꼈으며, 하나님이 자신의 선함을 보시고 복 주시기만 바랐습니다. 그런데 또 한 사람은 감히 하늘을 쳐다보지도 못한 채 가슴을 치며 "하나님이여, 불쌍히 여기소서. 나는 죄인이로소이다"라고 했습니다. 자신의 죄책과 죄성과 악함과 불결함을 알았기에 어떤 권리나 자격도 없다고 느낀 것입니다. 주님은 말씀하십니다. "내가 너희에게 이르노니 이에 저 바리새인이 아니고 이 사람이 의롭다 하심을 받고 그의 집으로 내려갔느니라"(눅 18:14). 왜 세리가 의롭다 하심을 받았을까요? 자기 죄의 문제를 깨달았기 때문입니다. 자신이 불결하고 악함을 깨달았기 때문입니다.

오, 이 점은 아무리 강조해도 지나치지 않습니다! 하나님을 알고 그의 복을 받으며 그의 능력과 사랑과 긍휼을 증언했던 모든 성도의 생애를 읽어 보십시오. 시련과 어려움에 자주 에워싸였음에도 능히 이겨 냈던 것을 알 수 있습니다. 그들의 생애를 기억하는 일은 우리에게 진정한 축복이 됩니다. 그들에 관한 글을 읽거나 그들에 대해 생각할 때마다 '이것이야말로 마땅히 살아야 할 삶'이라는 느낌이 듭니다. 그럼에도 그들은 한결같이 자신의 죄와 무가치함과 불의함과 하나님의 도움 없이 본성에 따라 살았던 이전 삶의 불결함을 인정하고 고백했습니다. 이것이 첫 번째 요점입니다. 정결해져야 합니다.

이것은 그다음 요점으로 연결됩니다. 그렇다면 우리는 어떻게 정결해질 수 있을까요? 어떻게 죄를 처리할 수 있을까요? 우리는 모두 의도적으로 하나님을 거슬러 죄를 지었습니다. 그를 무시했습니다. 그를 잊고 지냈습니다. 의도적으로 그의 법을 어겼습니다. 양심의 소리를 따르지 않았습니다. 이런 죄의 악함을 어떻게 처리할 수 있습니까? 우리 스스로 죄를 제할 수 있습니까? 생명책에서 내 죄가 기록된 부분을 백지화할 수 있습니까? 죄의 오점들을 없앨 수 있습니까? 여러분은 그런 시도를 해본 적이 있습니까? 하나님 앞에 합당하게 서기 위해 영적으로 자신을 씻어 보려 한 적이 있습니까?

시편 51편에 그 이야기가 나옵니다. 이 시편을 쓴 다윗은 무서운 죄—간음뿐 아니라 살인 죄—를 지었고, 그 사실을 자각했습니다. 불현듯 자기 죄를 깨달았고, 하나님과 바른 관계를 회복하길 원했습니다. 그는 말합니다.

> 하나님이여, 주의 인자를 따라 내게 은혜를 베푸시며 주의 많은 긍휼을 따라 내 죄악을 지워 주소서. 나의 죄악을 말갛게 씻으시며 나의 죄를 깨끗이 제하소서(1-2절).

자신은 죄를 제할 수 없다는 것입니다. 번제와 제사로도 제할 수 없다는 것입니다. 아무리 마음을 정결케 하려 해도 그럴 수 없음을 안다는 것입니다. 오직 하나님께 돌아가는 것만이 유일한 길이라는 것입니다.

하나님의 복을 경험한 모든 성도의 증언은 이것입니다.

> 내 손의 수고로
> 율법의 요구 채울 수 없고
> 쉼 없는 열심과
> 늘 흘리는 눈물로도
> 죄 속할 수 없나이다.
> 오직 주께서 구원하셔야 하나이다.
> —오거스터스 탑레이디

이것이 맨 처음 부닥치는 문제입니다. 자신이 삶 속에서 어떤 위치에 있는지 깨닫고 하나님과 대면한 사람은 두려워하며 염려합니다. 앞으로는 바르게 살길 원합니다. 그런데 미래는 차치하고 과거는 어떻게 해야 합니까? 여전히 남아 있는 죄의 얼룩을 처리할 수가 없고 제할 수가 없습니다. 그런데 얼룩이 남아 있으면 하나님과 어떤 관계도 맺을 수 없습니다. 하나님은 죄를 차마 보지도 못하시는 분입니다.

이것은 기독교 메시지의 핵심 본질로서, 그 대답이 여기 나옵니다. "맑은 물을 너희에게 뿌려서 너희로 정결하게 하되 곧 너희 모든 더러운 것에서와 모든 우상숭배에서 너희를 정결하게 할 것이며." 복음의 역설이 여기 있습니다. 시편 51편에도 나옵니다. 다윗은 "내가 주께만 범죄하여 주의 목전에 악을 행하였사오니"라고 하면서도, 자신이 거역한 바로 그 하나님만이 자신을 구해 주시고 바로잡아 주실 수 있음을 알았습니다.

우리 자신은 죄의 오점을 지울 수 없습니다. 어떤 조처도 할 수 없습니다. 분명히 죄가 있음에도 우리가 지은 그 죄를 없앨 수가 없습니다. 대체 우리가 무엇을 할 수 있겠습니까? 그런데 놀랍게도 하나님은 곤경에 빠져 절망하고 있는 우리를 친히 씻어 주겠다고 말씀하시며 선언하십니다. 우리가 거슬러 죄를 지은 하나님, 우리가 거역한 하나님 자신이 우리를 씻고 정결케 하여 거룩한 존전에 합당히 서게 해주시겠다는 것입니다.

이것은 그다음 단계로 이어집니다. 그렇다면 하나님은 어떻게 우리를 정결케 하실까요? "맑은 물을 너희에게 뿌려서 너희로 정결하게 하되." 물을 뿌리는 것은 구약 시대의 정결예식입니다. 암송아지를 잡아 태운 후 그 재를 모아 물에 섞어서, 죄를 짓거나 사체를 만지거나 그 밖의 일로 부정해진 자들에게 뿌려 정결케 했습니다. 이것은 그림이자 신약성경의 영광스러운 메시지를 미리 보여주는 예표입니다.

하나님은 어떻게 우리의 죄책을 씻어 주실까요? 이 놀라운 메시지에 그 대답이 나옵니다. "하나님이 세상을 이처럼 사랑하사 독생자를 주셨으니 이는 그를 믿는 자마다 멸망하지 않고 영생을 얻게 하려 하심이라"(요 3:16). 히브리서 기자는 10장에서 이렇게 말합니다. "그렇다. 황소와 염소와 암송아지의 재로는 사실상 죄책을 씻을 수 없다. 그것은 잠시 죄를 덮어 주는 임시방편에 불과하다." 그렇다면 어떻게 죄책을 씻어 주십니까? 세상에 오신 분, "보시옵소서. 내가 하나님의 뜻을 행하러 왔나이다"라고 말씀하신 분, "오직 나를 위하여 한 몸을 예비하셨도다"라고 말씀하신 분을 통해 씻어 주십니다(9, 5절). 하나님은 우리의 죄책과 불결함이라는 이 무섭고도 비참하고 끔찍한 문제를 처리하기 위해 독생자를 보내셨습니다.

주 예수 그리스도가 세상에 오신 것은 특별히 이 죄책의 문제를 해결하기 위해서였습니다. 가르치셨지만, 단순히 가르치려고 오신 것이 아니었습니다. 본을 보이셨지만, 단순히 본을 보이려고 오신 것도 아니었습니다. 주님이 그런 일만 하셨다면 우리는 이미 받은 정죄보다 더 큰 정죄를 받아야 할 것입니다.

나는 내가 정한 기준조차 지키지 못하는 사람입니다. 나 자신조차 만족시키지 못하는 사람입니다. 성도들의 생애를 읽어 보면 나는 아무것도 아닌 난쟁이 같습니다. 나사렛 예수를 바라보면 더더욱 심한 절망, 완전한 절망이 찾아옵니다. 산상설교를 읽을 때 나오는 말은 "대체 누가 이런 삶을 살 수 있겠어? 누가 이런 경지에 이를 수 있겠어?"라는 것입니다. 그것은 너무나 고귀한 삶입니다. 물론 가만히 앉아서 "정말 훌륭한 삶인걸! 이제부터 그분을 따라가야겠어. 좇아가고 본받아야겠어. 나도 한번 그렇게 살아 봐야겠어"라고 말하기는 아주 쉽습니다. 그런데 실제로 그렇게 살고자 해보았습니까? 한번 해보십시오. 절대 불가능함을 발견할 것입니다. 그렇게 살고자 하면 할수록 자기 연약함만 드러나고 자기 죄만 더 폭로될 것입니다.

그렇습니다. 주님이 일차적으로 하신 일은 그런 것이 아니었습니다. 히브리서는 그가 세상에 오신 진정한 목적을 알려 줍니다. 그가 "천사들보다 잠시 동안 못하게 하심을 입으"신 것은 "모든 사람을 위하여 죽음을 맛보려 하심"이었습니다(히 2:9). 분명히 말하건대, 죄책의 문제는 이처럼 하나님의 아들이 하늘에서 내려오셔야 할 만큼 심히 큰 것입니다.

여러분은 이 사실을 알고 있습니까? 성경이 이렇게 우리 앞에 펼쳐져 있음에도, 다른 많은 이들처럼 하나님은 사랑이시기에 그냥 용서해 주신다고 생각했던 것은 아닙니까? 저나 여러분이 죄송하다고만 하면 사랑의 하나님이 다 용서해 주신다고 생각했던 것은 아닙니까? 정말 그렇다면 왜 굳이 하나님의 아들이 세상에 오셨겠습니까? 물론 구약성경은 자비와 긍휼이 넘치는 사랑의 하나님이시라고 말합니다. 시편 27편 기자도 "내 부모는 나를 버렸으나 여호와는 나를 영접하시리이다"라고 했고(10절), 다른 시편 기자들도 그의 오래 참음과 인내와 긍휼과 선하심과 인자와 자비를 노래했습니다. 그런데 왜 굳이 하나님의 아들이 하늘 궁전에서 땅으로 내려와 사시고 죽으시고 다시 살아나셔야 했을까요?

그 대답은 오직 한 가지, 반드시 그렇게 하셔야만 했기 때문입니다. 그 방법이 아니면 우리의 죄책을 처리하실 수가 없었기 때문입니다. 그래서 아들이 친히 땅으로 내려와 이 문제를 처리하신 것입니다. 단순히 자신의 가르침과 삶을 통해 우리 스스로 이 문제를 처리하도록 도우신 것이 아닙니다. 그럴수록 우리는 훨씬 더 큰 죄인이 됩니다.

그렇다면 어떻게 처리하셨을까요? 하나님의 법은 벽력같이 우리를 정죄하며 하나님 앞에 의롭고 거룩한 삶을 살 것을 요구합니다. 그래서 예수 그리스도가 하나님이 예비하신 몸을 입고 처녀의 태에 들어오신 것입니다. 그는 인간의 본성을 취하고 입으셨으며 한 인간으로 땅 위에서 사셨습니다. 한 인간으로 하나님의 법에 완벽하게 순종하셨고 율법의 모든 요구를 만족시키셨습니다.

그러나 그것만으로도 충분치 않습니다. 예수 안에서 율법을 지켰다고 말할 수는 있지만, 과거에 지은 죄의 문제는 여전히 남아 있습니다. 그 죄는 어떻게 처리될 수 있습니까?

여기에서 우리는 가장 놀랍고도 기이한 사실을 접하게 됩니다. 예수는 의도적으로 우리의 죄와 죄책에 동화되셨습니다. 그가 세례 요한을 찾아가 세례받길 청하셨을 때, 요한은 말했습니다. "당신은 세례받으실 필요가 없는데요. 오히려 제가 당신께 세례를 받아야지요. 왜 저한테 세례를 달라고 하십니까?" 그에 대한 예수의 대답은 "이제 허락하라. 우리가 이와 같이 하여 모든 의를 이루는 것이 합당하니라"라는 것이었습니다(마 3:15). 이처럼 그는 죄에 빠진 우리와 동화되셨습니다. 우리 중 하나가 되셨습니다. 우리 곁에 나란히 서셨습니다.

그의 이야기를 계속 따라가 겟세마네 동산에 계신 모습을 보십시오. 그는 땀을 핏방울처럼 흘리며 "만일 할 만하시거든 이 잔을 내게서 지나가게 하옵소서"라고 아버지께 간구하셨습니다(마 26:39). 무엇 때문에 간구하셨습니까? 저와 여러분의 죄 때문입니다. 그 죄가 "잔"입니다. 예수는 우리를 죄책에서 구하고자 땅에 오셨습니다. 그런데 그렇게 할 수 있는 방법은 오직 한 가지, 우리의 죄책을 대신 지시는 것뿐이었습니다. 말하자면 그는 이제 곧 우리 죄를 입으실 것입니다. 하나님이 그 안에서 우리 죄를 벌하실 것입니다. 그래서 그는 세 번이나 간구하셨습니다. "만일 할 만하시거든 이 잔을 내게서 지나가게 하옵소서. 그러나 나의 원대로 마시옵고 아버지의 원대로 하옵소서"(마 26:39). 우리를 구원하기 위해 오셨음에도 마지막 순간에 "정녕 이 길밖에 없습니까? 저를 십자가에 못 박으시는 길, 저를 제가 아닌 인류의 죄로 여겨 미워하시며 치시는 길밖에 없습니까? 그렇게 우리가 분리되는 길밖에 없습니까? 정녕 이 길밖에 없습니까?"라고 물으신 것입니다. 그런데 이 길밖에 없었고, 그래서 이 길을 가셨습니다. 갈보리에서 우리 모든 인간의 죄악을 짊어지셨습니다. 베드로의 표현대로 "친히 나무에 달려 그 몸으로 우리 죄를 담당하셨"습니다(벧전 2:24). 인간의 죄를 지셨습니다. 하나님이 그를 벌하고 치셨습니다. "그가 채찍에 맞음으로 우리는 나음을 받았도다"(사 53:5). 그는 피를 흘리셨습니다. 오직 그 피만 우리를 죄책에서, 죄의 불결함과 더러움에서 정결케 할 수 있습니다.

하나님은 "맑은 물을 너희에게 뿌려서 너희로 정결하게 하"겠다고 하십니다. 이것은 하나님의 행동입니다. 우리는 죄를 없앨 수 없습니다. 속죄할 수 없습니다. 과거를 무효화할 수 없습니다. 하나님이 만족하실 만한 것을 드릴 수 없습니다. 그러나 하나님은 이 일을 하실 수 있고 실제로 하셨습니다. 우리는 그리스도의 피로 정결해집니다. 그 피가 모든 죄와 얼룩과 더러움과 오염에서 우리를 정결하게 해줍니다. 이처럼 하나님은 아들이 흘리신 피를 우리에게 뿌리심으로써 그 앞에 합당히 서게 하십니다.

에스겔은 이 모든 일을 살짝 보았습니다. 하나님이 이 일을 알려 주시며 이스라엘 자손에게 전하게 하셨습니다. 우리는 이 일을 예표나 그림자로 희미하게 보는 것이 아니라 온전히 보고 있습니다. 이 일은 이미 성취되었습니다. 그래서 그가 오실 때까지 떡과 잔을 통해 그의 죽으심을 전하는 것입니다. 오직 이것만이 우리가 죄 사함을 받을 수 있는 유일한 길입니다. 예수께서도 친히 말씀하셨습니다. "인자가 온 것은 섬김을 받으려 함이 아니라 도리어 섬기려 하고 자기 목숨을 많은 사람의 대속물로 주려 함이니라"(마 20:28). 이 선한 목자가 양을 위해 목숨을 버리셨습니다. 이것만이 유일한 길입니다.

그리고 이 길로 충분합니다. 에스겔서의 오늘 본문이 강조하는 바가 이것입니다. "맑은 물을 너희에게 뿌려서 너희로 정결하게 하되 곧 너희 모든 더러운 것에서와 모든 우상숭배에서 너희를 정결하게 할 것이며." 히브리서 기자는 10장에서 다음과 같이 예레미야 31장을 인용합니다. "주께서 이르시되 그날 후로는 그들과 맺을 언약이 이것이라 하시고 내 법을 그들의 마음에 두고 그들의 생각에 기록하리라 하신 후에 **또 그들의 죄와 그들의 불법을 내가 다시 기억하지 아니하리라** 하셨으니"(16-17절).

이 사실을 알고 믿어야 합니다. 하나님은 우리 죄를 그리스도께 지워서 벌하심으로써 죄 문제를 종결하셨습니다. 망각의 바다에 던져 버리셨습니다. "동이 서에서 먼 것같이 우리의 죄과를 우리에게서 멀리 옮기셨"습니다(시 103:12). 그리스도 안에서 우리의 죄과가 사라졌습니다.

나이 들어 죽음을 앞둔 요한은 자신이 사도로서 경험했던 기쁨을 다른 그리스도인들도 경험하길 바랐습니다. 아버지와 그 아들 예수 그리스도와 더불어 교제하길 바랐습니다. 어떻게 그런 교제가 가능합니까? 요한은 "자, 너희는 세상에 사는 동안에도 하나님과 사귈 수 있다. 죽어 하늘에 갈 때까지 기다릴 필요가 없다. 우리의 사귐은 아버지와 그의 아들 예수 그리스도와 더불어 누리는 것이다. 나는 너희가 그 사귐을 갖길 바라며 그 사귐에 참여하길 바란다"라고 했습니다. 어떻게 그럴 수 있습니까? "우리가……전하는 소식은 이것이니 곧 하나님은 빛이시라. 그에게는 어둠이 조금도 없으시다는 것이니라"(요일 1:5). 자기 자신에 관한 진실을 아는 자, 그럼에도 이런 분과 교제할 수 있음을 깨달은 자는 다음과 같이 고백합니다.

오! 캄캄한 데서 태어나
마음이 어두운 나
어찌 표현할 길 없는 분 앞에 서며,
벌거벗은 내 영혼
어찌 창조되지 않은 빛을 받으리이까?
—토머스 비니Thomas Binney

하나님은 어둠이 조금도 없는 빛이신데, 어떻게 어둠과 악함과 추함으로 가득한 나 같은 자가 그런 분과 동행할 수 있습니까? 요한은 말합니다. "그가 빛 가운데 계신 것같이 우리도 빛 가운데 행하면 우리가 서로 사귐이 있고 그 아들 예수의 피가 우리를 모든 죄에서 깨끗하게 하실 것이요"(요일 1:7). 세상에서 하나님과 동행하는 동안에도 여러분은 죄를 지을 것이요 다시 얼룩이 생길 것입니다. 그런데 어떻게 계속 교제할 수 있습니까? 그 대답은 "그 아들 예수의 피가 우리를 모든 죄에서 깨끗하게 하"신다는 것입니다.

사도 바울도 고린도전서 6:9-10에서 말합니다. "불의한 자가 하나님의 나라를 유업으로 받지 못할 줄을 알지 못하느냐? 미혹을 받지 말라. 음행하는 자나 우상숭배하는 자나 간음하는 자나 탐색하는 자나 남색하는 자나 도적이나 탐욕을 부리는 자나 술 취하는 자나 모욕하는 자나 속여 빼앗는 자들은 하나님의 나라를 유업으로 받지 못하리라." 이런 자들은 하나님과 교제하지 못합니다. 그의 복을 경험하지 못합니다. 그의 나라에 들어가지 못합니다. 그런데 11절은 그들 중에도 이런 자들이 있었다고 말합니다. 고린도 교인들도 전에 이처럼 더럽고 악하고 불결한 죄를 지었다는 것입니다. "너희 중에 이와 같은 자들이 있더니 주 예수 그리스도의 이름과 우리 하나님의 성령 안에서 씻음과 거룩함과 의롭다 하심을 받았느니라." 하나님이 이들을 씻어 정결하게 해주셨습니다. 그럼으로써 하나님의 교회에 속한 성도가 되었고 하나님과 교제하는 자가 되었습니다.

오직 그리스도의 피만 우리를 씻어 줄 수 있습니다. 그리스도의 피만 우리 죄를 씻어 줄 수 있으며 우리 옷을 깨끗하고 환하게 만들어 줄 수 있습니다. 바울은 그리스도 안에서 "그의 피로 말미암아 속량 곧 죄 사함을 받"는다고 말합니다(엡 1:7). 하나님의 방법은 그리스도의 피로 죄를 사하시며 죄책을 씻으시는 것입니다.

히브리서 10:19은 우리가 성소에 들어갈 담력을 얻었다고 말합니다. 나 같은 자가 어떻게 성소에 들어갈 수 있습니까? 어떻게 하나님을 뵐 수 있습니까? 어떻게 하나님께 아뢸 수 있습니까? 어떻게 하나님께 기도할 수 있습니까? 어떻게 하나님의 복을 받을 수 있습니까? 그 대답은 오직 한 가지뿐입니다.

그러므로 형제들아, 우리가 예수의 피를 힘입어 성소에 들어갈 담력을 얻었나니 그 길은 우리를 위하여 휘장 가운데로 열어 놓으신 새로운 살 길이요 휘장은 곧 그의 육체니라. 또 하나님의 집 다스리는 큰 제사장이 계시매 우리가 마음에 뿌림을 받아 악한[고소하는] 양심으로부터 벗어나고 몸은 맑은 물로 씻음을 받았으니 참 마음과 온전한 믿음으로 하나님께 나아가자 (히 10:19-22).

여러분도 기도할 때 이렇게 나아갑니까? 하나님 앞에 담대하게 나아갑니까? 온전한 믿음으로 나아갑니까? 자신이 용서받고 그의 자녀가 되었다는 것과 그가 자신을 기쁘게 받아주실 것을 알고 나아갑니까? 그것이 온전한 믿음입니다.

"어떻게 그럴 수 있지요?"라고 묻는 이가 있을 것입니다. "다른 때보다 하나님 앞에 무릎을 꿇을 때 더 나의 죄와 죄성이 느껴지는걸요. 난 내가 죄인인 것을 압니다. 그런데 어떻게 확신을 가지고 담대하게 나아갈 수 있지요?"

이것은 중요한 문제입니다. 십자가에 못 박히신 예수 그리스도에 대한 메시지를 믿는 자는 '나는 죄책이 있는 죄인이지만, 그리스도가 그 형벌과 죄책을 다 담당하셨다. 그가 전부 제거하셨으므로 하나님이 더 이상 기억치 않으신다. 나는 이것을 믿기에 그리스도의 피를 힘입어 내 모습 그대로 나아간다. 자신의 말씀을 지키시는 하나님이 나를 받아주실 줄 알기에 그리스도의 완전한 사역과 공로를 의지하며 나아간다'라고 생각하며, 그래서 온전한 믿음으로 나아갈 수 있습니다. 온전한 믿음이란 바로 이런 것입니다. 자기 죄를 무시하지 않고 직면하는 것입니다. 자기 죄를 인정하고 고백하면서도 "맞습니다. 그러나 그리스도가 저의 죄를 위해 죽으셨습니다"라고 말하는 것입니다.

그의 피 가장 더러운 자도 정케 하니
그의 피 내게 효력이 있도다.
—찰스 웨슬리*

임마누엘의 핏줄에서 흐른 피로
가득 찬 샘 있네.
죄인들 그 물에 뛰어드니
모든 죄의 얼룩 사라지네.
—윌리엄 쿠퍼William Cowper**

죄의 얼룩을 제할 만큼 강하고 센 것은 그의 피밖에 없습니다. 그의 피만 있으면 충분합니다. 지금까지 어떻게 살았든 상관없습니다. 바울이 고린도전서 6장에서 나열하는 죄보다 더 심한 죄의 목록을 저는 제시할 수 없습니다. 그러나 그리스도가 자신을 위해 죽으신 것만 믿으면 그 어떤 죄라도 도말될 수 있습니다.

그러므로 더 이상 자신의 죄나 자격에 대해 말하지 마십시오. 여러분에게 요구되는 자격은 그리스도의 필요성을 느끼는 것 한 가지뿐입니다. 그의 피가 모든 죄와 불의에서 우리를 정결하게 하십니다. 이것을 믿

* 통일찬송가 23장 1절 다시 옮김.

** 통일찬송가 190장 1절 다시 옮김.

는다면 온전한 믿음과 확신을 가지고 나아가 그리스도가 여러분과 여러분의 죄를 위해 흘리신 피만 주장하십시오. 그러면 하나님이 여러분을 받아주실 것이며 여러분의 죄와 허물을 더 이상 기억치 않겠다고 하실 것입니다.

그리스도의 피로 여러분을 씻으신 후에는 죄를 더 이상 기억치 않으십니다. 죄가 아예 사라지는 것입니다. 여러분이 지은 죄들이 그리스도 안에서 사함을 받습니다. 그러니 하나님께 나아가 감사하며 자신을 드리십시오. 그토록 여러분을 사랑하여 큰 값을 치르고 대속해 주신 하나님, 구속하고 속량하며 정결케 하여 자신에게 돌아오게 하신 하나님, 이제 복을 쏟아부어 주시는 하나님께만 찬송과 영광과 존귀를 돌리며 살기로 서약하십시오.

이처럼 우리가 처음 부닥치는 것은 과거에 지은 죄책의 문제입니다. 그것이 제해지지 않으면 하나님과 어떤 관계도 맺을 수 없습니다. 오직 그리스도와 그가 십자가에 못 박히신 일 안에서만 우리는 하나님과 화목케 될 수 있으며 회복될 수 있습니다.

대속받고 치유되고 회복되고 용서받았으니,
주님처럼 찬송할 이 누구리이까?
—H. F. 라이트*

* 통일찬송가 19장 1절 다시 옮김.

7

새 마음

또 새 영을 너희 속에 두고 새 마음을 너희에게 주되 너희 육신에서 굳은 마음을 제거하고 부드러운 마음을 줄 것이며.

겔 36:26

36장 16절부터 마지막 절에 이르는 이 중대한 본문은 기독교 메시지에 대한 훌륭한 강해입니다. 인간의 문제는 "어떻게 하나님께 돌아가며 그가 복 주실 수 있는 자리로 돌아갈까?" 하는 것입니다. 이것이 하나님을 떠나 낯선 나라로 끌려간 이스라엘 자손의 유일한 필요였습니다. 어떻게 하면 하나님이 다시 웃으시며 복 주시는 자리로 돌아갈 수 있을까요? 자, 하나님은 이 중대한 선언을 통해 말씀하십니다. "내가 너희를 여러 나라 가운데에서 인도하여 내고 여러 민족 가운데에서 모아 데리고 고국 땅에 들어가서 맑은 물을 너희에게 뿌려서 너희로 정결하게 하되 곧 너희 모든 더러운 것에서와 모든 우상숭배에서 너희를 정결하게 할 것이며 또 새 영을 너희 속에 두고 새 마음을 너희에게 주되 너희 육신에서 굳은 마음을 제거하고 부드러운 마음을 줄 것이며."

우리는 이 모든 일이 하나님에게서 나온다는 첫 번째 중대한 원리를 살펴보았습니다. 이것은 인간의 철학이 아닙니다. 인간이 하나님을 찾거나 탈출구를 찾다가 마침내 발견해 낸 것이 아닙니다. 그렇습니다. 이것은 하나님의 선언입니다.

우리가 놓치지 말아야 할 두 번째 원리는 이 일들이 이루어지는 순서입니다. 이 순서는 아무리 강조해도 지나치지 않습니다. 이미 살펴보았듯이 우리에게 반드시 필요한 첫 번째 일은 죄 사함을 받는 것입니다. 하나님과 화목케 되는 것이며 우리의 죄악과 허물이 도말되는 것입니다.

물론 우리는 이런 말을 좋아하지 않습니다. 죄와 속죄의 교리를 좋아하지 않습니다. 육에 속한 사람의 귀에는 이 모든 말이 너무 율법적으로 들립니다. 우리는 하나님의 진노와 속죄의 필요성이라는 개념을 좋아하지 않습니다. 온 세상이 그 개념에 저항합니다. 우리는 하나님의 도움을 원한다고 말하는데, 그러려면 그와 바른 관계를 맺어야 합니다. 그리고 그와 바른 관계를 맺는 길은 오직 한 가지, 주 예수 그리스도 안에 있는 길뿐입니다. 하나님과 인간 사이에 계신 하나님, 중보자는 오직 이 한 분뿐입니다. 모든 사람을 위해 자신을 대속물로 주신 인간 예수 그리스도뿐입니다.

이것은 완전히 기본적이고 기초적인 사실로서, 이 첫 번째 요점에 동의하지 않는 한 앞으로 나아갈 수 없습니다. 우리의 첫 번째 필요는 맑은 물로 뿌림을 받아 모든 불결함과 우상에서 정결해지는 것입니다. 다시 말해서 자신이 하나님 보시기에 악하고 더럽고 절망적인 죄인이라는 것, 아들의 십자가 죽음 외에 어떤 것으로도 구원받을 수 없을 만큼 지독한 죄인이라는 것을 깨닫지 못하는 한, 경외함으로 감히 말하건대 하나님도 더 이상 해주실 말씀이 없습니다. 이것이 시작점입니다. 회개하고 하나님의 아들 예수 그리스도와 그의 완전한 사역을 온전히 전적으로 의지하는 데서 출발해야 합니다. 예수 그리스도와 그가 십자가에 못 박히신 일을 통해, 오직 그 안에서만 인간은 하나님과 바른 관계를 맺을 수 있습니다. 사람들이 내세우는 다른 관계는 다 가짜입니다. 가장假裝이요 거짓말입니다. 저는 지금 말씀의 권위에 근거해서 말하고 있습니다.

예수 그리스도 없이도 하나님을 알 수 있고 그와 화목케 될 수 있으며 그의 복을 받을 수 있다면, 그리스도의 십자가 죽음이야말로 세상에서 가장 엄청난 낭비일 것입니다. 절대 일어나지 말았어야 할 일, 절대 허용되지 말았어야 할 일일 것입니다. 그러나 그것은 거짓말입니다. 하나님께 나아가는 길은 오직 한 가지, 예수 그리스도와 그가 십자가에 못 박히신 일뿐입니다. 오직 그의 피만 모든 죄와 모든 불의에서 우리를 정결케 할 수 있습니다. 다른 것은 할 수 없습니다. 이로 인해 하나님께 감사드리십시오.

이것이 첫 번째입니다. 그러나 여기에서 그치지 않습니다. 하나님은 "새 마음"도 주겠다고 하십니다. 이것이 더 필요합니다. 이것을 더 받아야 합니다. 구원 계획이 펼쳐지는 방식을 보면, 그 완벽함에 놀라며 경탄할 수밖에 없습니다. 그리스도의 피로 사함받는 것만으로 충분치 못한 이유가 무엇입니까? 여기 그 분명한 대답이 나와 있지 않습니까? 구원이 단지 죄 사함에 그친다면, 우리는 매번 이전 자리로 돌아갈 것입니다. 하나님이 이스라엘 자손을 붙잡아 주시고 죄를 사해 주시며 가나안으로 데려오신 후 그대로 내버려 두신다면, 모든 상황이 그대로 되풀이될 것입니다. 다시 우상을 숭배하다가 곤경에 빠질 것입니다. 그러나 하나님은 그런 식으로 구원하지 않으십니다. 자신이 작정하신 구원을 철저하게 이루십니다. 죄 사함과 화목이라는 첫 단계에 멈추지 않으십니다. 그렇습니다. 죄 사함과 용서와 화목을 이루신 후 두 번째 단계로 나아가, 원래 우리를 잘못되게 만든 원인 자체를 다루십니다.

지금 이스라엘 자손은 포로로 잡혀 와 바벨론 강가에 앉아 있습니다. 어쩌다가 여기까지 오게 되었습니까? 하나님께 반역했기 때문입니다.

따라서 다시는 반역하지 못하게 할 조처가 필요합니다. 같은 상황이 되풀이된다면, 굳이 그들을 다시 데려가시는 수고를 하실 필요가 없습니다. 그렇습니다. 그들을 고국 땅에 정착시키기 위해서는 그 이상의 조처가 필요합니다. 그래서 인간 본성 안에 있는 잘못된 문제, 하나님의 복을 받지 못하고 그의 생명을 누리지 못하게 가로막는 문제를 바로잡고자 하십니다. 26절이 다루는 바가 그것입니다. 새 마음, 새 영이 필요하다는 것입니다.

"마음"의 의미가 무엇일까요? 성경에 이 말이 나올 때는 항상 신중하게 다루어야 합니다. 26절에서 볼 수 있듯이, 이 말의 일반적 의미는 '인격의 중심'이라는 것입니다. 우리는 "마음"을 감정과 감성에 국한해서 이해하기 쉽습니다. 그러나 성경은 그보다 더 넓은 의미가 함축된 말, 특별히 인간의 정신을 가리키는 말로 사용합니다. 결국 인간이 가진 가장 크고 중대한 특질이 정신입니다. 인간과 동물의 최종적 차이가 여기 있습니다. 정신은 하나님이 인간에게 주신 형상의 일부입니다. "마음"은 이러한 인간의 정신과 지각을 가리키는 말입니다.

그렇다면 "영"의 의미는 무엇일까요? 물론 "영"은 '태도'를 가리키는 말이지만, '동기'와 의도 및 행동을 유발하는 원인, 결정을 이끌어 내는 일종의 힘을 가리키는 말이기도 합니다.

26절의 선언에서 우리는 우리의 시각 전체를 결정짓는 긴요한 요점 한 가지를 다시 접하게 됩니다. 이보다 더 중요하고 심각한 요점이 없습니다. 우리가 곤경에 빠져 있다는 것, 세상에 무언가 문제가 있다는 것은 누구나—가장 경박하고 피상적인 사람이라도—인정하는 사실이리라 생각합니다. 그런데 우리가 던져야 할 중대한 질문은 이것입니다. 그렇다면 대체 무엇이 잘못된 것일까요? 무엇이 문제일까요? 무엇이 필요할까요? 무엇이 있어야 우리가 바른 모습을 되찾고 하나님의 손 아래에서 그의 복을 받는 삶을 누릴 수가 있을까요?

오늘날 우리 자신과 우리의 필요를 바라보는 관점이 두 가지 있습니다. 26절에 나오는 교리를 놓고 두 관점이 크게 갈라집니다. 비성경적이고 대중적인 관점은 인간이 근본적으로나 본질적으로 선하다는 것, 우리의 진정한 문제는 인간답게 살지 못하는 데 있으며 인간다움이 무엇인지 모르는 데 있다는 것입니다. 이처럼 우리가 근본적으로나 본질적으로는 원래 선하다는 것이 이 관점의 핵심 진술입니다. 그러므로 실패와 비참 속에 있는 인간에게 필요한 조처는 교육이라는 것입니다. 가르침과 격려와 도움과 본보기라는 것입니다. 우리 삶의 토대에는 아무 문제가 없는데 상부 구조물이 잘못 세워졌다는 것입니다.

따라서 지식과 정보를 제공하는 일에 주의를 기울여야 한다고 이들은 말합니다. '인류의 개선'은 비기독교적 인생관을 형성하는 전적인 원리이자 백 년이 넘게 세상을 지배해 온 이론입니다. 이 관점에 따르면, 우리는 굳이 변할 필요 없이 더 나아지기만 하면 됩니다. 이들은 주거와 환경 정책을 통해 더 나아질 수 있다고 말합니다. 나쁜 환경과 여건에서는 좋은 삶을 살 수 없다는 것입니다. 영광스러운 성도들이 빈민가에서 살았다는 역사의 기록을 읽어 보지 못한 것 같습니다! 이를 당연시하며 이런 주장을 합니다. 나쁜 환경이 나쁜 사람을 만들고 좋은 환경이 좋은 사람을 만드니 빈민가 정화 사업이 해결책이라고 말합니다.

제 말을 오해하지 마십시오. 정치적으로는 빈민가 정화 사업의 필요성을 믿는 것이 당연합니다. 그런데 정말로 새 집을 주면 새사람이 된다고 믿습니까? 그것이 이들의 생각입니다. 사회나 환경이나 교육이나 문화 등의 차원에서 문제를 바라보고 이런 다양한 방법을 통해 인간을 개선해 보자는 것입니다. 어쨌든 근본적으로 인간에게는 아무 문제가 없다는 것입니다.

오늘 본문은 그에 반하는 성경의 관점을 아주 명확하게 제시합니다. 성경은 인간이 본질적이고 기초적이고 근본적이고 기본적으로 잘못되었다고 직설적으로 말합니다. 상부 구조물이 아닌 토대 자체에 문제가 있다고 말합니다. 단순히 몇 가지가 잘못된 것이 아니라 우리 자신이 잘못되었다고 말합니다. 우리 마음과 존재의 중심과 인격의 핵심 자체가 잘못되었다는 것입니다. 그러므로 우리에게 무엇보다 필요한 것은 교육이나 정보나 본보기나 격려나 선한 노력을 위한 일종의 '충전'이 아니라 새 본성과 새 마음과 새 영입니다.

이것이 두 관점을 가르는 경계선이자 온전한 분수령입니다. 두 명제 중 한 가지를 택해야 합니다. 둘 다 택할 수는 없습니다. 우리는 여기에서 성경 전체를 지배하는 중대한 중심 교리—"거듭남"이나 "중생"이나 "새 창조"라고 불리는 교리—와 마주하게 됩니다. 성경은 도처에서 이런 표현들을 사용합니다.

그러므로 지금 이 순간 우리가 던질 중요한 질문은 이것입니다. 우리의 인간관은 무엇입니까? 우리는 개선 가능한 존재입니까, 개선이 불가능할 만큼 길을 잃고 타락한 피조물입니까? 우리는 거듭남과 중생과 새 창조 외에 다른 방법이 없을 만큼 절망적인 피조물입니까? 알다시피, 이것은 긴요한 문제임이 분명합니다.

두 관점 중 어느 것이 옳은지 판별하려면 어떻게 해야 할까요? 본문이 말하는 바를 따라가면 됩니다. 우리의 문제가 무엇입니까? 마음이 돌처럼 굳어 있다는 것입니다. "너희 육신에서 굳은 마음을 제거하고 부드러운 마음을 줄 것이며." 성경은 우리 마음과 영이 잘못되었다고 말합니다. 성경이 우리 마음에 내리는 진단은 돌처럼 굳어 있다는 것입니다. 딱딱하다는 것입니다. 완고하다는 것입니다.

이것은 성경이 빈번히 가르치는 사실입니다. 히브리서 기자는 "너희 마음을 완고하게 하지 말라"라고 말합니다(4:7). 광야에서 하나님을 격노하시게 했던 이스라엘 자손처럼 마음을 딱딱하게 하지 말라는 것입니다. 하나님은 애굽의 속박과 구속에서 놀랍게 그들을 끌어내 약속의 땅 가나안으로 데려가셨습니다. 그런데 실제로 출애굽 세대 중 가나안에 들어간 사람은 한 명도 없었습니다. 대체 문제가 무엇이었을까요? 전부 광야에서 죽고 약속의 땅에 들어가지 못한 이유가 무엇이었을까요? 마음이 딱딱했기 때문입니다. 하나님을 완고한 태도로 대했기 때문입니다. 하나님과 그의 길과 그의 뜻에 더 이상 예민하게 반응하지 않았기 때문입니다.

히브리서 기자가 사용하는 또 다른 표현은 "믿지 아니하는 악한 마음"입니다(3:12). "너희 중에 누구든지 죄의 유혹으로 완고하게 되지 않도록 하라"라고도 합니다(3:13). 다시 말해서, 죄는 우리 마음을 딱딱하게 만들어 진리에 영향받지 못하게 하며 반응하지 못하게 합니다.

이것은 우리 모두에게 매우 중요한 사실인 것이 분명합니다. 마귀는 태초에 에덴동산에서 그랬듯이, 지금도 우리를 찾아와 시험합니다. 하나님과 우리 사이를 항상 가로막으려 듭니다. 하나님은 남자와 여자를 지어 에덴동산에 두셨습니다. 그들은 날마다 하나님께 귀를 기울이며 그의 음성이 들리길 기다리고 그의 메시지 듣길 고대했습니다. 그런데 마귀가 찾아와 자기 제안을 내놓았습니다. 하나님과 그들 사이를 가로막기 위해, 하나님을 의지하는 마음을 약화시키기 위해, 이런저런 질문을 통해 그의 말씀에 의심을 품게 하기 위해 찾아온 것입니다. 그러면 마음이 딱딱해지기 시작합니다. 마치 도움과 유익을 주는 것처럼 우리를 속이는 죄의 기만성이 여기 있습니다. 죄는 "하나님을 등지고 내 말을 들으라"라고 하면서 우리 마음을 딱딱하게 만듭니다.

앞서 보았듯이, "마음"은 주로 정신과 의지에 적용되는 말입니다. 우리는 여기에서 '성경적 심리학'이라고 부를 만한 아주 심오한 사실을 접하게 됩니다. 그것은 죄의 결과로 하나님의 진리 자체에 아무 영향도 받을 수 없는 상태가 된다는 것입니다. 말씀이 들어올 자리가 없어진다는 것입니다.

복되신 주님은 씨 뿌리는 자의 비유에서 이를 아주 완벽하게 설명하셨습니다. "씨를 뿌리는 자가 뿌리러 나가서 뿌릴새 더러는 길가에 떨어지며 새들이 와서 먹어 버렸고"(마 13:3, 4). 왜 새들이 먹어 버렸을까요? 대체 무슨 일이 일어난 것일까요? 길가는 사람들이 많이 밟고 다녀 딱딱해진 곳입니다. 그런데 그 딱딱한 길바닥 위에 떨어진 씨를 새들이 보고 덥석 삼켜 버린 것입니다. 그 결과, 아예 씨를 뿌리지 않은 것과 같은 상태가 되었습니다. 주님은 이 경우를 다음과 같이 설명하십니다. "아무나 천국 말씀을 듣고 깨닫지 못할 때는—이것이 주님의 해석입니다—악한 자가 와서 그 마음에 뿌려진 것을 빼앗나니 이는 곧 길가에 뿌려진 자요"(마 13:19). 오늘 본문에 대한 완벽한 강해 아닙니까! 마음이 딱딱하면 천국 말씀을 들어도 깨닫지 못합니다. 아무 의미를 찾지 못합니다. 말씀이 그 마음속에 들어가지 못합니다. 거할 곳을 찾지 못합니다. 마치 포장도로나 돌덩이 위에 떨어진 씨와 같습니다. 떨어진 자리에 그대로 있습니다. 백 년이 지나도 파고들어 가지 못합니다. 원 상태 그대로 있습니다. 그런 씨는 새들의 눈에 뜨이게 마련입니다. 마귀가 찾아와 말씀을 채 갑니다. 하나님의 말씀과 복음을 한 번도 듣지 못한 것과 같은 상태가 됩니다.

사도 바울도 고린도전서 2:14에서 말합니다. "육에 속한 사람은 하나님의 성령의 일들을 받지 아니하나니 이는 그것들이 그에게는 어리석게 보임이요 또는 그는 그것들을 알 수도 없나니 그러한 일은 영적으로 분별되기 때문이라." 육에 속한 사람이 자리에 앉아 복음과 생명과 구원의 말씀을 듣지만 받아들이지 않습니다. 말씀이 안에 들어가지 못합니다. 마음에 가닿지 못합니다. 왜 그럴까요? 마음이 딱딱하고 무감하며 완고하기 때문입니다. 말씀이 찾아가 건드리다가 튕겨 나가 사라져 버립니다. 이것이 육에 속한 사람에 대한 바울의 묘사입니다. 얼마나 정확한지 모릅니다.

그는 2장 초입에서도 같은 말을 했습니다. 주 예수 그리스도가 세상에 계실 때 "이 세대의 통치자들"이 알아보지 못했다는 것입니다. "만일 알았더라면 영광의 주를 십자가에 못 박지" 않았으리라는 것입니다(8절). 여기에서 "통치자들"은 왕과 군주들뿐 아니라 육신적인 의미에서 실제로 통치하는 자들, 대단한 철학자나 지식인이나 위인들을 가리키는 말입니다. 그런 자들은 주님을 영접하지 않았습니다. 바로 자신들 앞에서 자신들을 향해 말씀하셨는데도 전혀 알아보지 못했습니다. 왜 그랬을까요? 그 유일한 대답은 사도의 다른 표현처럼 "허물과 죄로 죽"어 있었기 때문이라는 것입니다(엡 2:1).

이 모든 말이 실제 현실에서 의미하는 바가 무엇일까요? 다음과 같이 설명해 보겠습니다. 마음이 딱딱한 사람은 모든 영적인 일에 대해 죽어 있습니다. 사도가 말하는 "영적인 일"을 보아도 아무 의미를 찾지 못합니다. 하나님이 하늘 저 영원한 세계에서 땅을 굽어보고 계십니다. 그가 땅을 지으셨고 지금도 다스리고 계십니다. 계절을 주어 봄 여름 가을 겨울이 지나가게 하시며, 낮을 주어 찬란한 햇살이 비치게 하십니다. 그러나 이들은 아무것도 보지 못합니다. 그 속에서 하나님을 보지 못합니다. 멈추어 더 깊이 생각해 보지 않습니다. 모든 것을 무심히 넘기며, 비가 오면 욕을 할 뿐입니다. 그 모든 경이와 영광 속에서 하나님을 발견하지 못합니다. 하나님에 대해 완전히 죽어 있습니다.

그런 자와 성도를 비교해 보십시오. 하나님을 믿지 않는 자, 마음이 딱딱한 자의 전기와 성도의 전기를 대조해 보십시오. 성도의 인생은 하나님과 맺은 관계 및 하나님이 그와 함께 행하시는 놀라운 일들로 인해 로맨스가 되는 것을 알 수 있습니다. 물론 그도 다음 순간 무슨 일이 일어날지 알지 못합니다. 그러나 하나님에 대해 살아 있고 깨어 있습니다. 삶 전체가 하나님을 중심으로 움직입니다. 아브라함이나 모세나 다윗 같은 인물들의 이야기를 읽어 보십시오. 모든 삶이 하나님을 중심으로 움직이는 것을 알 수 있습니다. 그들은 살아 있고 깨어 있으며 반응합니다. 반면에, 믿지 않는 자는 하나님에 대해 완전히 죽어 있습니다. 하나님을 믿지 않을 뿐 아니라, 믿는다 해도 한 번도 하나님 생각을 하지 않습니다. 마치 그가 존재하시지 않는 것처럼 완전히 동떨어진 삶을 삽니다. 그런 사람은 하나님도 손대지 않으십니다. 그 삶에 어떤 표시도 찍히지 않습니다. 마음이 딱딱한 탓에 하나님에 대해 죽어 있습니다.

이처럼 하나님의 존재에 대해서만 죽어 있는 것이 아닙니다. 자기 영혼의 실상에 대해서도 죽어 있습니다. 결코 멈추어 자신을 살펴보지 않으며, 자기 속에 값을 헤아릴 수 없이 소중한 영혼이 있음을 깨닫지 못합니다. 단순히 세상과 세상의 삶이라는 측면에서만 생각합니다. 한 번도 롱펠로H. W. Longfellow처럼 말하지 않습니다.

> 너는 흙이니 흙으로 돌아가라는 것은
> 영혼에게 하신 말씀이 아니었다.*

흙으로 돌아가는 것은 육신이지 영혼이 아닙니다. 사람 속에는 육신이나 환경이나 세상보다 큰 영혼, 만물보다 소중한 영혼이 있습니다. 육신은 죽일 수 있어도 영혼은 죽일 수 없습니다. 그런데 이들은 영혼을 잊고 지냅니다. 인식하지 못할 뿐 아니라 관심조차 갖지 않습니다. 오로지 육신—먹고 마시는 일, 옷차림과 외양 등—만, 제한된 짧은 삶만 생각합니다. 이처럼 자기 영혼에 대해 죽어 있기에 자기 속에 있는 이 거대한 존재에 대해 한 번도 숙고해 보지 않습니다. 이 또한 마음이 딱딱한 탓입니다.

성경은 항상 영혼의 실상에 대해 이야기합니다. 인간의 위대함을 알려 주며 인간의 운명을 알려 줍니다. 인간의 원래 모습, 인간에게 가능했던 모습을 알려 줍니다. 그러나 이들은 아무 의미를 찾지 못합니다. 그대

* 롱펠로, 『인생 찬가』*A Psalm of Life*.

로 튕겨 내 버립니다. 이런 말을 들어도 "다 시간 낭비야. 난 관심 없어"라고 합니다.

마찬가지로 자기 운명에 대해서도 죽어 있습니다. 자기 운명에 관심을 갖는다는 것은 영적인 생명이 있다는 표시입니다. 마음이 딱딱한 자는 결코 자리에 앉아 "난 지금 어디로 가고 있지? 죽으면 어떻게 되는 거지? 죽음 너머에는 뭐가 있지?"라고 묻지 않습니다. 그것은 영적인 질문입니다. 자기 운명에 관심을 갖는 사람은 영적으로 살아 있는 사람입니다. 마음이 딱딱한 자는 관심을 갖지 않습니다. 죽음이 끝이 아니라는 사실, 하나님의 심판대 앞에 서서 영원한 운명에 대한 선고를 들어야 한다는 사실에 관심을 갖지 않습니다.

성경은 온 세상의 심판자이신 하나님이 아들이신 주 예수 그리스도를 통해 온 세상을 의로 심판하실 것이라고 말합니다. 그러나 마음이 딱딱한 자에게는 이런 말이 가닿지 못합니다. 아무 영향을 주지 못합니다. "오, 난 그런 말에 겁먹지 않아요. 당신은 백 년이나 뒤처진 사람이네요. 그런 말을 믿기엔 우리가 아는 게 너무 많습니다"라고 합니다. 말씀이 그대로 튕겨 나옵니다. 왜 그럴까요? 마음이 딱딱해서 깨닫지 못하기 때문입니다. 마치 돌밭이나 길가 같습니다. 씨가 파고들어 갈 흙이 없습니다.

이것들이 다 굳은 마음에서 나온 결과입니다. 그런데 그보다 더 심각하고 비참한 결과가 있습니다. 마음이 굳은 사람은 주 예수 그리스도에게서 아무것도 보지 못합니다. 욕하거나 저주하거나 맹세하거나 더럽고 상스럽고 악한 말을 할 때만 그 이름을 입에 올릴 뿐입니다. 그의 뛰어난 영광을 한 번도 숙고해 보지 않습니다. "주는 저 산 밑의 백합, 빛나는 새

벽별, 이 땅 위에 비길 것이 없도다"라고 말하지 않습니다.* 헨델G. F. Händel이 왜 「메시아」Messiah를 작곡했는지 이해하지 못합니다. 찬송시인들이 왜 "오, 그리스도여, 제가 원하는 전부시니"라고 노래했는지,** "구주를 생각만 해도 내 맘이 좋거든"이라고 노래했는지*** 알지 못합니다. 이 역시 마음이 딱딱한 탓입니다.

객석에 앉아 심금을 울리는 가장 감동적인 연극을 보면서도 아무 감동이나 감흥을 느끼지 못하는 자들이 있습니다. 가장 영광스러운 오라토리오를 들으면서도 지루해하는 자들이 있습니다. 가장 숭고한 시를 읽으면서도 아무 생각이 없는 자들이 있습니다. 장엄한 일몰을 보면서도 땅바닥에만 관심을 갖는 자들이 있습니다. 그런 자들의 문제는 감식안이 없다는 것입니다. 반응을 보일 만한 특질이 속에 없다는 것입니다. 그것은 부드러운 마음이 아닌 굳은 마음입니다. 굳은 마음은 반응하지 못합니다. 오, 그런 자들은 구속하신 주 예수 그리스도의 은혜와 그 은혜의 넘치는 모든 부요함과 하나님의 자녀에게 베푸시는 모든 놀라운 복을 하나도 알지 못합니다! 그 모든 것에서 아무 의미를 찾지 못합니다. 영적인 생명 자체가 없기에 아무것도 감각하지 못합니다.

그들의 영—동기나 태도—또한 당연히 죽어 있습니다. 영적인 일을 알아보지 못할 뿐 아니라 대적합니다. 우리는 고린도전서 2:14에서 바울이 한 말을 이미 살펴보았습니다. "육에 속한 사람은 하나님의 성령의 일들을 받지 아니하나니—왜 받지 않을까요?—이는 그것들이 그에게는

* 통일찬송가 88장 후렴.

** 통일찬송가 441장 3절 다시 옮김.

*** 통일찬송가 85장 1절.

어리석게 보임이요." 바로 이것이 대적하는 마음입니다. 사도는 로마서 8:7에서도 말합니다. "육신의 생각은 하나님과 원수가 되나니." 이들은 하나님을 미워합니다. 그야말로 미워합니다. 알다시피, 단순히 반응하지 않는 데서 그치는 것이 아닙니다. 적극적으로 반대하며 단호하게 대적합니다.

요한은 이렇게 말합니다. "그 정죄는 이것이니 곧 빛이 세상에 왔으되—그런데도 모든 사람이 이 빛을 믿지 않고 쬐지 않는 이유가 무엇입니까?—자기 행위가 악하므로 빛보다 어둠을 더 사랑한 것이니라"(요 3:19). 왜 빛을 미워할까요? 빛은 드러내기 때문입니다. 빛이 비치면 어둠 속에 숨은 일이 다 폭로되는데, 사람들은 그것을 좋아하지 않습니다. 그래서 빛을 미워하는 것입니다. 그들은 말합니다. "빛이 비치면 이런 일을 계속 할 수 없다. 그러니 꺼 버리자."

마치 가다라 사람들이 주님께 보인 반응과 같습니다. 그들은 주님이 귀신들을 쫓아내 주심으로 불쌍한 광인이 온전한 정신을 되찾아 옷을 차려입고 앉아 있는 모습을 보고서도 감사하기는커녕 그 지방에서 떠나 주시길 청했습니다. 왜 그랬을까요? 쫓겨난 귀신들이 돼지 떼에 들어가는 바람에 바다에서 몰사해 버렸기 때문입니다. 그들은 "이자가 여기 있으면 장사를 다 망치겠다. 되는 일이 하나도 없겠다. 그러니 쫓아내자"라고 했습니다. 어둠의 숨은 일을 계속 즐기기 위해 빛을 쫓아내기로 한 것입니다. 이처럼 사람은 마음뿐 아니라 영도 잘못되어 있습니다.

이보다 더 절망적인 상태가 있을까요? 이런 인간이 단순히 가르친다고 변하겠습니까? 주님은 변하지 않는다고 하셨습니다. 씨가 파고들어가 수확을 낼 가능성이 없는 밭 가장자리 길가, 새가 즉시 와서 먹어 치울 길가에 계속 씨를 뿌려 봐야 무슨 소용이 있겠습니까? 그저 씨만 버릴 뿐입니다! 그런 자는 변할 수가 없습니다. 그런 자를 가르친다고 변하겠습니까? 호소한다고 변하겠습니까? 하나님을 미워하며 하나님과 그에게 속한 모든 것을 어리석게 보는 자들에게 아무리 부드럽게 호소한들 무슨 소용이 있겠습니까?

성경이 옳습니다. 그런 자에게 필요한 것은 새 마음과 새 영입니다. 무슨 시도라도 해보고 싶으면 해보십시오. 아무 효과가 없을 것입니다. 길가에서는 수확이 나오지 않습니다. 새 땅이 필요합니다. 새 마음과 새 영이 필요합니다. 모든 것이 새로워져야 합니다. 이 복되고 영광스러운 복음이 약속하고 제시하는 바가 이것입니다. 마음의 변화, 영의 변화입니다.

신약성경은 이것을 거듭남과 중생과 새 생명이라는 말로, 죽은 자가 새 마음을 받고 새 피조물이 된다는 말로 표현합니다. 이것이 복음임을 알고 있습니까? 예수 그리스도의 복음은 기적입니다. 사람을 그저 개선하는 것이 아니라 아예 새롭게 만듭니다. 새 마음과 새 영을 줍니다.

오늘 본문과 전후 맥락이 아주 분명하게 강조하는 사실은, 이것이 다름 아닌 하나님의 행동이라는 것입니다. 하나님 외에 누구도 한 사람을 그리스도인으로 만들 수 없습니다. 누구도 자기 마음을 새롭게 하거나 자기 영을 바꿀 수 없습니다. "구스인이 그의 피부를, 표범이 그의 반점을 변하게 할 수 있느냐?"(렘 13:23) 이 일이 어려운 만큼 새 마음을 갖기도 어렵습니다. 새 마음을 갖고자 애써 보았습니까? 성경에 관심을 갖고자 애써 보았습니까? 새사람이 되고자 애써 보았습니까? 그렇다면 이 일이 얼마나 불가능한지 알 것입니다.

그러나 감사하게도 하나님은 우리 스스로 새로워지길 요구하지 않으십니다. "새 마음 또한 내가 주겠다. 새 영을 너희 속에 두겠다. 너희 육신에서 굳은 마음을 제거하고 부드러운 마음을 주겠다"라고 하십니다. 오직 하나님만 이 기적을 행하십니다. 우리는 할 수 없습니다. 오직 하나님만 "부드러운 마음"을 주는 구속救贖의 기적을 행하십니다. "부드러운 마음"이 무엇입니까? 이제껏 말한 마음과 정반대되는 마음입니다. 하나님은 전에 없던 새로운 원리, 그렇기에 여러분을 완전히 바꾸어 놓을 원리를 그리스도 안에서 여러분의 삶 속에 두겠다고 하십니다.

이 새로운 삶의 원리가 무엇일까요? 핵심만 짚어 보겠습니다. 정신의 영역부터 말하자면, 진리를 보고 이해할 수 있는 새 능력이 생깁니다. 새사람은 말합니다. "아시겠지만, 도저히 이해가 안 되네요. 어떻게 이런 걸 놓칠 수가 있었을까요? 어떻게 이런 걸 못 볼 수가 있었을까요? 이토록 분명하고 이토록 도처에 있는데 말이지요." 이처럼 회심하고 새 마음과 새 삶의 원리와 새 지각을 얻은 자들은 당연히 가장 가깝고 가장 사랑하는 이들도 같은 것을 얻길 간절히 바랍니다. "이토록 명백한데 왜 보지 못할까!" 하며 안타까워합니다.

강조점은 이 일이 진정 기적이라는 것입니다. 새 원리가 생기면 자신이 전에 그토록 눈멀었다는 것이 믿어지지 않을 정도로 모든 것이 분명하고 선명하게 보입니다! 우리는 원래 다 눈먼 자들이었습니다. 그런데 새 원리와 새 마음이 들어오면 모든 것이 보이기 시작합니다. 성경은 아주 선명한 책입니다. 얼마나 재미있고 흥미진진하며 낭만적인지 모릅니다. 성경은 진리입니다. 하나님과 창조, 인간과 인간의 실상, 나 자신과 내 영혼과 내 죄성, 내 구속자이신 그리스도, 나와 그리스도의 새로운 관계 등을 알려 주는 놀라운 진리입니다.

새 마음을 얻은 모든 사람의 증언은 "전에는 눈멀었으나 이제는 보도다"라는 것입니다.* 새로운 세상으로 옮겨집니다. 자신이 완전히 새로워진 것을 느낍니다. 완전히 새로운 시각과 지각이 생깁니다. 전에 삶의 목표로 삼았던 일들이 이제는 시간 낭비로만 보입니다. 오히려 전에 어리석고 지루하다고 일축했던 일들이 유일하게 중요해집니다. 정신이 새로워집니다.

바울은 고린도전서에서 말합니다. "이 지혜는 이 세대의 통치자들이 한 사람도 알지 못하였나니 만일 [그들] 알았더라면 영광의 주를 십자가에 못 박지 아니하였으리라.……오직 하나님이 성령으로 이것을 우리에게 보이셨으니 성령은 모든 것 곧 하나님의 깊은 것까지도 통달하시느니라"(2:8, 10). 그리고 연이어 하나님이 우리에게 주신 것은 "세상의 영"이 아니라 "하나님으로부터 온 영"이라고 말합니다. "이는 우리로 하여금 하나님께서 우리에게 은혜로 주신 것들을 알게 하려 하심이라"(2:12). 우리는 이 지식에 이르렀습니다. 그리스도의 마음을 얻었습니다.

물론 영도 똑같이 변합니다. 더 이상 하나님을 대적하지 않습니다. 무엇보다 하나님을 열망합니다. 제 간증도 그것입니다. 제가 대단해서가 아니라 하나님께 영광을 돌리기 위해 정직하게 말하건대, 하늘에서나 땅에서나 바다에서나 바다 아래에서나 하나님보다 더 바라는 것이 없습니다. 하나님을 아는 것이야말로 제 최고의 기쁨이요 가장 큰 열망입니다.

* 통일찬송가 405장 1절 다시 옮김.

이제껏 주의 인도를 구하지 않았나이다.

그러나 이제는 변했고 달라졌습니다. 찬송시인이 덧붙이는 말은 이것입니다.

스스로 길을 택하고 알아보길 좋아했나이다.
그러나 이제는 주님이 인도해 주소서.
—J. H. 뉴먼John Henry Newman*

이처럼 새로운 영이 생기고, 영적인 일들을 기뻐하는 마음이 생기며, 살아 계신 하나님을 찾는 열망이 생깁니다. "하나님이여, 사슴이 시냇물을 찾기에 갈급함같이 내 영혼이 주를 찾기에 갈급하니이다"(시 42:1). 새 사람은 이렇게 말합니다. 하나님을 사랑합니다. 하나님의 뜻을 알고 행하길 열망합니다. 그를 영화롭게 하길 열망합니다. 앞서 묘사했던 모습과 정확히 반대되는 모습이 나타납니다.

복음이 얼마나 영광스러운 것인지요! 이 일은 하나님이 하시는 것이기에 누구에게나 일어날 수 있습니다. 이렇게 표현해도 된다면, 그 때문에 복음 설교가 그토록 낭만적인 것입니다. 하나님이 변화시키실 수 없을 만큼 절망적인 사람은 없다는 것을 저는 압니다. 물론 저는 변화시킬 수 없습니다. 한 사람도 변화시킬 수 없습니다. 그러나 아무리 밑바닥에 떨어진 사람의 마음이라도, 돌처럼 딱딱하고 완고한 마음이라도 하나님

* 통일찬송가 429장 2절 다시 옮김.

은 녹이시고 제거하실 수 있다는 것, 그 대신 부드러운 마음을 주실 수 있다는 것을 압니다.

감사하게도 하나님과 그리스도를 모욕하고 거부하는 가장 악한 사람에게도 이 나라에서 가장 존경받는 사람과 똑같이 성도가 될 기회가 주어집니다. 구원은 하나님의 일이요 기적이요 그의 능력으로 이루어지는 일이기 때문입니다. 하나님은 능히 이 일을 하십니다. 지난 세월 내내 이 일을 해오셨고, 지금도 하고 계시며, 택한 자의 수가 차기까지 앞으로도 계속 하실 것입니다.

마지막으로 던질 질문은 이것입니다. 여러분에게는 이 일이 일어났습니까? 주 예수 그리스도와 그의 낮아지심과 십자가 죽음이 중요한 의미를 갖습니까? 길가에 떨어진 씨처럼 그저 마음에 떨어진 말에 불과한 것은 아닙니까? 떨어졌다가 그대로 튕겨 나간 것은 아닙니까? 다시 듣고 싶은 마음이 없는 것은 아닙니까? 아무것도 깨닫지 못한 것은 아닙니까? 그렇다면 여러분의 마음은 딱딱한 것입니다. 굳어 있는 것입니다. 수확을 내지 못하는 길가 같은 것입니다. 30배, 60배, 100배의 놀라운 수확을 내는 밭과 완연히 다른 것입니다.

여러분의 마음은 딱딱합니까, 부드럽습니까? 여러분의 영은 어떻습니까? 하나님과 영적인 일들을 대적합니까, 주리고 목말라하며 알고 싶어 합니까? 이보다 더 중요한 질문은 없습니다. 히브리서 기자는 이스라엘 백성이 딱딱한 마음, 믿지 않는 악한 마음을 가지고 말씀에 믿음을 결부시키지 않은 탓에 광야에서 죽어 시체가 엎드러졌다고 말합니다. 그것은 생각만 해도 무서운 일입니다. 돌처럼 딱딱하고 굳은 마음으로 죽는 자는 멸망밖에 기대할 것이 없습니다. 오늘날 하나님과 그의 모든 선물과 영광에 예민하게 살아 있는 부드러운 마음, 새 마음, 새 영을 주겠다고 말하는 복음을 듣고서도 영향을 받지 않는 사람이 아무도 없길 바랍니다. 그 생각만 해도 저는 떨립니다. 그의 영혼이 영원한 고통에 처하게 될 때, 제 미약한 설교를 들었던 것이 오히려 정죄의 근거가 될까 봐 두렵습니다. 제발 그런 일이 없기를!

자신의 마음이 딱딱하고 영혼이 완고하게 느껴진다면, 오, 간청하건대 다윗처럼 부르짖으십시오. "하나님이여, 내 속에 정한 마음을 창조하시고 내 안에 정직한 영을 새롭게 하소서"(시 51:10). 새 마음을 원하는 자는 얻을 것입니다. 사탄이 주는 절망감에 빠지지 마십시오. "난 아무 소망이 없다. 느껴지는 게 전혀 없다"라고 하지 마십시오. 문제는 새 마음을 원하느냐 하는 것입니다. 원하는 자에게는 영원한 소망이 있습니다. 하나님께 부르짖으십시오. 여러분의 굳은 마음을 제거하시고 그 자리에 부드러운 마음을 넣어 주실 것입니다. 그리스도 예수 안에서 새사람이 되게 하실 것입니다.

8

내 영을 너희 속에 두리라

또 내 영을 너희 속에 두어 너희로 내 율례를 행하게 하리니 너희가 내 규례를 지켜 행할지라.

겔 36:27

사람들이 기독교 구원의 복을 누리지 못하는 것은 복음이 무엇이며 특별히 복음이 해주는 일이 무엇인지 진정 깨닫지 못한 탓이라는 생각을 점점 더 많이 하게 됩니다. 우리 모두 쉽게 복음을 알고 있다고 생각하며, 그 때문에 사실상 한 번도 복음을 직시하지 않습니다. 제가 이 특정 구절과 전후 맥락에 주의를 환기시키는 것은, 우리 주와 구주 되신 예수 그리스도의 복음에 대한 완벽한 선언이 여기 나오기 때문입니다.

에스겔서의 이 본문뿐 아니라 성경 다른 본문에도 나오는 이 일들을 전하는 특권을 가진 자가 계속 발견하는 사실은, 사람들이 그리스도의 복음에서 가장 우선되는 원리 중 하나를 이해하지 못하고 파악하지 못하며 근본적으로 오해하고 있다는 것입니다. 물론 그 이유는 오직 한 가지, 하나님과 인간 영혼의 대적인 마귀가 일하고 있기 때문입니다. 마귀는 잘못된 기독교관을 우리 정신에 불어 넣고 어떤 의미에서 진리를 실제로 직시하지 못하게 막고자 전력을 다합니다.

여기 나오는 복음의 묘사를 살펴보면 이 점이 아주 명확하게 드러나리라 생각합니다. 복음과 관련하여 사람들이 범하는 잘못 중에 그 완전성을 이해하지 못하는 것만큼 큰 잘못은 없을 것입니다. 그러면 일정 지점에 내내 멈추어 있기 쉽습니다. 그렇게 멈추어 있는 탓에 복음의 실제를 모르는 것이며, 복음의 혜택 또한 그만큼 누리지 못하는 것입니다.

여기 나오는 복음의 묘사를 한 단계씩 살펴 나갈수록 이 점이 아주 명확히 드러날 것입니다. 기독교는 우리를 포로생활에서 구해 준다는 일반적 진술에 먼저 주목하기 바랍니다. 기독교는 우리를 붙잡아 이방 나라에서 끌어내며, 하나님이 우리의 거처로 정하시고 복을 주시는 땅으로 데려갑니다. 사실상 기독교 메시지의 전적인 목적이 여기 있습니다. 단순히 몇 가지 행동을 하도록 부르거나 초청하는 것이 아닙니다. 그보다 훨씬 전에 하나님이 우리에게 해주시는 일들부터 먼저 공표합니다. 우리에게는 구원과 해방이 필요합니다. 그런데 복음이 이 일을 해줍니다.

36장 본문은 이 일이 어떻게 일어나는지 알려 줍니다. 우리는 이 일을 본문이 제시하는 순서대로 살펴보는 것이 중요함을 알았습니다. 이 순서는 신약성경이 제시하는 순서와 정확히 일치합니다. 현 세상에서 살아가는 우리 모두에게 가장 먼저 필요한 것은 죄 사함이라는 사실, 죄와 죄책에서 정결해지는 일이라는 사실도 알았습니다. 복음은 예수 그리스도와 그가 십자가에 못 박히신 일을 통해 정결하게 해주겠다고 말합니다.

또한 우리에게는 새로운 기능이 필요하다는 사실도 알았습니다. 인간이 불행하고 비참하게 사는 이유가 무엇입니까? 죄를 짓는 이유가 무엇입니까? 죄 사함이 계속 필요한 이유가 무엇입니까? 문제는 우리의 정신과 마음이 하나님에게서 떠나 있다는 것입니다. 우리에게는 새 본성과 새 마음과 새 지각이 필요합니다. 그런데 이 또한 하나님이 주겠다고 약속하신 것을 우리는 알았습니다. 진리에 무감각한 우리의 완고하고 굳은 마음을 제거하고 진리를 이해하며 파악하는 마음을 주겠다고 약속하신 것을 알았습니다.

그뿐만이 아닙니다. 27절은 구원의 포괄적인 성격을 더 명확하게 보여줍니다. 이제껏 말한 일들에서 멈추면 안 되는 것은, 실제로 그 일들만으로는 충분치 않기 때문입니다. 우리는 예수 그리스도가 나무에 달려 그 몸으로 우리 죄를 담당하심으로써 용서해 주신 것과 그 피로 우리를 씻어 주시고 죄를 제해 주신 것을 압니다. 하나님은 우리 대신 예수 그리스도를 죄로 삼으심으로써 우리와 화목을 이루셨습니다. 그럼에도 여전히 남는 문제가 한 가지 있습니다. 이제 우리는 어떻게 그리스도인의 삶을 살아야 합니까?

하나님은 이들을 바벨론 포로생활에서 끌어내 고국 땅으로 데려가겠다고 하십니다. 그러나 이들이 달라지지 않는다면 다시 데려간들 무슨 소용이 있겠습니까? 이들은 그 땅에서 어긋난 길을 가며 죄를 짓고 하나님을 등졌습니다. 그런데 다시는 그렇게 하지 않는다는 보장이 있습니까? 가나안으로 돌아가는 것은 좋지만, 돌아간 후에 어떻게 경건하게 살 수 있겠습니까? 어떻게 하나님의 계명을 지킬 수 있겠습니까? 어떻게 그의 규례를 지킬 수 있겠습니까?

이것이 우리가 당면한 다음 문제입니다. 사람들이 복음을 고찰할 때 걸려 넘어지는 지점이 바로 여기라고 저는 생각합니다. 능력과 힘과 도움의 필요성이 전적인 문제로 대두됩니다. 사람들이 복음을 듣고 이렇게 말할 때가 얼마나 많은지 모릅니다. "오, 정말 좋은데요! 내 과거가 용서받고 죄가 도말된다는 걸 알겠어요. 진리를 아는 새로운 지각과 통찰이 생긴다는 것도 알겠고요. 금방이라도 받아들이고 싶고 따르고 싶습니다. 그런데 내가 과연 그런 삶을 살 수 있을까요? 교회에서 설교를 듣거나 정한 시간에 성경을 읽을 때는 복음의 능력이 느껴지고 거기 의탁하고 싶은 마음이 듭니다. 나도 그렇게 살고 싶은 마음이 들어요. 하지만 다 소용없는 짓이라는 걸 압니다. 나도 똑같고 내가 돌아가 살아야 할 세상도 똑같거든요. 세상과 육신과 마귀는 변함없이 존재하고 내 본성은 약하지요. 전에도 새롭게 살아 보려 한 적이 많았어요. 진심으로요! 그래서 결심도 하고, 서약도 하고, 약속도 하면서 최선을 다했지만 결국 실패했습니다. 그것도 비참하게 실패했지요. 이런 제가 무엇을 할 수 있겠습니까? 가나안으로 돌아가는 건 좋지만, 내가 전과 달라진다는 보장이 있습니까? 내가 어떻게 하나님께 순종하며 경건한 삶을 살 수 있겠습니까?"

많은 사람이 이 문제에 걸려 넘어집니다. 자신을 속이고 싶지 않다고 말하며, 잠시 감정에 휩쓸린 것은 아닐까 염려합니다. 그러나 그런 자들은 27절이 말하는 바를 모르는 것입니다. 하나님은 일련의 조처를 취하신 후 이렇게 말씀하십니다. "또 [내가] 내 영을 너희 속에 두어 너희로 내 율례를 행하게 하리니 너희가 내 규례를 지켜 행할지라."

36장 본문을 고찰하는 내내 반복해서 나왔던 원리를 다시금 강조해야겠습니다. 이 또한 하나님의 행동입니다. 복된 단어인 "내가"에 주목하기 바랍니다.* 사람들은 구원이 처음부터 끝까지 하나님의 일이라는 사실을 잊고 있는 것 같습니다. 예수 그리스도의 복음은 여러분 스스로 그리스도인이 되라고 요구하지 않습니다. 스스로 삶을 바꾸라고 요구하지 않습니다. 복음은 여러분이 그럴 수 없음을 압니다. 피상적인 개혁은

* 우리말 개역개정판 성경에는 생략되어 있다. — 옮긴이

할지 몰라도 본성은 바꿀 수 없음을 압니다.

그렇습니다. 하나님이 친히 이 모든 일을 해주십니다. 다음 단계로 필요한 이 일 또한 해주십니다. 이 일이 무엇입니까? 27절은 성령에 대한 약속으로서, 복음의 약속들 중에 이보다 더 놀라운 것이 없습니다. 여러 면에서 실로 기독교 메시지의 핵심에 있는 약속이 이것입니다. 에스겔은 하나님의 아들이 영광을 받고 승천하신 후 성령을 교회에 보내시고 부어 주실 오순절 날과 그때 일어날 놀라운 일들을 내다보고 있습니다. 구원의 복음, 구속의 메시지 안에 이 약속이 있습니다. 하나님은 다음 단계로 필요한 이 일도 해주십니다.

이 약속을 반드시 붙잡아야 합니다. 이 특별한 약속을 떠나서는 사도행전을 이해할 수 없습니다. 사도 베드로를 비롯한 복음서의 인물들을 보십시오. 얼마나 초라하고 비참하게 실패하는지 모릅니다. 베드로는 예수 그리스도의 당이 아니냐는 질문에 "난 그를 모른다"라고 세 번이나 맹세하고 저주하며 부인했습니다. 죽음을 무서워하는 겁쟁이였기에 그저 자기 목숨 하나 구하고자 부인한 것입니다. 어설프고 실수 많은 다른 제자들도 보십시오. 주님이 자신의 죽음과 부활에 대해 말씀하실 때도 알아듣지 못하고 반발했습니다. 얼마나 어리석습니까!

그런데 사도행전에서는 어떤지 보십시오. 완전히 다릅니다! 베드로가 얼마나 담대한지 보십시오! 성경을 얼마나 잘 이해하고 전하는지 보십시오! 이들은 "천하를 어지럽게" 한다는 말을 들을 정도로 달라졌습니다(17:6). 평범한 어부이자 어떤 의미에서 무지한 자들이었음에도 능히 이적과 기사를 행했습니다. 이것이 대체 어찌 된 일일까요? 그 대답은 하나님이 에스겔을 통해 주신 약속—"내 영을 너희 속에 두"겠다는 약속—을 지키신 덕분이라는 것입니다. 사도행전은 사실상 성령행전—사도들 안에서, 사도들을 통해 일하신 성령의 이야기—입니다. 성령의 에너지와 능력과 신성한 힘이 이들에게 임했습니다.

실제로 이 약속을 떠나서는 모든 시대 기독교회의 역사를 이해할 수 없습니다. 이 능력이 이방 땅에 들어가 삶의 변혁을 일으켰습니다. 식인 부족이 성도가 되었고, 불결하고 추잡한 죄와 어둠 속에 앉아 있던 자들이 고상한 시민이 되었습니다. 그들을 이렇게 만든 것이 무엇입니까? 단순한 교육입니까? 그렇다면 왜 영국에서 같은 일이 일어나지 않는 것입니까? 단순한 권면입니까? 그렇다면 왜 도처에서 같은 일이 일어나지 않는 것입니까? 그렇습니다. 유일한 대답은 성령의 능력, 하나님의 에너지가 이런 변혁을 일으켰다는 것입니다.

이 점을 이해하는 일이 절대적으로 필요합니다. 일반적인 측면이나 교회사 전체를 볼 때만 그런 것이 아닙니다. 그리스도인 각자의 삶을 보아도 마찬가지입니다. 기독교는 세상에서 가장 큰 변혁의 힘입니다. 실제로 그 변화가 어찌 큰지 남들뿐 아니라 본인조차 자신을 알아보기가 매우 힘들 정도입니다. 갈라디아서 2:20에는 기독교에 대한 가장 완벽한 진술이 나옵니다. "그런즉 이제는 내가 사는 것이 아니요 오직 내 안에 그리스도께서 사시는 것이라." "나는 나지만 더 이상 내가 아니다. 다소의 사울이지만 사울이 아니다. 나는 사도 바울이다. 새사람이다. 새 피조물이다"라는 것입니다. 이것은 성령의 능력으로 되는 일입니다.

사도행전을 다시 읽어 보십시오. 다소의 사울을 보십시오. 9장의 회심 사건을 보십시오. 빌립보 간수를 보십시오. 절망한 나머지 자살하려 했던 사람이 다음 순간 온 식구와 함께 하나님을 기뻐하는 모습을 보십시오. 여러 시대 성도들의 전기도 읽어 보십시오. 유능했으나 방탕하고 부도덕했던 철학자 히포의 아우구스티누스를 보십시오. 그러나 제가 아는 그는 교회의 의사이자 위대한 성도입니다. 그에게 무슨 일이 일어난 것입니까? 새로운 철학을 습득한 것입니까? 아닙니다. 그의 삶에 능력이 들어간 것입니다. 성령의 능력이 들어간 것입니다.

이것은 기독교의 중추에 해당하는 사실입니다. 기독교는 단순히 새로운 이데올로기가 아니며, 약간 도덕적인 가르침 또한 아닙니다. 사상은 사람을 근본적으로 바꾸지 못합니다. 사상이 바뀔 수 있고 그 또한 어느 정도 삶에 영향을 끼치지만, 복음은 그런 사상이 아닙니다. 복음은 하나님이 성령을 우리 안에 두시는 것입니다. 범주가 완전히 다른 일입니다.

이것이 얼마나 중심적인 사실인지 알고 있습니까? 혹시 기독교를 의심하며 받아들이길 주저하는 것은 아닙니까? "내 모습이 이렇고 세상의 현실이 이런데, 그래서 내일 실패할 걸 뻔히 아는데 복음에 의탁한들 무슨 소용이 있겠어?"라고 말하는 것은 아닙니까? 그에 대한 대답이 바로 "내 영—다름 아닌 **내 영**—을 너희 속에 두"겠다는 것입니다. 이것은 성령의 복음, 우리를 위해 죽으심으로 새 마음과 새 지각과 빛을 주신 그리스도가 보내 주시는 성령의 복음입니다.

"내 영"이라는 말의 의미가 무엇일까요? 여기 성령에 관한 중대한 교리가 나옵니다. 성령은 성삼위의 제3위 하나님이십니다. 한 하나님이 세 위격—성부 하나님, 성자 하나님, 성령 하나님—으로 계십니다. 이 교리를 머리로 이해하려 들지 마십시오. 저도 이해하지 못합니다. 하나님은 "내 영을 너희 속에 두"겠다고 하십니다. 성령이 예수 그리스도 안에서 신자 안에 찾아와 거하시며 그들의 삶에 변혁을 일으키십니다. 바로 이 일을 해주십니다. 성령의 일을 능숙하게 감별했던 존 웨슬리John Wesley는 17세기 말에 살았던 스코틀랜드 사람 헨리 스쿠걸Henry Scougal의 책 제목이야말로—『인간의 영혼 안에 있는 하나님의 생명』*The Life of God in the Soul of Man*—자신이 가장 좋아하는 기독교의 정의라고 했습니다. 이것이 기독교입니다.

성령이 어떤 분이신지 분명히 알아야 합니다. 성령은 단순한 영향력이나 힘이 아닙니다. 하나님 아버지가 인격이시요 주 예수 그리스도가 인격이신 것처럼 성령도 인격이십니다. 놀라운 사실은, 제3위이신 성령이 우리 안에 장막을 치시고 우리 육신 안에 거하신다는 것입니다. 이것은 크고도 넓은 교리입니다.

지금 이 교리를 파고들 수는 없지만, 그 한 측면—이제껏 설명한 일들을 하시는 성령의 능력, 신성한 능력의 측면—만큼은 강조하고 싶습니다. 그 모든 이야기가 사도행전과 교회사 도처에 나옵니다. 이것은 아무도 꺾거나 거스를 수 없는 능력입니다. 성령이 하실 수 있는 일에는 한계가 없습니다. 하나님은 이런 능력을 가지신 성령을 우리 삶 속에 두심으로써 자신의 계명을 지키게 하시며 규례를 수행하게 하겠다고 하십니다.

어떻게 성령을 우리 속에 두실까요? 신약성경에 여러 대답이 나오는데, 빌립보서 2:12-13이 그 모든 내용을 알려 줍니다. "두렵고 떨림으로 너희 구원을 이루라. 너희 안에서 행하시는 이는 하나님이시니 자기의 기쁘신 뜻을 위하여 너희에게 소원을 두고 행하게 하시나니."

이 진술에 비추어 해석해 봅시다. 우리의 질문은 "어떻게 경건한 삶을 살 수 있느냐?" 하는 것입니다. 그 대답은—예비적인 차원에서 말하자면—성령 하나님이 여러분 속에서 일하심으로 살 수 있다는 것입니다.

복음의 사실들 중에 이보다 더 놀라운 것이 없습니다. 여러분 혼자 살아야 하는 것이 아닙니다. 죄를 사하시고 새로운 통찰과 지각을 주신 후, 여러분 혼자 끝까지 싸우게 하시는 것이 아닙니다. 그렇습니다. 자신의 영을 여러분 속에 두십니다. 여러분 혼자 죄와 씨름하게 하시지 않습니다. 성령이 찾아와 여러분 속에 거하십니다. 자신의 에너지와 힘과 능력으로 일하기 시작하십니다.

요한복음 17장에는 주님이 죽음을 앞두고 드리신 위대한 기도—'대제사장의 기도'로 알려진 기도—가 나옵니다. 그가 다른 모든 간구와 함께 드리신 간구는 이것입니다. "그들을 진리로 거룩하게 하옵소서. 아버지의 말씀은 진리니이다"(17절). 주 예수 그리스도는 이제 곧 십자가에 못 박혀 죽으실 것이며, 그 후에 다시 살아나 하늘로 돌아가실 것입니다. 한줌밖에 안 되는 제자들을 두고 떠나실 것입니다. 그들은 잘 속고 잘 넘어지는 단순하고 무지하며 연약하고 미약한 자들입니다. 사탄에게 패하여 쓰러진 자들이며, 앞서 말했듯이 너무 많은 면에서 실패한 자들입니다. 그런데 그런 자들의 손에 그리스도의 명예 전체가 달려 있습니다. "내가 그들로 말미암아 영광을 받았나이다"(10절). 그는 자신을 반대하는 세상, 십자가에 못 박아 죽일 만큼 반대하는 거대한 세상에 그들을 두고 떠나실 것이며, 그들은 마귀와 지옥에 맞서 싸울 것입니다. 그들에게 과연 승산이 있겠습니까? 그러나 주님은 기도하십니다. "그들을 진리로 거룩하게 하옵소서. 아버지의 말씀은 진리니이다." 주님은 이보다 앞서 자신이 떠난 후에 성령을 보내 주겠다고 하셨습니다. 그렇습니다. 성령과 말씀을 보내 주겠다고 하신 것입니다. 하나님은 과연 아들의 기도에 응답하여 성령을 보내 주셨습니다. 그 성령이 바라는 목표를 이루기 위해 우리 속에서 일하십니다.

이 또한 하나님의 행동이라는 점에 주목하십시오. 하나님은 자신의 말씀대로 이 모든 일을 하십니다. "맑은 물을 너희에게 뿌려서 너희로 정결하게 하되." "또 새 영을 너희에게 주되 너희 육신에서 굳은 마음을 제거하고 부드러운 마음을 줄 것이며 또 내 영을 너희 속에 두어—이제 나오는 명확하고도 확실한 표현을 보십시오—너희로 내 율례를 행하게 하리니 너희가 내 규례를 지켜 행할지라."

이 문제와 관련하여 사람들은 종종 혼동을 겪습니다. 아, 하나님의 죄 사함과 칭의는 받아들이되, 그 다음 단계인 성화는 받아들일지 말지 우리가 결정할 수 있다고 생각하며 가르치는 듯한 이들이 있습니다. 제가 볼 때 그것은 이 구절뿐 아니라 성화라는 주제에 대한 신약의 가르침 전체를 부인하는 태도입니다. 칭의와 성화 사이에는 간격이 전혀 없습니다. 나를 씻어 주시는 분도 하나님이시요 내 속에 성령을 두시는 분도 하나님이십니다. 둘 다 하나님의 행동입니다. 죄 사함만 받는 그리스도인이란 있을 수 없습니다. 그런 구원은 존재하지 않습니다. 구원은 하나의 과정입니다. 그 안에 여러 단계와 절차들이 있습니다. 하나님이 친히 첫 번째, 두 번째, 세 번째 단계를 밟으시며 그 모든 단계를 주관하십니다. "너희 구원을 이루라. 너희 안에서 행하시는 이는 하나님이시니."

제가 이 점을 강조하는 것은 우리를 속량하시고 구원하시며 화목을 이루신 후 이전 상태 그대로 두신다는 것은 일관성이 없는 처사이기 때문입니다. 하나님이 아들을 세상에 보내 죄인들을 위해 죽게 하신 이유가 무엇입니까? 단순히 죄만 사해 주시고 이전 상태 그대로 두시는 일이 가능하다고 생각합니까? 그것은 하나님께 합당치 않은 생각입니다!

구원은 참으로 광대하고 장대한 개념입니다! 하나님이 우리를 시종일관 같은 상태에 머물게 두시겠습니까? 그럴 수 없습니다. 실제로 하나님은 그대로 두지 않겠다고 분명히 말씀하십니다. 이전으로 돌아가게 하지 않겠다고, 이전 상태로 두지 않겠다고 하십니다. 그렇습니다. 하나님은 확실히 자신의 계명을 지키게 하십니다. "내가 그렇게 하겠다"라고 하십니다.

그리스도가 죽으신 이유가 무엇입니까? 단순히 죄 사함만 받게 하시기 위해서입니까? 신약성경은 그렇게 말하지 않습니다. "그가 우리를 대신하여 자신을 주심은……우리를 깨끗하게 하사 선한 일을 열심히 하는 자기 백성이 되게 하려 하심이라"(딛 2:14). 그가 죽으심으로 죄 사함을 받을 수 있게 된 것에 감사드리십시오. 그러나 그것이 전부는 아닙니다. 그는 우리를 선한 자들로 만들기 위해 죽으셨습니다. 하나님이 중도에 포기하실 수 있겠습니까? 그것은 하나님을 모욕하는 생각입니다. 그렇습니다. 하나님은 한번 시작하신 구원의 과정을 끝까지 이루십니다. 칭의의 상태에 머물게 두시지 않습니다. 칭의를 얻고 거듭나는 순간, 성화라는 다음 과정을 이미 시작하십니다. 성령을 주심으로 그 과정을 보장해 주십니다.

제가 이 점을 아주 명백하고 명확하게 밝히는 것은 이것이 긴요한 문제라고 생각하기 때문입니다. 찰스 피니Charles G. Finney가 1840년에 쓴 『오벌린의 복음전도자』*The Oberlin Evangelist*를 읽은 적이 있습니다. 피니의 이야기와 19세기 미국에서 그의 사역을 통해 일어난 부흥의 이야기는 여러분도 읽어 보았을 것입니다. 수많은 사람이 그의 사역을 통해 회심했습니다. 그런데 이즈음 복음전도자의 일을 그만두고 대학에서 가르치던

피니가 과거를 돌아보며 한 말은 이것입니다. "내 회심자 대부분이 기독교에 수치가 되고 있다. 전도자 시절로 돌아간다면 오직 거룩함에 대해서만 설교할 것이다."

이 점을 명확히 짚고 넘어갑시다. 사도 요한은 "만일 우리가 하나님과 사귐이 있다 하고 어둠에 행하면 거짓말을 하고 진리를 행하지" 않는 것이라고 말합니다(요일 1:6). 하나님과 사귐이 있다고 말한다는 것은 그리스도가 자신을 위해 죽으심으로 하나님과 화목케 되었음을 믿는다는 뜻입니다. 여러분도 이렇게 말합니까? 그리스도가 자신을 위해 죽으셨다고 믿습니까? 예수 그리스도와 그가 십자가에 못 박히신 일을 통해 하나님과 교제하고 있다고 말합니까? 그러면서도 어둠 속에 행하며 계속 어둠 속에 산다면 거짓말을 하고 진리를 행하지 않는 것이라고 요한은 말합니다.

더 나아가 2장에서는 이렇게 말합니다. "그를 아노라 하고 그의 계명을 지키지 아니하는 자는 거짓말하는 자요 진리가 그 속에 있지 아니하되"(4절). 이것은 아주 심각한 문제입니다. "그리스도가 날 위해 죽으셨기에 나는 그리스도인이 되었다"라고 말하면서도 여전히 죄를 지으며 사는 자는 거짓말쟁입니다. 이것은 제 표현이 아니라 사도의 표현입니다. "[그러나] 누구든지 그의 말씀을 지키는 자는 하나님의 사랑이 참으로 그 속에서 온전하게 되었나니 이로써 우리가 그의 안에 있는 줄을 아노라"(5절).

"나는 그리스도 안에 있다. 그리스도가 값을 치르시고 날 속량하심으로 하나님과 화목케 된 것을 믿으며 내가 그리스도 안에 있는 것을 기뻐한다"라고 말하는 사람이 있을 때, 그 진정성을 확인할 수 있는 방법이 이것입니다. 그가 하나님의 계명을 지킨다면 그 말은 참입니다. 이 두 가지는 분리될 수 없습니다. 죄 사함에서 멈추거나 거듭남에서 멈출 수 없습니다. 자신의 능력으로 우리를 능하게 하시는 성령을 받는 단계로 반드시 나아가야 합니다.

그렇다면 성령은 어떻게 이 일을 하실까요? "너희 안에서 행하시는 이는 하나님이시니." 성령이 어떻게 일하시느냐는 질문에 바울은 이렇게 대답합니다. "너희 안에 소원[뜻]을 두고 행하게 하시나니." 우리에게 이 두 가지 일이 다 필요한 것은, 본성적으로 이런 소원을 품지 못하기 때문이며 이런 바람을 품지 못하기 때문입니다. 우리의 정신은 육신적이고 우리의 소원은 하나님의 소원에 반합니다. 육에 속한 정신은 하나님을 대적합니다. 하나님의 법에 복종하지 않습니다. 아니, 복종할 수가 없습니다. 모든 사람이 본성적으로 그렇습니다. 이것은 부인할 여지가 없는 사실입니다. 우리 모두 본성적으로 하나님을 거역하는 반역자로서, 하나님께 반하는 소원을 품고 있습니다. 그렇기 때문에 무엇보다 먼저 소원이 바뀌어야 하는 것입니다. 성령은 소원을 바꾸어 주십니다.

이를 위해 첫 번째로 하시는 일은 죄의 실상을 보여주시는 것입니다. 에스겔 선지자는 31절에서 아주 명확하게 말합니다. "그때에 너희가 너희 악한 길과 너희 좋지 못한 행위를 기억하고 너희 모든 죄악과 가증한 일로 말미암아 스스로 밉게 보리라." 물론 이런 행위를 할 당시에는 자기 자신이나 자기 행위를 밉게 보지 않습니다. 그러나 성령이 오시면 자기 행위를 돌아보며 "내가 어떻게 그렇게 살 수 있었지? 어떻게 그렇게 낮은 수준까지 떨어져서 심히 악하고 가증하게 살 수 있었지?"라고 묻게 됩니다. 성령은 이 일을 하십니다.

오직 성령만 악하고 추하고 더러운 죄의 실상을 보여주실 수 있습니다. 지금 제가 염두에 두는 죄는 술 취함과 간음과 살인뿐 아니라 질투와 시기와 원한과 악의와 야심—가장 추한 죄 중 하나—입니다. 오, 얼마나 더럽고 끔찍한지 모릅니다. 성령은 그 실상을 보게 하심으로써 소원에 영향을 끼치기 시작하십니다. 죄의 끔찍함이 보이면 미워하게 되고 바라지 않게 됩니다.

또한 성령은 거룩함의 아름다움도 보여주십니다. 오, 거룩함이 얼마나 깨끗하고 정결한 것인지요! 심령술사들 사이에서 영매로 일하며 돈을 벌다가 회심해서 그리스도인이 된 한 여성이 생각납니다. 저는 그에게 직접 그리스도인이 된 경위를 들었습니다. 그는 자신이 영매로 일하며 2기니씩 받던 심령집회가 있었는데 아주 이상한 방식으로 못 가게 되었고, 그 대신 기독교 예배에 참석하게 되었다고 했습니다. 그러면서 이렇게 말했습니다. "그런 경험은 처음이었는데, 다시는 잊을 수가 없더군요. 예배당에 들어갔는데 우리네 심령집회 때와 비슷한 권세가 느껴지는 거예요. 그런데 엄청나게 다른 점은 그 권세는 정결해 보였다는 겁니다." 권세의 존재만 느낀 것이 아닙니다. 그 권세가 한 번도 접하지 못한 정결한 것임을 느꼈습니다.

세상에는 악한 영들이 있고, 그 영들은 아주 강력합니다. 그들의 힘과 능력을 얕잡아 보지 마십시오. 그러나 그들은 악하고 추하고 더럽습니다. 반면에 성령은 거룩한 영으로서, 그리스도와 그를 아주 친밀히 따르는 자들의 경건한 삶이 얼마나 아름다운지, 거룩함이 얼마나 아름다운지 살짝 보여주십니다. 그렇게 하시면서 우리 속에 경건하게 살고 싶은 열망, 거룩해지고 싶은 열망을 창조하십니다. 전에는 미워하고 비웃었던 거룩함을 이제는 열망하게 하십니다.

주님은 말씀하셨습니다. "의에 주리고 목마른 자는 복이 있나니 그들이 배부를 것임이요"(마 5:6). 평생 죄와 악의 구렁텅이에 빠져 살던 사람이 의와 거룩함에 주리고 목말라하며 그것을 열망하는 일이 가능하다고 생각합니까? 그런데 그런 일이 일어납니다. 성령이 그 일을 하십니다. 우리는 할 수 없습니다. 그러나 성령은 하실 수 있으며, 실제로 하십니다.

더 나아가 우리의 참 본성과 성품도 보여주십니다. 죄의 악함은 이제 알았습니다. 거룩함의 아름다움도 알았습니다. 나는 거룩해지고 싶습니다. "나도 거룩해지겠다"라고 말합니다. 그런데 바울이 로마서 7장에서 말하듯이 "원함은 내게 있으나 선을 행하는 것은 없"음을 발견합니다(18절). "마음으로는 하나님의 법을 섬기고 싶은데 내 지체 속에 있는 또 다른 법이 내 마음의 법에 저항하는구나. 원치 않는 악은 행하고 원하는 선은 행치 않는구나. 오호라, 나는 곤고한 사람이다!"라는 것입니다. 아무 소망이 없습니다. 내 속에 있는 두 사람이 서로 끌어당깁니다. 계속 주도권 다툼을 벌입니다. 내 본성 안에 모순이 있고, 내 삶 속에 무서운 이중성이 있습니다. 이런 내가 무엇을 할 수 있겠습니까? 아무 소망이 없습니다! "오호라, 나는 곤고한 사람이로다! 이 사망의 몸에서 누가 나를 건져 내랴?" 나는 건져 낼 수 없습니다.

여러분은 이 단계에 이르렀습니까? 오직 성령만 이런 탄식을 하게 하십니다. 육에 속한 사람은 이런 탄식을 하지 않습니다. 그렇지 않습니까? 육에 속한 사람은 무엇이든 스스로 할 수 있다고 생각합니다. 그리스도처럼 살 수 있는 힘이 자기 속에 있다고 생각합니다. 그리스도를 본

받고 있다고, 자기 삶이 바뀌고 있다고 말합니다. 하나님과 바른 관계에 있다고 생각합니다. 그는 육에 속한 사람입니다.

성령이 속에서 일하시면 죄의 끔찍함과 거룩함의 아름다움을 보게 될 뿐 아니라 비참하기 짝이 없는 나의 연약함과 "내 지체 속에 있는 죄의 법"—나를 끌어내려 모순덩어리로 만들며 꼼짝 없이 실패하게 만드는 법—을 보게 됩니다. 성령은 이처럼 내 속에서 일하심으로 소원을 갖게 하십니다. 갈망과 간절함을 창조하시며 "제게는 능력이 필요합니다! 힘이 필요합니다! 하고 싶은 일은 하고 미워하는 일은 끊을 힘이 필요합니다!"라고 부르짖게 하십니다.

"너희에게 소원을 두고 행하게 하시나니." 소원이 생긴 후에 필요한 것은 능력입니다. "내 죄의 권세 깨뜨려 그 결박 푸시고."* 성령은 자신의 신성한 능력으로 내 속에 있는 "몸의 행실"을 죽이게 하십니다. 죄 사함을 받아도 몸의 행실은 남습니다. 중생한 후에도 여전히 남아서 나를 아래로 끌어내립니다. 오직 성령의 힘과 능력으로만 그 행실을 질식시켜 죽일 수 있습니다. 바울은 로마서 8:13에서 말합니다. "영으로써 몸의 행실을 죽이면 살리니." 성령의 힘과 능력 없이는 아무도 몸의 행실을 죽일 수 없습니다. 아예 불가능합니다. 그러나 성령은 가능케 하십니다.

그뿐 아니라 신성한 삶을 살 수 있게 하십니다. 산상설교대로 살 수 있게 하십니다. 여러분은 말할 것입니다. "그건 확실히 불가능해요! 산상설교에서는 원수를 사랑하라고 하잖아요. 대체 누가 원수를 사랑할 수 있겠어요?" 맞습니다. 여러분의 힘으로는 할 수 없습니다. 그러나 성

* 통일찬송가 23장 4절.

령으로 충만해지면 할 수 있습니다.

성령으로 충만했던 인물 스데반을 생각해 보십시오. 사람들은 그에게 돌을 던졌습니다. 아무 잘못도 하지 않았는데 단지 그리스도인이라는 이유로 화를 내고 분통을 터뜨리며 돌을 던졌습니다. 그런데 그가 그렇게 죽어 가면서 한 일이 무엇입니까? 무릎을 꿇고 기도한 것입니다. "주여, 이 죄를 그들에게 돌리지 마옵소서"(행 7:60). 그는 원수를 사랑했습니다. 그의 속에 있는 성령의 능력이 하나님의 아들처럼 사랑할 수 있게 했습니다. 주님은 우리에게 원수를 사랑하라고, 우리를 미워하는 자를 선대하라고, 우리를 악의적으로 이용하며 비방하는 자를 위해 기도하라고 가르치셨습니다. 성령은 그렇게 할 수 있게 하십니다. 오직 성령만 그렇게 하실 수 있습니다.

또한 우리 자신조차 놀라며 기이히 여길 만한 영적인 능력을 주십니다. 성경을 즐겁게 읽으려면 성령의 능력이 필요함을 알고 있습니까? 사람들이 성경을 따분하고 지루하고 지겹게 여기는 것은 놀랄 일이 아닙니다. 성령의 능력이 없으면 따분하고 지루할 수밖에 없습니다. 오직 성령의 에너지만 성경을 이해하고 음미하게 해줍니다.

기도는 또 얼마나 어렵습니까! 기도하려다가 절망하여 거의 포기해 버린 적이 많지 않습니까? 기도는 육에 속한 사람이 할 수 없는 일입니다. 성령의 에너지가 있어야만 할 수 있는 일입니다.

또 이렇게도 설명할 수 있습니다. 말과 설교는 다른 것입니다. 단순히 설교문을 전달하는 일과 성령의 에너지로 설교를 전하는 일은 다른 것입니다. 단언하건대, 그 사이에는 거의 영구한 차이가 있습니다. 오직 성령만 복음을 참으로 전하게 하실 수 있습니다.

이 모든 내용을 요약하는 사도 바울의 중대한 진술은 이것입니다. "내게 능력 주시는 자 안에서 내가 모든 것을 할 수 있느니라"(빌 4:13). 성령은 "능히 너희를 보호하사 거침이 없게 하시고 너희로 그 영광 앞에 흠이 없이 기쁨으로 서게 하실 이"십니다(유 24절). 그는 이와 같이 일하십니다. 소원을 두고 행하게 하십니다. 마음을 준비시키시고 열망을 창조하시며 모든 것을 그 방향으로 이끄십니다. 소원하게 하시고 우리 자신도 놀랄 만한 능력과 신성한 에너지를 주십니다. "내가 이런 사람이었나? 어떻게 이게 가능하지?"라고 묻게 만드십니다.

그는 우리가 흠과 티와 점 없이 완벽해지고 온전해질 때까지 계속 이 일을 해 나가십니다. "또 내 영을 너희 속에 두어 너희로 내 율례를 행하게 하리니 너희가 내 규례를 지켜 행할지라." 바울은 말합니다. "너희 안에서 착한 일을 시작하신 이가 그리스도 예수의 날까지 이루실 줄을 우리는 확신하노라"(빌 1:6). 유다서를 다시 인용하자면, 그는 우리가 넘어지지 않도록 능히 보호해 주실 뿐 아니라 흠 없이 하나님 앞에 서게 해주십니다. "티나 주름 잡힌 것이나 이런 것들"이 사라질 때까지 자신의 에너지로 우리를 다루어 주십니다. 바울의 말을 다시 들어 보십시오. "그리스도께서 교회를 사랑하시고 그 교회를 위하여 자신을 주심같이 하라. 이는 곧 물로 씻어 말씀으로 깨끗하게 하사 거룩하게 하시고 자기 앞에 영광스러운 교회로 세우사 티나 주름 잡힌 것이나 이런 것들이 없이 거룩하고 흠이 없게 하려 하심이라"(엡 5:25-27). 주님이 교회를 위해 자신을 주신 것은 바로 이를 위해서입니다.

성령이 이렇게 해주십니다. 경외함으로 감히 말하건대, 이렇게 해주셔야만 합니다. 부정하고 불결한 것은 하늘에 들어가지 못하기 때문입니다. "개들과 점술가들과 음행하는 자들과 살인자들"은 들어가지 못한다고 계시록 22:15은 말합니다. 추호라도 불결한 자가 어찌 하나님 앞에 거하겠습니까? 그것은 불가능한 일입니다. 우리는 죄에서 구원받고 정결해져야 합니다. 율법의 요구를 만족시켜야 합니다. 그런데 성령이 그것을 보장해 주십니다. 하나님 앞에 완전무결하고 온전한 모습으로 설 때까지 우리 속에서 계속 일하십니다.

여러분 속에서도 이 일이 계속되고 있습니까? 성령의 일하심을 인식하고 있습니까? 성령이 여러분의 소원을 움직이고 계십니까? 여러분을 흔들고 계십니까? 아직도 하나님의 계명이 무겁게 느껴지는 것은 아닙니까? 그리스도인의 삶이 지독히 편협하게 느껴지는 것은 아닙니까? 예수 그리스도가 사셨던 방식과 멀리하셨던 일들을 생각할 때, 일주일만 함께 보낸다고 해도 두려움이 찾아오는 것은 아닙니까? 저항감이 밀려오는 것은 아닙니까? 가혹하고 잔인하게 느껴지는 것은 아닙니까? 아직도 세상에 마음이 있는 것은 아닙니까? 아직도 세상의 삶을 사랑하는 것은 아닙니까?

그렇다면 아무리 "그리스도가 날 위해 죽으셨다"라고 고백해 봐야 소용이 없습니다. 그리스도가 죽으신 것은 사람들을 그런 삶에서 구별하여 자신에게 속하게 하시기 위해서이며, 거룩한 백성이 되게 하시기 위해서입니다. 죄 사함을 받은 후에도 계속 똑같이 살라고 죽으신 것이 아닙니다. 그렇습니다. 그는 천국과 영광으로 나아갈 수 있도록 우리를 준비시키십니다.

여러분 속에서도 이 일이 계속되고 있습니까? 이것은 구원의 과정 중 일부로서, 각 단계는 서로 뗄 수 없이 연결되어 있습니다. 여러분 속에 성령의 에너지가 있음을 인식하고 있습니까? 그렇지 않다면 구속받지 못한 것입니다.

자기 자신에 대한 절망으로 가득 찬다는 것이 무엇인지 알고 있습니까? 의에 주리며 목말라하고 있습니까? 그리스도를 닮고 그분께 더 가까이 가며 그분을 알길 원합니까? 영원히 그와 함께 지내길 고대합니까? 이런 증거가 없다면 아무리 그리스도께 자신을 의탁했다고 믿어 봐야 소용이 없습니다. 칭의와 성화는 다른 것이 아닙니다. 그리스도가 자신을 위해 죽으신 것을 믿는 자, 그리스도께 속한 자는 하나님의 계명을 무겁게 느끼지 않습니다.

하나님이 성령을 여러분 속에 두신 것을 알고 있습니까? 그의 임재를 인식하고 있습니까? 그가 여러분을 다루시며 빚어 가시는 것을 인식하고 있습니까? '다른 존재'가 여러분 속에 들어오신 것, 세상에서 끌어내 그리스도께로 인도하고 계신 것, 그리스도를 점점 더 귀히 보게 하시는 것을 인식하고 있습니까? 그리스도의 피가 여러분 속에 그리스도를 닮고 싶은 갈망, 거룩해지고 싶은 갈망과 열망을 일깨우지 않는다면, 더 이상 그 피에 대해 이야기하지 마십시오.

이토록 완전한 구원을 주신 하나님께 감사드리십시오! 진실로 우리가 하나님의 영광 앞에 지극한 기쁨으로 흠 없이 완벽하게 설 날이 다가오고 있음으로 인해 감사드리십시오. 이 일이 여러분 속에서 계속되고 있다면, 진정 하나님의 축복을 받은 것입니다. 더욱더 그분께 굴복하십시오. 그러나 아직도 의심이 들거나 확신이 없거나 행복하지 않다면, 더 이상 머뭇거리지 마십시오. 하나님께 나아가 고백하고 인정하십시오. 아들의 피를 죄 짓는 구실로 삼았다고 아뢰십시오. 성령을 보내 강력한 역사를 시작해 달라고 구하십시오. 하나님의 성령이 여러분 속에서 강력하게 일하시는 것, 소원을 두고 행하게 하시는 것, 그럼으로써 자신이 두렵고 떨림으로 구원을 이루어 나가고 있는 것을 알기까지 쉬거나 마음을 놓지 마십시오.

9

크고 온전한 구원

내가 너희 조상들에게 준 땅에서 너희가 거주하면서 내 백성이 되고 나는 너희 하나님이 되리라.
겔 36:28

36장에 기록된 기독교 구원의 복들 중에 또 다른 단계의 복이 28절에 나옵니다. 전반부는 24절을 살펴보며 다루었으니 이번에는 후반부에 집중하겠습니다. 전반부는 24절의 반복이고 후반부에 새로운 복이 나옵니다. "너희가……내 백성이 되고 나는 너희 하나님이 되리라."

고백하건대, 저는 이 복들이 임하는 순서에 매력을 느낍니다. 여러분도 구원의 단계와 절차들에 주목했을 것입니다. 그 순서를 바꾸면 안 됩니다. 정확히 여기 나오는 순서대로 받아들여야 합니다. 흥미로운 사실은, 인간이 하나님을 떠나 죄에 빠졌을 때 찾아온 재앙의 순서와 정확히 반대되는 순서로 구원이 이루어진다는 것입니다. 이것을 보면 하나님의 구원 계획이 얼마나 완전무결한지 알 수 있습니다.

먼저 타락부터 살펴봅시다. 인간이 죄를 짓고 타락했을 때, 모든 무서운 일 중에서도 가장 무서운 일이 첫 번째로 일어났습니다. 하나님은 자신을 위해 남자와 여자를 만들어 동산에 두셨습니다. 인간은 거기에서 하나님과 교제하고 교통하며 살았습니다. 그것은 그들만 누린 최고의 특권이었습니다. 동물은 교제하지 못했습니다. 오직 하나님과 교제하도록 지어진 인간만 그 특권을 누렸습니다. 하나님이 자기 형상대로 인간을 지으신 이유가 여기 있었습니다. 그런데 인간이 사탄의 말을 듣고 그에게 동조하여 하나님의 성품과 선하심에 의문을 제기함으로써 교제가 깨져 버리는 첫 번째 재앙이 찾아왔습니다. 그리고 다른 재앙들이 잇따랐습니다. 죄 때문에 인간은 부정해졌습니다. 하나님과 그 거룩한 법의 반대편에 서게 되었습니다. 어둠이 인간의 정신을 덮치면서 불결하고 더러워졌으며, 오늘날 세상에서 볼 수 있는 모든 악과 죄와 부패에 빠지게 되었습니다.

하나님 앞에 완벽한 위치에 있다가 갑자기 더럽고 악하고 추잡한 죄로 추락한 것이 아닙니다. 한 걸음씩, 한 단계씩 내려간 것입니다. 첫 번째 치명적인 재앙은 하나님과 연결이 끊어진 것이었습니다. 그로 인해 나머지 재앙들이 잇따르면서 인간—우리 자신—이 세상의 더러운 진흙과 진창에 얼룩지고 오염되며 더러워지고 부정해진 것입니다. 이것이 타락의 순서입니다.

하나님은 우리를 구원하실 때 역순으로 필요한 모든 조처를 취하십니다. "내가 너희를 여러 나라 가운데에서 인도하여 내고 여러 민족 가운데에서 모아 데리고 고국 땅에 들어가서"(24절). 이 말은 28절에서 또 한 번 반복됩니다. "내가 너희 조상들에게 준 땅에서 너희가 거주하면서." 즉, "나는 너희를 다시 첫 자리에 두길 원한다. 너희는 그 자리로 돌아가야 한다"라는 것입니다. 하나님이 얼마나 놀랍고 경이롭게 일하시는지 보십시오.

가장 먼저 필요한 조처는 정결케 하시는 것입니다. 십자가와 그리스도의 피에서 항상 출발해야 하는 이유가 여기 있습니다. 십자가를 통하지 않고 하나님과 교통하는 길을 논하는 것은 무의미합니다. 십자가에서 출발하지 않고 영적 진리를 이해하거나 거룩한 삶을 사는 법을 논하는 것은 무의미합니다. 하나님이 맨 먼저 하시는 일은 우리를 씻어 정결케 하시는 것입니다. 우리를 명백히 뒤덮고 있는 더러움을 없애시는 것입니다. 항상 이것이 시작입니다.

정결해지지 않은 채 앞으로 나아가 봐야 소용이 없습니다. 갈보리를 통하지 않으면 하나님께 나아갈 수 없습니다. 예수 그리스도와 그가 십자가에 못 박히신 일을 떠나서는 하나님을 알 수 없습니다. 그리스도가 세상에 와서 죽으신 이유가 여기 있습니다. 그래서 베드로가 "주여, 그리 마옵소서. 이 일이 결코 주께 미치지 아니하리이다"라고 했을 때 그를 돌아보시며 "사탄아, 내 뒤로 물러가라……네가 하나님의 일을 생각하지 아니하고 도리어 사람의 일을 생각하는도다"라고 하신 것입니다(마 16:22-23). 제자들은 십자가와 관련된 생각을 좋아하지 않았습니다. 어떻게든 막으려 애썼습니다. 예루살렘으로 가지 마시길 간청했습니다. "거기 가시면 죽임을 당하실 겁니다"라고 했습니다. 그런데도 주님은 단호히 예루살렘에 가서 죽고자 하셨습니다. 그는 이처럼 죽기 위해 오셨습니다. "인자가 온 것은 섬김을 받으려 함이 아니라 도리어 섬기려 하고 자기 목숨을 많은 사람의 대속물로 주려 함이니라"(마 20:28). 이것이 출발점입니다.

그다음으로 필요한 것은 새 마음과 새 지각입니다. 이것이 또 하나의 단계입니다. 그 후에는 거룩해져야 합니다. 하나님은 계속 우리를 거룩하게 만들어 가십니다. 그리고 이 모든 조처를 취하신 후 마지막으로 하시는 일은 우리를 자기 앞으로 이끄시는 것입니다. 타락 때 일어난 일을 정확히 거꾸로 하십니다.

사도 요한은 이렇게 말합니다. "하나님의 아들이 나타나신 것은 마귀의 일을 멸하려—무위로 돌리려, 상쇄하려—하심이라"(요일 3:8). 우리는 마귀의 일과 그 순서를 살펴보았습니다. 하나님의 아들은 세상에 와서 죽으심으로써 그 일들을 하나씩 상쇄해 나가셨습니다. 그 최종단계가 바로 "너희가……내 백성이 되고 나는 너희 하나님이 되리라"라는 것입니다.

이것이야말로 구원의 최고단계이자 최종단계임을 우리가 과연 알고 있는지 의문입니다. 기독교의 구원을—구원이 무엇이며 무엇을 의미하는지—정의하라고 할 때, 과연 이 정점과 절정과 최고점까지 이야기하는지 모르겠습니다.

주 예수 그리스도가 왜 죽으셨는지 압니까? 사도 베드로는 말합니다. "우리를 하나님 앞으로 인도하려 하심이라"(벧전 3:18). 이것이 그 모든 일을 하신 목적입니다. 그 전에 멈추면 안 됩니다. 그런데 그 전에 멈출 때가 얼마나 많습니까! 바로 이것—하나님이 우리에게 "너는 내 백성이라"라고 하시며 우리는 하나님을 향해 "**나의** 주님이시요 **나의** 하나님이시니이다"라고 말하는 관계가 되는 것—이야말로 최종단계임을 알고 있습니까?

오, 이 단계를 생략하는 것은 하나님을 모욕하는 일입니다! 우리는 특정 은사나 축복에 관심을 갖습니다. "맞아요. 내가 기독교에 관심을 갖는 건 날 넘어뜨리는 죄를 스스로 처리할 수가 없기 때문입니다. 그 죄만 극복하게 해준다면 기독교를 믿고 싶습니다"라고 합니다. 이처럼 죄를 극복하기 위해 기독교에 입문하며 "아, 그 죄가 사라졌으니 감사하다!"라고 합니다. 어떻게 죄를 없앴는지 간증하고, 그 단계에 멈추어 버립니다.

또는 죽음을 두려워할 수도 있습니다. 심판을 두려워할 수도 있습니다. 자기 죄를 깊이 인식할 수도 있습니다. 장차 하나님 앞에 서야 한다는 것을 알기에 "내가 원하는 건 죄 사함이에요. 이제 그리스도에 관한 메시지를 들었으니 그 메시지를 받아들이겠습니다. 그리스도가 날 위해 죽으심으로 죄 사함을 받았으니, 하나님께 감사드립니다! 이제 아무 문제 없어요. 앞으로 계속 행복하게 살 수 있습니다"라고 합니다.

몸의 치유나 우정이나 공감 등 다른 특정한 복을 원하는 이들도 있습니다. 감사하게도 이 모든 복이 복음 안에 들어 있습니다. 그렇다고 이런 복을 받는 단계에 멈추는 것은 하나님을 모욕하는 일입니다. 가장 중요한 복을 놓치는 일입니다. 이들은 하나님의 선물에만 관심을 보일 뿐, 그 선물을 주시는 분에 대해서는 한마디도 하지 않습니다.

모든 사람의 바람은 에덴동산의 낙원으로 돌아가 일하지 않아도 충분한 양식과 햇살을 누리며 편하고 행복하게 사는 것입니다. 그러나 동산으로 우리를 찾아와 직접적이고 즉각적으로 말씀하시는 분에 대해서는 한마디도 하지 않습니다. 무엇보다 놀랍고 영광스러운 복이 바로 이것입니다. 끊어졌던 교제가 회복되며, 어리석은 죄와 타락으로 잃어버렸던 하나님에 대한 지식을 되찾는 것입니다.

에스겔이 28절에서 말하는 바가 이것입니다. 그는 이 목적지까지 우리를 이끌어 왔습니다. 우리가 불결함에서 정결해져야 하는 이유가 여기 있습니다. 불결한 것은 하나님 앞에 설 수 없기 때문입니다. 영적 지각을 얻어야 하는 이유도 여기 있습니다. 육체의 생각은 하나님 앞에 무가치하기 때문입니다. 거룩해져야 하는 이유도 여기 있습니다. "내가 거룩하니 너희도 거룩할지어다"라고 말씀하시기 때문입니다(벧전 1:16). 속에 죄악을 품은 채 타오르는 불 앞에 설 수 있겠습니까?

이 모든 것은 예비단계에 불과합니다. 버킹엄 궁으로 여왕을 알현하러 오라는 초청을 받은 사람이 예복이나 드레스를 구입하며 궁전의 예의범절에 대한 책을 찾아보는 경우를 생각해 봅시다. 이처럼 모든 정보를 찾고 만반의 준비를 갖춘 후에 정작 버킹엄 궁에는 가지 않는다면, 드레스나 양복을 샀다는 사실 자체에 만족하며 멋지게 차려입은 자기 모습에 감탄할 뿐 여왕을 알현하는 특권은 누리지 않는다면 어떻겠습니까? 우리가 하나님을 대할 때 꼭 그렇게 하기가 쉽습니다. 이 큰 구원의 최종목적이 죄 때문에 잃어버린 하나님에 대한 지식을 되찾는 데 있음을 망각합니다.

그렇다면 이 일은 어떻게 이루어질까요? 36장 본문이 개괄해 주는 단계들을 따라가 봅시다. 어떤 이는 말할 것입니다. "하지만 그 말은 틀린 것이 확실해요. '너희가……내 백성이 되고 나는 너희 하나님이 되리라'라고 하는데, 그는 온 세상의 하나님 아니신가요? 만물이 다 그의 손 아래 있지 않나요? 그는 전능하신 주 하나님이요 온 세상과 온 우주의 하나님 아니신가요?" 그 대답은 당연히 그렇다는 것입니다. 그가 다스리신다는 것입니다. 만유 위에 계신다는 것입니다. 우주의 보좌 위에 앉아 계신다는 것입니다. 만물이 그의 손 아래 있다는 것입니다. 그렇다면 모든 사람이 그의 백성인 것 아닙니까?

그 대답은 아주 간단합니다. 구약성경에 아주 명확하게 나옵니다. 세상 나라들은 전부 하나님과 그의 능력 및 주권 아래 있는 것이 맞습니다. 그럼에도 하나님은 선지자 아모스를 통해 이스라엘 자손에게 말씀하셨습니다. "내가 땅의 모든 족속[또는 나라] 가운데 너희만을 알았나니"(암 3:2). 다른 나라들도 다 아시지만 이스라엘은 특별하게 아신다는 것입니다. 28절이 말하는 바가 이것입니다. 그렇습니다. 하나님은 온 세상과 온 우주의 하나님이시요 심판자십니다. 오늘날 하나님을 믿지 않고 하나님께 관심이 없다고 말하는 세상 사람들도 결국 거룩하신 하나님 앞에 서게 될 것이요 그가 하나님이심을 알게 될 것입니다. 그러나 에스겔이 여기에서 말하는 바는 그것이 아닙니다. 이 말에는 제한된 의미, 특별하고 한정된 의미가 있는 것이 분명합니다. 그 의미가 무엇일까요? 그의 백성이 되는 것이야말로 모든 복 중에 최고의 복이라는 것입니다.

이 점을 28절이 제시하는 방식대로 살펴봅시다. 처음에 나오는 말은 "너희가……내 백성이 되고"입니다. 이것은 하나님이 친히 하신 말씀입니다. 그러니 하나님 편에서 잠시 살펴봅시다.

주 예수 그리스도의 복음이 오늘날 여러분에게 해주는 일이 무엇인지 압니까? 하나님의 백성이 될 기회를 주는 것입니다. 얼마나 굉장합니까! 이 말이 의미하는 바가 무엇일까요? 구약 역사로 돌아가 그 관점에서 살펴봅시다. 거기에 아주 완벽하게 나와 있습니다. 세상 나라들은 전부 하나님의 것이었습니다. 그는 열국의 하나님이셨습니다. 그런데 그가 놀라운 일을 시작하셨습니다. 아브람이라는 한 사람을 취하여 "이제부터 네 이름을 아브라함으로 바꾸겠다. 너를 통해 한 나라를 만들겠다. 너와 네 허리에서 바닷가 모래보다 많은 자손이 나오게 하겠다. 그렇게 날 위한 나라를 만들겠다. 다른 나라들은 다 내게서 돌아섰다. 내게 등을 돌리고 나와 내 법을 저버렸다. 그러니 내 나라와 내 백성을 만들겠다. 네 안에서, 너로부터 그 일을 시작하겠다"라고 하신 것입니다. 하나님은 과연 그 말씀대로 하셨습니다. 자기 나라, 자기 백성을 만드셨습니다. 그리고 그들을 여느 나라들과 다른 특별한 위치에 두셨습니다. 애굽의 속박에서 끌어내시고 십계명을 주셨습니다. "너희는 거룩한 나라요 특별한 백성이요 내 특별한 소유가 된 백성이다. 만물이 내 것이요 모든 나라가 내 것이지만, 너희는 그들과 달리 내가 사적으로 소유한 내 백성이다"라고 하셨습니다.

사도 베드로는 이 말을 모든 그리스도인에게 적용합니다.

> 그러나 너희는 택하신 족속이요 왕 같은 제사장들이요 거룩한 나라요 그의 소유가 된 백성이니 이는 너희를 어두운 데서 불러내어 그의 기이한 빛에 들어가게 하신 이의 아름다운 덕을 선포하게 하려 하심이라. 너희가 전에는 백성이 아니더니 이제는 하나님의 백성이요 전에는 긍휼을 얻지 못하였더니 이제는 긍휼을 얻은 자니라. 사랑하는 자들아, 거류민과 나그네 같은 너희를 권하노니 영혼을 거슬러 싸우는 육체의 정욕을 제어하라. 너희가 이방인 중에서 행실을 선하게 가져 너희를 악행한다고 비방하는 자들로 하여금 너희 선한 일을 보고 오시는 날에 하나님께 영광을 돌리게 하려 함이라(벧전 2:9-12).

"너희가 전에는 백성이 아니더니 이제는 하나님의 백성이요 전에는 긍휼을 얻지 못하였더니 이제는 긍휼을 얻은 자니라"라는 말씀에 주목하십시오. 여러분은 어떤 존재입니까? "택하신 족속이요 왕 같은 제사장들이요 거룩한 나라요 그의 소유가 된 백성"입니다. 하나님의 사적이고 개인적인 소유물입니다. 이것은 오늘날 예수 그리스도의 복음 안에 있는 우리 모두에게 해당되는 말입니다.

모든 비그리스도인과 관련된 최종적이고도 무서운 사실은 하나님의 백성이 아니라는 것입니다. 아무 지각 없는 무리에 불과하다는 것입니다. 하나님의 약속 밖에 있는 자들이라는 것입니다. 언약의 외인外人들이라는 것입니다. 이 실상을 알면 잠시도 밖에 머물려 하지 않을 것입니다. 세상에서 하나님 없이 외부자로 살아가는 것, 죽음과 소멸의 영역에 속한 인간으로—아니, 때로는 동물로—하나님과 무관하게 살다가 영원한 고통과 형벌을 받는 것보다 무서운 일은 없습니다. 이것이 그들의 위치입니다. 집단적으로 다 함께 길을 잃고 있습니다. 비극적인 사실은 그들이 이것을 좋아한다는 것입니다. 하나님이 지켜보신다는 생각을 싫어하며, 하나님을 떠나 군중 속에 파묻히고 싶어 한다는 것입니다.

얼마나 무서운 일인지 모릅니다. 오늘날 마치 하나님이 안 계신 듯 영원하신 분의 생명과 완전히 무관하게 살아가는 것, 소망도 없고 하나님도 없이 길 잃은 상태로 세상에서 살아가는 것보다 무서운 일을 저는 상상할 수 없습니다.

역으로, 그리스도인과 관련된 가장 놀라운 사실은 그리스도 안에서 하나님의 백성이 되고 그의 특별한 소유와 보배가 된다는 것입니다. 하나님은 자신을 위해 이스라엘 나라를 만드시고 구별하신 것처럼 모든 그리스도인도 자기 백성으로 구별하십니다. 우리는 거룩한 새 나라의 일원이 되었고 왕 같은 제사장이 되었습니다. 이스라엘처럼 하나님의 새 백성이 되었습니다. 이 말은 하나님의 백성이 아닌 무리 중에서 구별되었다는 뜻입니다. 하나님은 우리를 완전히 다른 위치에 두십니다. 우리가 그들보다 낫거나 더 훌륭하고 선한 일을 했기 때문이 아닙니다. 단순히 자신이 어떤 자리에 있는지 깨닫고 두려워했기에, 하나님을 믿고 그의 메시지를 받아들였기에 구해 주신 것입니다. 더 나은 삶을 살았기 때문이 아니라 자신이 지옥에 떨어질 악한 죄인임을 깨달았기에 구해 주신 것입니다. 사람들은 자신을 대단하게 여깁니다. 마치 바리새인과 같습니다. 그러나 우리는 세리처럼 죄를 짓고 누더기를 걸친 자기 실상을 깨달았고, 하나님은 그런 우리를 자기 백성으로 삼아 주셨습니다. 오늘날 제가 아는 가장 큰 위로가 이것입니다. 이제 나는 하나님께 속했다는 것, 더 이상 세상에 있지 않으며 세상과 함께 망하거나 영벌을 받지 않는다는 것입니다. 하나님이 날 구별하여 새로운 위치에 두셨다는 것입니다. 28절은 "너희가……**내** 백성이 되고"라고 말합니다. 이것은 우리가 하나님의 특별한 주목과 관심과 배려의 대상이 되었다는 뜻입니다. 이보다 더 크고 좋은 복이 있으면 말해 보십시오! 이것은 거의 믿을 수 없을 만큼 엄청난 복입니다! 이에 관한 말씀이 성경 도처에 나옵니다. 주 예수 그리스도는 하나님이 우리의 머리털까지 세신다고 하셨습니다. 주 예수 그리스도를 믿는 자, 그에게 속한 자들에게 그 정도로 관심을 기울이신다는 것입니다. 우리 아버지는 우리에게 일어나는 모든 일을 아십니다. 그 크신 하나님이 모든 참새가 땅에 떨어지는 것도 아신다면, 하물며 독생자의 피로 사서 자기 것으로 구별한 우리에게는 얼마나 더 큰 관심을 기울이시겠습니까? 구원은 그토록 영광스러운 것입니다! 그렇습니다. 저는 하나님이 주신 모든 특정한 복으로 인해 감사를 드립니다. 그러나 오늘날 제게 위로가 되는 것은 영원하시고 영존하시는 하나님이 날 아시고 보시며 나라는 한 개인에게 관심을 기울이신다는 이 사실입니다.

저는 무리 속에 파묻히고 싶지 않습니다. 제가 듣고 싶은 말씀은 "너를 주목하여 훈계하리로다"라는 것입니다(시 32:8). 이 무한하시고 영광스러우신 분이 내게 관심을 기울이신다는 것이며, 그가 모르시는 일은 하나도 일어나지 않는다는 것입니다. 이것이야말로 삶과 대면하는 길이며 삶의 주인이 되는 길입니다. 공포와 두려움과 모든 불안을 이기는 길입니다. 내가 하나님의 손안에 있다는 사실, 그가 영원한 사랑으로 내게 관심을 기울이신다는 사실을 알아야 합니다. 복음이 해주는 일이 바로 이것입니다. 하나님이 나를 특별히 바라보시며 특별한 관심의 대상으로 삼으시는 것입니다. 이것이 기독교입니다.

그뿐만이 아닙니다. 이 모든 일들로 인해 내가 알게 되는 사실은 하나님이 내게 목적을 가지고 계신다는 것입니다. 하나님은 모든 그리스도인에게 목적을 가지고 계십니다.

이미 말했듯이, 구원은 초자연적인 기적의 역사로서 하나님은 결코 중도에 포기하는 법이 없으십니다. 시작하신 일은 언제나 완수하십니다. 그렇기에 오늘날 내가 그리스도 안에서 죄 사함을 받았고 내 모든 죄와 허물이 도말되었다는 사실을 아는 것이며, 그가 나를 의롭다 하시고 거룩하게 만들어 가신다는 사실을 아는 것입니다. 그가 내 속에서 일하심으로 죄책과 죄의 권세에서 구해 주신다는 사실을 알 뿐 아니라 그가 이 일을 계속해 나가시리라는 사실을 아는 것이며, 어떤 것도 그 일을 막을 수 없다는 사실을 아는 것입니다. 이제 나도 사도 바울처럼 말할 수 있습니다. "내가 확신하노니 사망이나 생명이나 천사들이나 권세자들이나 현재 일이나 장래 일이나 능력이나 높음이나 깊음이나 다른 어떤 피조물이라도 우리를 우리 주 그리스도 예수 안에 있는 하나님의 사랑에서 끊을 수 없으리라"(롬 8:38-39).

이에 비할 복은 어디에도 없습니다. 하나님이 내게 그 눈길과 손길을 두시며 영벌을 받을 무리 가운데서 나를 취하여 자신을 위해 지으시고 빚어 나가신다는 사실, 영광으로 이끌어 가신다는 사실을 아는 것에 비할 복은 없습니다. "또 미리 정하신 그들을 또한 부르시고 부르신 그들을 또한 의롭다 하시고 의롭다 하신 그들을 또한 영화롭게 하셨느니라"(롬 8:30). 바울은 처음부터 이 목적을 알았으며, 자신이 하나님의 백성으로 그의 손에 붙잡혀 있는 것을 알았습니다. 나도 하나님이 나를 그 목적으로 이끌어 가고 계신 것을 압니다. 세상이 악한 짓을 하고 싶으면 얼마든지 하라고 하십시오. 지옥이 날뛰고 싶으면 얼마든지 날뛰라고 하십시오. 인간이 내 육신을 죽이고 싶으면 얼마든지 죽이라고 하십시오. 어떤 것도 나를 우리 주 그리스도 예수 안에 있는 하나님의 사랑에서 끊을 수 없습니다. "너희가……**내** 백성이 되고."

이번에는 우리 편에서 잠시 살펴봅시다. "너희가……내 백성이 되고 나는 너희 하나님이 되리라." 이 말이 무슨 뜻일까요? 하나님에 대한 일반적인 믿음만 있으면 된다는 뜻이 아닙니다. 일반적인 믿음이 있어도 그리스도인이 아닐 수 있습니다. 하나님에 대한 일반적인 지식이 있으면 된다는 뜻 또한 아닙니다. 일반적인 지식이 있어도 그리스도인이 아닐 수 있습니다. 사도 바울에 따르면, 자연과 피조세계 및 역사와 섭리를 살펴보는 사람은 누구나 추론을 통해 일반적인 지식을 얻어야 마땅합니다. 그러나 에스겔이 여기에서 말하는 지식은 영원한 창조자나 우주의 배후에 있는 위대한 정신의 존재를 아는 일반적인 지식이 아닙니다. 그런 지식은 많은 사람이 가지고 있습니다. 그렇습니다. 에스겔이 여기에서 말하는 지식은 인격적인 지식, 즉각적이고 직접적인 지식입니다. 하나님에 대해 아는 것이 아니라 하나님 자신을 실제로 아는 것입니다.

아담은 하나님을 알았고 그분과 직접 이야기했습니다. 하나님이 동산에 내려와 그들에게 말씀하셨고 그들도 하나님께 이야기했습니다. 그들은 하나님을 알았습니다. 그런데 죄 때문에 그 지식을 잃었습니다. 하나님에 대한 지식은 우리 모두 가지고 있습니다. 그러나 구원받은 자는 그 지식에 멈추지 않습니다. 주 예수 그리스도는 말씀하셨습니다. "영생은 곧 유일하신 참 하나님과 그가 보내신 자 예수 그리스도를 아는 것이니이다"(요 17:3).

나의 하나님! 단순히 "하나님이 계심을 믿는다. 땅 끝까지 다스리시는 크신 하나님, 영원하신 심판자가 하늘에 계심을 믿는다. 그의 창조와 능력을 믿는다"라고 말하는 것이 아닙니다. 그렇습니다. **나의** 하나님, 나 개인의 하나님, 일대일로 알고 지내며 이야기를 나누는 하나님이라고 말하는 것입니다. 예수 그리스도의 복음은 이 지식을 줍니다. 이 지식은 무엇으로 이어질까요?

첫째로, 하나님이 내게 인격적인 관심을 기울이신다는 확신으로 이어집니다. 여러분도 이 확신을 가지고 있습니까? 이 사실을 알고 있습니까? 하나님이 여러분에게 관심을 기울이심을 알고 있습니까? 인식하고 있습니까? "오, 사랑이 날 내버려 두지 않네"라고 말할 수 있습니까? 그것을 느끼고 있습니까? 전에는 어리석게도 하나님을 떠나 죄를 찾고 다른 것들을 찾았습니다. 그런데 하나님이 날 내버려 두지 않으셨습니다. 나는 그의 것이요 그의 백성이기에, 그는 내 하나님이시기에 날 추격하셨습니다. 이 사실을 알고 있습니까? 그는 나의 하나님이시요 나는 그의 것이라는 확신을 가지고 있습니까?

물론 이 지식은 기도할 때도 놀라운 확신을 가지고 나아가게 해줍니다. 이것이야말로 우리가 그의 백성이라는 시금석 아닙니까? 우리 모두 그런 경험이 있습니다. 곤경에 빠지거나 상황이 나빠지거나 병이 들거나 사고가 나거나 심각한 문제가 생겨서 이리저리 애써 보았는데도 아무 소용이 없을 때, 우리는 "오, 기도해야지"라고 합니다. 그래서 무릎을 꿇어 보지만 말이 나오지 않습니다. 하나님을 모른다는 생각이 듭니다. 자꾸 의심하고 주저하게 됩니다. 확신이 들지 않습니다. 캄캄한 데서 소리치는 것 같습니다. 그런데 복음은 그런 마음을 없애 줍니다. "**나의** 하나님, 제가 왔습니다" 하면서 그 앞에 나아가게 해줍니다. 그 완벽한 표현이 시편 42편에 나옵니다. "내 영혼이 하나님 곧 살아 계시는 하나님을 갈망하나니……나는 그가 나타나 도우심으로 말미암아 내 하나님을 여전히 찬송하리로다"(2, 11절). 그는 내가 신뢰하는 "내 하나님"이라는 것입니다.

이제껏 세상에 살았던 모든 성도의 생애를 읽어 보면 무엇보다 이 확신으로 인해 기뻐했던 것을 알 수 있습니다. "내 부모는 나를 버렸으나 여호와는 나를 영접하시리이다"(시 27:10). 세상에서 이보다 더 놀라운 말이 있을까요? "모든 것이 나를 대적하는 듯 절망으로 몰고 갈 때에도 한 문은 열려 있음을 아나이다. 한 귀는 내 기도 들으실 줄 아나이다."* 여러분도 이렇게 말할 수 있는 위치에 있습니까?

이것은 당연히 마지막 확신—내가 어떤 자리에 있고 어떤 곤경에 처하든 하나님의 모든 능력이 내 뒤를 받쳐 준다는 확신—으로 이어집니다. 그는 영원하시고 영존하시는 분입니다. 아무도 꺾을 수 없는 분이자 무한

* 오스월드 앨런Oswald Allan.

한 자원을 가지고 계신 분입니다. 그런 분이 나의 하나님이시라는 것은 그 모든 것이 내 뒤를 받쳐 준다는 뜻입니다. 그는 약속하셨습니다. "내가 결코 너희를 버리지 아니하고 너희를 떠나지 아니하리라"(히 13:5). 오늘날처럼 불확실한 세상에 가장 필요한 것이 바로 이 확신 아닙니까? 나이 들고 병들 때, 사고가 생기고 실망스러운 일이 생길 때, 친구가 배신하고 모든 일이 어그러질 때도 우리는 여전히 말할 수 있습니다. "**나의** 하나님, 주는 여전히 나와 함께하시며 날 버리지 않으십니다. 내가 주의 손안에 있으며, 어떤 것도 주에게서 나를 끊어 낼 수 없음을 압니다. 어떤 것도 나를 주의 손에서, 그 영원한 손에서 빼앗을 수 없습니다." 오, 이 위치—세상에서 무슨 일을 겪든 하나님의 손이 내 영원한 미래를 쥐고 보장해 주심을 아는 위치—가 얼마나 안전합니까! 우리는 그리스도 안에서 하나님이 예비하신 "썩지 않고 더럽지 않고 쇠하지 아니하는 유업"을 받을 자들입니다(벧전 1:4). 그는 **우리** 하나님이시요 우리는 그의 백성입니다.

여러분도 "**나의** 하나님"이라고 말할 수 있습니까? 그를 인격적으로 알고 있습니까? 그리스도는 바로 이 확신을 주기 위해 오셨습니다. 죄 사함과 새 지각과 정결함과 거룩함만 주려고 오신 것이 아닙니다. 믿음의 온전한 확신으로 지성소에 들어가게 하려고, 그곳이 우리가 항상 있을 자리임을 알게 하려고 오셨습니다. 여러분은 이 확신을 가지고 있습니까? 이 위치에 와 있습니까? 이것이 기독교입니다. 기독교의 극치이자 절정이요 영광입니다. 그가 우리를 위해 자신을 주신 것은 하나님 앞으로 인도하기 위해서입니다.

10

기근 상태에 있는 인간

내가 너희를 모든 더러운 데에서 구원하고 곡식이 풍성하게 하여 기근이 너희에게 닥치지 아니하게 할 것이며 또 나무의 열매와 밭의 소산을 풍성하게 하여 너희가 다시는 기근의 욕을 여러 나라에서 당하지 아니하게 하리니.

겔 36:29-30

이제까지는 우리를 하나님께로 인도하는 구원의 모든 단계와 절차들을 살펴보았습니다. 이것이 최고의 복입니다. "너희가……내 백성이 되고 나는 너희 하나님이 되리라"(겔 36:28). 이것을 뛰어넘는 복은 없습니다. "나의 하나님, 주는 나의 하나님이시요 나는 주의 것입니다"라고 말할 수 있는 관계를 맺는 것이야말로 최고의 복입니다.

하나님이 예수 그리스도 안에서 행하신 모든 일과 그 일을 적용하시는 성령의 모든 역사는, 바로 이 관계로 인도하기 위한 것이며 이 관계에 합당하게 준비시키기 위한 것입니다. 그런데 선지자는 여기에서 멈추지 않습니다. 29절 앞에 나오는 "또한"은* 이 주제가 계속 이어진다는 사실을 상기시킵니다. 선지자는 우리를 최정상까지 인도한 후에도 계속 더 나아갑니다. 이제 그가 보여주는 것이 무엇입니까? 이 복을 받은 결과입니다.

알다시피 복음은 참으로 간단합니다. 우리의 진정한 필요는 하나님을 아는 것입니다. 하나님을 알 때 다른 부차적인 필요들은 절로 해결되고 채워지게 되어 있습니다. 이것이 변함없는 순서입니다. 이스라엘 자손은 기근 상태에 있었습니다. 그들은 기근을 싫어했습니다. 풍요를 원

* 우리말 성경 개역개정판에는 생략되어 있다.

하며 크게 갈구했습니다. 그런데 하나님을 떠나서는 풍요해질 수 없습니다. 그렇기 때문에 무엇보다 하나님께 나아가는 법을 알아야 하는 것입니다. 세상은 지금 곤경에 빠져 있습니다. 세상의 비극은 특정한 필요들이 있는데 그 모든 필요를 야기한 원인을 모른다는 것입니다. 우리에게는 하나님이 필요합니다. 특정한 복들에 관심이 있다면 하나님 앞에 나아가 그가 우리 하나님이시며 우리가 그의 백성임을 확인할 길을 찾아야 합니다. 그 길은 예수 그리스도와 그가 십자가에 못 박히신 일 안에 있습니다. 우리 형벌을 담당하시고 우리 대신 죽으심으로 하나님과 화목케 하신 그리스도, 우리에게 새 생명과 성령의 능력을 주시는 그리스도, 우리를 씻어 정결케 하시고 화목케 하시며 새롭게 하여 하나님 앞으로 인도하시는 그리스도 안에 있습니다.

이 지점에 이르러야 비로소 특정한 복들에 대한 고찰을 시작할 수 있습니다. 그 복들이 이 두 구절에 나와 있습니다. 선지자가 물질적인 차원의 복을 제시한다는 점에 주목하십시오. 원하는 곡식을 풍성히 거둠으로써 기근을 면할 것이라고 말합니다. 나무 열매도 더 많이 맺히고 밭의 소산도 풍성해질 것이라고 말합니다. 여기에서 알 수 있는 아주 흥미롭고도 중요한 원리가 한 가지 있습니다. 구약성경에서 하나님의 복은 대개 물질적인 형태와 방식으로 주어집니다. 경외함으로 감히 말하건대, 하나님은 구약 시대 사람들이 이해할 수 있는 방식을 사용하여 그들에게 말씀하셨습니다. 그래서 구약성경의 복이 대개 풍성한 곡식이나 풍부한 나무 열매나 무수한 양이나 소나 황소나 약대의 형태로 주어진 것입니다. 사람들은 그런 것들로 하나님이 주시는 복을 가늠했습니다. 그것은 연약하고 무지한 사람들의 수준에 맞추신 하나님의 방식이었습니다.

여기 나오는 복은 구약 시대에 해당되는 것일 뿐 아니라 장차 주실 훨씬 더 고상한 복—영적인 복, 우리 주와 구주 되신 예수 그리스도 안에서 그를 통해 베푸실 구원의 복—의 예표이기도 합니다. 구약성경에 곡식이나 열매나 포도 등에 대한 언급이 나올 때는, 하나님이 우리 주와 구주 되신 독생자 예수 그리스도를 믿는 모든 자에게 베푸실 강력하고 영광스러운 영적인 복을 일종의 그림으로 예시한 것임을 기억하기 바랍니다.

그렇다면 구원의 결과는 무엇일까요? 주 예수 그리스도 안에서 그를 통해 하나님께 나아간 자가 기대할 수 있는 일은 무엇일까요? 요약하자면, 복이 충만한 자리로 가는 것입니다. 모든 것이 충족한 자리로 가는 것입니다. 최종적 만족을 얻는 자리로 가는 것입니다. 주 예수 그리스도 안에서 얻는 구원은 영광스러우리만큼 풍성하고 충만한 것입니다. 문자 그대로 무한한 복을 주는 것입니다.

그리스도인의 삶에서 이보다 더 자주 오해받고 간과되는 측면은 없다고 말하고 싶습니다. 오늘날 평범한 사람에게 왜 그리스도인이 되지 않느냐고 하면 "기독교를 믿으라고요? 절대로 안 믿어요"라고 합니다. 그 이유를 물으면 "글쎄요, 너무 편협하잖아요. 삶이 너무 옹색해요. 갑갑하고 비참하고 재미없어요"라고 합니다. 평범한 사람이 생각하는 기독교는 포기만 있고 보상은 없는 종교입니다. 밀턴John Milton의 「리시더스」Lycidas에 나오는 말을 빌리자면 "즐거움을 조롱하며 수고로운 나날들을 살게" 하는 종교입니다. 비참하고 편협하며 갑갑하고 제한적인 종교, 있는 것은 다 가져가면서 돌려주는 것은 없는 종교입니다. 그래서 "자기 지성을 존중하는 사람은 그리스도인이 될 수 없어요"라고 합니다. "기독교는 책 한 권에 사람을 제한해 놓고 다른 건 다 배제합니다. 지적으로 얻을 게 하나도 없어요. 그러니까 바보, 무지렁이가 되는 거지요. 이런 종교는 배우지 못한 무지한 사람들 사이에서나 번성하는 법입니다. 세련된 교양인은 얻을 게 없다고요. 지적인 면에서 기독교는 무가치합니다. 얻을 게 하나도 없어요. 지성에 작별을 고하게 될 뿐입니다."

감정과 정서의 영역에서도 같은 말을 합니다. 세상은 사랑과 감정 표현에 관심이 있는데, 기독교는 너무 비참하고 슬프고 칙칙하고 따분하고 재미없다는 것입니다. "기독교가 상상력에 기여하는 바가 있나요? 세상에 나가면 늘 상상력이 자극된다고요! 시와 영화와 연극과 소설이 자극을 주고 늘 새 지평을 열어 주지요. 상상의 세계는 무한합니다! 정말 놀라워요! 그런데 기독교는 그런 게 없이 구태의연합니다. 짓누르고 가두고 옥죄고 제한하지요"라고 합니다. 이처럼 기독교의 삶을 넓거나 충만하거나 적극적이지 못한 것으로, 완전히 소극적인 것으로 느낍니다.

대부분의 사람들은 이 때문에 기독교를 거부하며, 자신이 아주 아끼거나 사랑하는 사람이 그리스도인이 될 때 크게 염려합니다. '이제 삶다운 삶은 끝나 버렸네. 앞으로는 옹색하고 작은 삶을 살아가겠군. 아주 많은 걸 놓치고 살겠어'라고 생각합니다. 작고 좁은 세계로 들어가 버렸다고 염려합니다. 실제로 오늘날 사람들은 이른바 "삶" 때문에 기독교를 거부하는 것 같습니다. 삶, 충만한 삶, 위대한 삶을 원하기에 기독교의 삶이 싫다는 것입니다.

그러나 본문은 정반대로 말합니다. 오히려 세상의 삶이 기근과 궁핍과 결핍에 시달리는 삶이요, 기독교의 삶이 넘치도록 풍성하고 부요하며 복된 삶이라는 것입니다. 이에 따라 제가 첫 번째로 제시하는 원리는 이것입니다. 죄로 가득한 삶, 경건치 못한 삶, 하나님과 무관한 삶, 하나님을 바라보지 않는 삶은 예외 없이 항상 기근을 겪게 되어 있습니다. 본문이 그렇게 말합니다. "내가 [또한] 너희를 모든 더러운 데에서 구원하고 곡식이 풍성하게 하여 기근이 너희에게 닥치지 아니하게 할 것이며." 하나님은 연이어 말씀하십니다. "또 나무의 열매와 밭의 소산을 풍성하게 하여." 왜 그렇게 하십니까? "너희가 다시는 기근의 욕을 여러 나라에서 당하지 아니하게 하리니." 이런 일이 실제로 일어났습니다. 이스라엘 자손이 하나님께 순종하지 않다가 기근을 겪었습니다. 모든 이방 나라가 그들을 보며 "아, 그토록 하나님의 백성이라고 떠들더니, 저 꼴을 좀 봐. 굶주리며 기근을 겪고 있잖아"라고 했습니다. 그런데 이제 하나님은 "너희가 더 이상 기근을 겪지 않도록 내가 이 모든 일을 해주겠다. 복을 쏟아부어 주겠다"라고 하십니다.

주님은 탕자의 비유에서 이 원리를 완벽하게 보여주셨습니다. 탕자가 돈을 잔뜩 챙겨 먼 나라로 떠났는데, 그 땅에 기근이 닥쳤습니다. 고향 땅보다 훨씬 좋다고 찾아간 나라, 아버지와 형과 집과 모든 것을 버리고 찾아간 땅에 "크게 흉년이" 든 것입니다(눅 15:14). 그는 궁핍해졌고, 결국 굶어 죽을 지경에 이르렀습니다.

이처럼 이스라엘 자손에게 기근이 닥친 적이 얼마나 많았는지 모릅니다! 하나님의 법을 어기고 불순종할 때마다 기근이 닥쳤습니다. 우리가 살고 있는 이 시대의 끔찍한 기근—양식이나 물질의 기근이 아니라 영적인 영역의 기근—보다 오늘날 세상에 더 명백히 나타나는 현상이 있습니까? 사람들은 원자폭탄이나 수소폭탄이 끔찍하다고 말하는데, 그보다 훨씬 더 끔찍한 것이 영적인 기근입니다. 하나님을 떠난 삶에 찾아오는 끔찍한 기근과 굶주림입니다.

제 말이 무슨 뜻인지 설명해 보겠습니다. 하나님과 교통하지 못하는 자들이 기근을 결코 면할 수 없는 것은 그들이 살고 있는 삶의 형태 자체가 기근을 불러오는 탓입니다. 성경이 옳다면—성경은 옳습니다—하나님이 자신을 위해 지으신 인간, 그런데 명백히 하나님 없이 사는 인간은 궁핍해지게 되어 있습니다. 가장 귀한 것을 빼앗긴 채 살게 되어 있습니다. 그 정의상 당연히 기근과 굶주림을 겪게 되어 있습니다. 얼마나 불쌍하게 사는지 모릅니다! 얼마나 빈곤하게 사는지 모릅니다! 얼마나 굶주리며 사는지 모릅니다! 하나님과 교통하지 못하고 하나님의 복을 받지 못하는 자들은 이처럼 필연적으로 영적인 굶주림을 겪는다는 것이 성경의 전적인 주장입니다.

이런 자들이 굶주릴 수밖에 없는 두 번째 이유가 있습니다. 하나님은 자신을 찾지 않는 자들에게서 결국 복을 거두어 가십니다. 이스라엘 자손에게 내리신 조처가 그것이었습니다. 그들은 하나님 없이도 살 수 있다고 했습니다. 다른 신을 예배하기 시작했습니다. 그러자 "좋다. 계속 그렇게 살아 보거라" 하시며 복을 거두어 가셨습니다. 그래서 기근을 겪고 굶주리게 된 것입니다.

이처럼 하나님께 버림받는 것이야말로 인간이 겪을 수 있는 재앙 중에 가장 끔찍한 재앙입니다. 호세아서에는 에브라임에 대한 무서운 말씀이 나옵니다. "에브라임이 죄를 즐거워하니 마음대로 하게 두라"라는 것입니다(호 4:17 참조). 하나님께 버림받은 상태로 두라는 것입니다. 사도 바울이 로마서 1장에서 말하듯이, 무지와 어리석음으로 죄에 빠진 인류는 하나님이 내버려 두시는 지점, "그 상실한 마음대로 내버려 두시"는 지점에 이르렀습니다(24, 26, 28절). 하나님이 자신의 복과 제어장치를 거두어 가셨습니다. 지금 현대세계가 겪고 있는 일이 이것입니다. 우리 마음대로 하게 내버려 두고 계십니다. 하나님을 원치 않는다고 말하는 자들에게 "좋다. 나 없이 한번 살아 보거라"라고 말씀하고 계십니다. 그래서 기근을 면할 수 없는 것입니다.

이제 기근의 몇 가지 특징을 알아보겠습니다. 실제로 기근이 어떻게 나타나는지 살펴봅시다. 첫째로, 하나님 없이 살면 정신과 지성의 측면에서 굶주리게 되어 있습니다. "지금 이 세대가 정신과 지성의 영역에서 굶주린다고 말하는 건 분명 아니겠지요?"라고 묻는 이가 있을 것입니다. 사서들의 회의에서 나온 발언들이 실린 기사를 읽으면 과연 굶주리고 있다는 생각이 듭니다. 사서들은 대중이 더 이상 읽으려 하지 않는다고 말합니다. 전처럼 책을 찾지 않으며 소설도 읽지 않는다고 말합니다. 책을 읽지 못한다고, 책을 읽을 정신적 역량이 없어 보인다고 말합니다.

한 시간이 넘는 강연이나 연설이나 강의나 설교를 듣던 시절이 있었습니다. 그러나 오늘날 현대인은 그만큼 버티지 못한다는 것입니다. 소화하지 못한다는 것입니다. 20분 이상 집중하지 못한다는 것입니다. 그러니 재미있는 말도 하고, 잠깐씩 휴식 시간도 주고, 약간의 음악도 들려주면서 편안하게 해주라는 것입니다. 오늘날 사람들의 정신은 긴장을 견디지 못합니다. 이것은 명백한 사실입니다.

제가 볼 때 사람들은 정신적으로 굶주리고 있습니다. 대체 무엇이 문제일까요? 왜 정신의 수준이 이렇게까지 떨어졌을까요? 왜 진리를 소화하지 못할까요? 왜 오늘날 모든 것을 숟가락으로 떠먹여 주어야 할까요? 왜 이렇게 단순하고 초보적인 상태로 전락했을까요? 왜 논쟁이나 추론이나 논리를 따라가지 못할까요? 과거에는 따라갈 뿐 아니라 즐겼습니다. 정치인들의 연설문이나 설교자들의 설교문을 읽어 보십시오. 이전 사람들은 그런 글을 읽길 좋아했습니다. 그런데 오늘날에는 "난 그런 걸 별로 좋아하지도 않고 좋아할 수도 없어요"라고 합니다. 인간의 지성이 굶주리고 있는 것 같지 않습니까?

인간의 정신은 하나님을 등질 때 항상 퇴보합니다. 이것은 역사를 통해 무수히 입증할 수 있는 사실입니다. 영국이 가장 신앙적이었던 시대야말로 가장 지적인 시대였던 것을 여러분도 알고 있지 않습니까? 이것은 간단한 사실입니다. 18세기 복음주의 부흥 운동의 직접적인 산물로 현대 대중교육이 생겨났습니다. 종교개혁과 17세기 청교도혁명 이후에도 비슷한 결과가 나타났습니다. 인간의 정신은 하나님을 찾을 때 발전하며, 하나님을 떠날 때 작동을 멈춥니다. 오늘날 세상에서 일어나는 일이 이것입니다. 사람들이 설교를 듣거나 읽지 못하겠다고 말합니다. 고작해야 화면을 볼 뿐입니다. 텔레비전을 보고 축구 도박을 할 뿐입니다. 이런 것을 과연 지적인 모습이라고 할 수 있습니까? 이처럼 경건치 못한 삶은 정신적으로 굶주리게 되어 있습니다. 어찌 되었든 하나님을 등지면 참된 지적 생활과 활동이 사라지게 되어 있습니다.

마찬가지로 하나님을 등지면 도덕적인 본성 또한 굶주리게 되어 있습니다. 오늘날 세상에는 도덕이 무엇을 의미하는지조차 모르는 자들이 있습니다. 저는 지금 그들을 정죄하려는 것이 아닙니다. 그저 안타까울 뿐입니다. 경건치 못한 탓에, 하나님과 접촉하지 못하는 탓에 그리 된 것입니다. 그들은 자기 행동이 왜 잘못되었는지 모릅니다. 몸을 남용하고 오용합니다. 더러운 도착倒着의 죄를 짓습니다. 그러면서도 잘못된 줄 모릅니다. 그들은 꽤 정직하고 성실한 사람들입니다. 그런데 무엇이 문제입니까? 오늘날 흔히 말하듯이 '무도덕적인' 것이 문제입니다. 비도덕적인 자들은 스스로 잘못된 것을 압니다. 도덕관념이 있기 때문입니다. 그런데 그런 도덕관념조차 없는 것이 오늘날의 문제입니다. 도덕이 아무 의미를 갖지 못합니다. 도덕적 본성이 거의 없습니다. 도덕적으로 굶주리고 있습니다.

신문만 보아도 알 수 있습니다. 육신적이고 신체적인 면에서만 그런 것이 아니라 정치적으로나 국제적으로 내리는 도덕적 판단을 보아도 그렇습니다. 그때그때 형편과 편의에 따라 판단을 내립니다. 원칙을 내버리고 입장을 뒤바꿉니다. 편안함과 즐거움을 위해서라면 무엇이든 하려 듭니다. 이처럼 타협이 시대의 규범으로 등장하면서 오래된 기준들이 사라져 버렸습니다. 백 년 전이었다면 전혀 용납되지 않았을 일들이 20세기에는 버젓이 용납되고 있습니다. 정치를 비롯한 삶의 모든 영역에서 도덕이 크게 쇠퇴하고 있습니다.

마지막으로, 마음도 굶주리고 있습니다. 마음에 대해 그토록 많은 말을 하며 정서와 사랑에 그토록 큰 관심을 기울이는 현 세대의 진정한 비극이 여기 있습니다. 신문에서 요즘 일어나는 사건들을 보면 사랑을 모르는 것이야말로 요즘 사람들의 진정한 문제라는 생각이 듭니다. 그렇습니다. 잠시 열병에 걸려 매혹당하는 것이 전부입니다. 사랑이 무엇인지 안다면 이런 식으로 행동하지 않을 것이며, 이혼 법정을 줄지어 거쳐가지 않을 것입니다. 저는 그런 사람들 또한 정죄할 마음이 없습니다. 그저 안타까울 뿐입니다. 그들은 정서적으로 굶주리고 있습니다. 사랑이 무엇인지 모르고 있습니다. 정서적 본성이 너무나 빈곤하고 굶주린 상태로 방치된 나머지 이런 일들을 이해할 엄두조차 내지 못합니다.

이처럼 경건치 못한 삶은 모든 경로, 모든 부문에서 굶주리게 되어 있습니다. 상황이 나빠지면 굶주린 상태가 더 선명히 드러납니다. 의지할 데나 찾아갈 이나 기대어 위로받을 곳이 없습니다. 비통한 마음을 달래 주거나 보상해 주는 것 또한 없습니다. 그래서 급히 술이나 마약을 찾습니다. 그래야만 합니다. 버틸 수가 없습니다. 그런 것이라도 찾지 않으면 금세 무너질 것 같습니다. 이처럼 다양한 인위적 자극제에 전적으로 의존하는 것보다 더 영적인 의미에서 심각하고 끔찍한 굶주림에 빠져 있음을 입증하는 증거가 있습니까? 그러다가 결국은 아무 소망 없이 죽음과 종말을 맞이합니다. 그런 자들에게는 정신과 마음과 도덕적 본성에 말을 해줄 무언가가 없습니다. 과거에도 없었고, 지금도 없으며, 앞으로도 없을 것입니다. 텅 비어 있습니다. 이처럼 경건치 못한 삶은 굶주리게 되어 있습니다.

이 모든 형편을 요약하는 아름다운 표현이 신약성경에 나옵니다. 우리 주와 구주 되신 복되신 주님은 주위 사람들이 "목자 없는 양" 같은 것을 보시고 비통해하셨습니다(마 9:36). 그들을 정죄하신 것이 아니라 긍휼히 여기셨습니다. 주님이 하늘에서 오신 것은 바로 그런 자들을 위해서였습니다. "목자 없는 양과 같이 고생하며 기진함이라." 풀이 지천으로 있는데도 양들은 알아채지 못합니다. 인도해 주는 목자가 없는 탓입니다. 그래서 이리저리 헤매며 풀 한 포기라도 찾아보려고 애를 씁니다. 그렇게 광야에서 계속 살아갑니다. 오, 얼마나 끔찍한 일입니까! 얼마나 안타까운 일입니까!

현대세계가 바로 그런 상태에 있습니다. 모든 그리스도인의 마음이 긍휼로 가득 차야 하는 이유가 여기 있습니다. 그들은 스스로 멋진 삶을 살고 있다고 생각하지만, 실제로는 굶주리고 있습니다. 눈은 과도한 자극에 노출되어 있고, 신경은 곤두서 있거나 쇠약해져 있습니다. 다른 증상들도 잇따라 나타납니다. 죄로 가득한 삶은 이처럼 기근을 겪으며 굶주리게 되어 있습니다.

반면에, 그리스도인의 삶은 축복과 만족과 넘치는 풍성함으로 나아갑니다. "곡식이 풍성하게 하여……또 나무의 열매와 밭의 소산을 풍성하게 하여." 하나님의 이름을 송축하십시오. 그는 이처럼 풍성하게 하십니다. 구약 시대 사람들은 이 풍성함을 어느 정도 알고 있었습니다. 시편 23편을 보십시오. "여호와는 나의 목자시니 내게 부족함이 없으리로다"(1절). 얼마나 대조되는 말입니까! "그가 나를 푸른 풀밭에 누이시며 쉴 만한 물가로 인도하시는도다. 내 영혼을 소생시키시고……내 원수의 목전에서 내게 상을 차려 주시고"(2, 3, 5절). 다윗은 이런 삶이 어떤 것인지 알았습니다. 두 유형의 삶을 다 알았기에 이렇게 말한 것입니다.

84편 기자도 "내가 세상을 경험한 자로서 말하는데, 내 하나님 집의 문지기로 있는 것이 악인의 장막에 거하는 것보다 낫다"라고 합니다(10절 참조). 경건치 못한 자들의 삶 한복판에서 사느니 성전 입구에 서서 찬송가를 나누어 주는 문지기로 사는 편이 더 좋다는 것입니다. 왜 그럴까요? 경건치 못한 자들의 삶이 처음에는 좋아 보여도 사실은 나를 강탈해 가는 삶에 불과함을 알기 때문입니다. 경건치 못한 삶은 나를 빼앗아 갑니다. 계속 소진시키다가 결국 파선시킵니다. 경건치 못한 자의 장막에서 맞이할 결말이 그것입니다. 소진되고 쇠잔해지다가 마침내 모든 소망을 잃는 것입니다. 그러나 하나님의 집은 문지방과 입구부터 아주 놀랍습니다. 시편 기자는 "문틈으로 그 영광을 살짝 엿보곤 하는데,

주 하나님은 해요 방패시다"라고 말합니다. 살짝 엿보는데도 그 은혜와 영광이 엄청나다는 것입니다! "주의 궁정에서의 한 날이 다른 곳에서의 천 날보다 나은즉"(10절). 경건한 삶에는 이처럼 큰 만족이 있습니다!

이 점을 다시 자세히 살펴보고 싶다면 히브리서 11장을 보십시오. 구약 시대 성도들과 영웅들의 삶에 대한 일종의 분석이 나옵니다. 그들의 모든 삶은 모세에 관한 이 한 구절로 요약될 수 있습니다. "도리어 하나님의 백성과 함께 고난받기를 잠시 죄악의 낙을 누리는 것보다 더 좋아하고"(25절). 모세는 오직 하나님이 주실 상을 바라보았습니다.

신약성경은 그 이야기로 가득합니다. 주님은 사마리아 여인에게 말씀하셨습니다. "이 물—물리적인 의미의 물—을 마시는 자마다 다시 목마르려니와 내가 주는 물을 마시는 자는 영원히 목마르지 아니하리니 내가 주는 물은 그 속에서 영생하도록 솟아나는 샘물이 되리라"(요 4:13-14). 참으로 풍성하지 않습니까!

요한복음 6:35에서 다시 하시는 말씀도 들어 보십시오. "내게 오는 자는 **결코** 주리지 아니할 터이요 나를 믿는 자는 **영원히** 목마르지 아니하리라." 기독교가 편협하고 옥죄며 전부 빼앗아 간다고요? 절대 그렇지 않습니다! 주님은 요한복음 10장에서 자기 양 떼와 관련하여 다시 이렇게 말씀하십니다. "들어가며 나오며 꼴을 얻으리라.……내가 온 것은 양으로 생명을 얻게 하고 더 풍성히 얻게 하려는 것이라"(9, 10절).

현실에서도 과연 그럴까요? 그렇지 않다면 저는 지금 이 강단 위에서 있지 않을 것입니다. 기쁘게 밝히건대, 다른 이유 없이 복음이 주는 순수한 지적 만족감 하나만으로도 저는 충분히 그리스도인이 될 것입니다. 성경에 비할 만한 다른 책을 저는 알지 못합니다. 세상을 만드신 하나님의 계획과 세상을 향한 그의 목적을 살펴보며 타락하여 파선한 세상을 구원하기 위해 그가 일하시는 방식을 살펴볼 때 지적인 만족감이 찾아옵니다. 저는 어떤 면에서 역사와 철학을 배우는 생도라고 할 수 있습니다. 제 관심은 인류와 인류의 정신 및 두뇌의 작용에 있으며, 세상과 세상에 일어나는 일들 및 정치에 있습니다. 그래서 그리스도인이 된 것입니다. 오직 이 책에서만 제 질문들에 대한 만족스러운 답을 찾아낼 수 있기에, 참으로 물 샐 틈 없는 철학을 찾아낼 수 있기에 그리스도인이 된 것입니다. 이 책을 읽을 때 비로소 역사와 사건들이 이해되기 시작합니다. 물론 다른 책들도 읽어 보았고 지금도 읽고 있지만, 거기에는 답이 나오지 않습니다. 그런 책들은 질문만 제기하는데—이 일에는 뛰어납니다—제 관심은 질문보다 답에 있습니다. 그래서 답을 찾기 위해 항상 이 책을 찾습니다.

장담하건대, 여러분이 비그리스도인이라면 아직 정신의 작동이 시작되지 않은 것입니다. 여러분의 진정한 문제가 거기 있습니다. 정신을 채우고 있는 내용이 너무 빈약합니다. 마음의 양식이 넉넉지 못합니다. 정신의 범위와 계획이 충분히 크지 못합니다. 좁은 구획 안에 살고 있습니다. 우리는 다 지식의 잔가지 위에 걸터앉은 전문가에 불과합니다. 자, 이리 와서 하나님의 온전한 철학을 접해 보십시오. 이 책에 전부 나옵니다. 이 책을 공부하며 이 책에 전념하십시오. 그 결과에 놀랄 것입니다. 정신이 발전하고 확장될 것입니다. 다양한 영역을 포괄하며 망라하게 될 것입니다. 자기 자신에게 놀랄 것이며 그 지적인 만족감에 놀랄 것입니다.

제 인생의 가장 큰 문제 한 가지는 이 책과 관련 서적을 읽을 시간이 부족하다는 것입니다. 제게 양심이 없었다면, 목자 없는 양처럼 죄에 빠져 죽어 가는 이들에 대한 관심이 없었다면, 이대로 도서관에 틀어박혀 독서로 여생을 보냈을 것입니다. 청교도들의 책과 웨슬리와 윗필드와 18세기 성도들에 관한 책을 읽었을 것이며, 이 최종적 진리를 다루는 방대한 주석들을 붙잡고 씨름했을 것입니다. 그러면서도 시작조차 못했다고 아쉬워하며 죽을 것입니다. 오, 여러분이 그리스도인이 아니라면, 여러분의 정신과 두뇌와 지성은 참으로 굶주리고 있는 것입니다!

이 책은 도덕적 본성 또한 똑같이 채워 주는 것이 분명합니다. 29절을 보십시오. "내가 너희를 모든 더러운 데에서 구원하고." 알다시피 그리스도인—그리스도가 자신을 위해 죽으신 것을 믿으며 성령이 그 안에 내주하시는 거듭난 그리스도인—도 자기 속이 여전히 부정함을 발견합니다. 그래서 염려하고 고민하며 슬퍼합니다. "오, 어찌해야 이 부정함을 씻을 수 있을까?"라고 묻습니다. 그리고 이 놀라운 메시지, 동일한 구원의 메시지에서 답을 찾아냅니다. 우리를 특정한 죄에서 구해 주는 것은 다름 아닌 성령의 능력입니다. 그리스도의 얼굴을 바라보며 그의 생애를 읽어 보면 인간이 어떻게 살아야 하고 어떻게 악한 세상을 헤쳐 나가야 하는지 알게 됩니다. 그리스도를 닮고 싶은 마음이 생기면서 계속 그를 따라가게 됩니다. 그렇게 도덕적 본성이 발전하고 확장되며 주의 은혜와 그를 아는 지식에서 자라 가게 됩니다.

정서적 본성도 당연히 채워집니다. 사람들이 이 사실을 안다면! 구원의 기쁨을 안다면! "주의 궁정에서의 한 날이 다른 곳에서의 천 날보다" 낫다고 말한 시편 기자의 심정이 충분히 이해가 됩니다. 저 또한 하나님이 자비로 허락하시는 확실하고 복된 경험을 위해서라면 거의 평생이라도 바칠 것입니다. 존재의 심연까지 감동한다는 것이 무엇인지 알고 있습니까? 워즈워스William Wordsworth는 신비한 의미에서 "내게는 가장 초라하게 피어난 꽃도 종종 눈물조차 나오지 않을 만큼 깊이 깔린 생각을 줄 수 있노라"라고 노래했습니다.* 그러나 이런 경험을 조금이라도 알았다면 그보다 훨씬 더 크고 깊고 강렬한 감정—기쁨과 평강과 충족감과 정서적 만족감—을 경험했을 것입니다. 찬송집을 읽어 보십시오. 찬송시인들을 살펴보십시오. 그들이 단순히 공상에 빠져 그런 찬송을 썼을까요? 아닙니다. 실제로 경험하고 누렸기에 그 경험을 찬송시로 옮긴 것입니다. 찰스 웨슬리는 말합니다. "오, 그리스도여, 내가 원하는 전부시니 만유에 넘치는 것 주 안에 있나이다……넘치는 은혜 주 안에 있나이다." "오, 만 입이 내게 있으면 내 크신 구주를 찬송하겠네!" 사랑과 기쁨과 평강을 비롯한 모든 영광스러운 정서가 여기 담겨 있습니다.

그러나 무엇보다도—이것이 마지막 증거인데—실제 상황에 직면할 때 그 풍성함을 알 수 있습니다. 주님은 현실적인 분이었습니다. 고난이 어떤 것인지 아셨습니다. 그러면서도 "내게 오는 자는 결코 주리지 아니할 터이요 나를 믿는 자는 영원히 목마르지 아니하리라"라고 하셨습니다(요 6:35). 이것이 문자 그대로 사실임을 알고 있습니까? 무슨 일이 닥치든 상관없습니다. 그리스도께 가면 더 이상 주리거나 목마르지 않습니다. 무슨 필요나 결핍이나 부족함이 있든 그리스도께 가십시오. 장담하건대, 더 이상 주리거나 목마르지 않을 것입니다. 그가 넘치도록 채워 주실 것입니다.

* 「어린시절을 회상하고 불멸을 깨닫는 노래」Ode: Intimations of Immortality from Recollections of Early Childhood.

지금 시련과 환난과 역경에 처해 있습니까? 문제와 난관에 둘러싸여 있습니까? 큰 곤경과 고난의 삶에서 직접 나온 사도 바울의 권면이 여기 있습니다. "아무것도 염려하지 말고—염려와 근심에 질식당하거나 걱정에 짓눌리지 말고—다만 모든 일에—무슨 일이든 상관없이—기도와 간구로, 너희 구할 것을 감사함으로 하나님께 아뢰라. 그리하면 모든 지각에 뛰어난 하나님의 평강이 그리스도 예수 안에서 너희 마음과 생각을 지키시리라"(빌 4:6-7). 이 권면을 따르면 스스로 놀랄 일이 생길 것입니다. 아침에 눈을 뜨면서 그토록 엄청난 문제가 있는데도 잠을 잘 수 있었다는 사실에 놀랄 것입니다. "모든 지각에 뛰어난 하나님의 평강이 그리스도 예수 안에서" 여러분의 마음과 생각을 지켜 줄 것입니다. 평강이 수비대처럼 불안한 생각들을 막아 줄 것입니다. 마음과 생각에 복된 평강과 안식이 찾아올 것입니다. 사도가 계속 하는 말을 들어 보십시오. "어떠한 형편에든지 나는 자족하기를 배웠노니 나는 비천에 처할 줄도 알고 풍부에 처할 줄도 알아"(11-12절). 바울은 상황에 좌우되지 않았습니다. "내게 능력 주시는 자 안에서 내가 모든 것을 할 수 있"다고 했습니다(13절). 결코 넘어지지 않았습니다.

죽음은 어떨까요? 죽음은 최종적인 문제요 맨 나중 원수입니다. 그러나 그리스도인에게는 아닙니다. 바울은 "내게 사는 것이 그리스도니 죽는 것도 유익함이라.……그리스도와 함께 있는 것이 훨씬 더 좋은 일이라"라고 말합니다(빌 1:21, 23). "내 소망 한없이 크고 생명 길 열려 있도다. 구주가 내 보화를 가지고 나와 동행하시리."*

* 통일찬송가 454장 3절 다시 옮김.

오, 그리스도 안에 있는 이 복된 삶의 풍성함이여! 오, 그 모든 영광이여! 그렇습니다. 곡식도 풍부히 영글고 나무 열매도 한가득 열리며 밭의 소산도 풍성해집니다. 내 모든 필요—지성과 마음과 도덕적 본성의 필요—가 채워집니다. 이제는 어떤 상황에 놓이고 무슨 일이 닥치든 상관없습니다. 내게는 새로운 시각이 있습니다. 새로운 지각이 있습니다. 모든 것을 간파할 철학이 있습니다. 죽음과 종말과 모든 것을 꿰뚫어 봅니다. 하나님이 그리스도 안에 있는 모든 사람을 위해 하늘에 간직해 두신 썩지 않고 더럽지 않고 쇠하지 않는 기업이 있는 영원한 세상을 고대합니다.

여러분은 이 부요함, 이 복을 누리고 있습니까? 그리스도 안에서 만족감을 느끼고 있습니까? 모든 상황이 불리할 때도 모든 지각에 뛰어난 하나님의 평강을 경험합니까? 조금도 주리거나 목마르지 않다고 말할 수 있습니까? 지적인 생활은 어떻습니까? 도덕적인 생활은 어떻습니까? 정서적인 생활은 어떻습니까? 만족하고 있습니까? 여러분은 어떻게 삶에 맞서고 있습니까?

이런 만족감이 없다면 이유는 한 가지입니다. 하나님을 모르기 때문인 것입니다. 하나님을 아는 사람, 하나님이 자신의 하나님이시요 자신이 그의 자녀임을 아는 사람은 이 만족감을 경험합니다. 이 만족감이 없는 것은 순전히 하나님을 모르기 때문입니다. 왜 모를까요? 자신이 죄인임을 깨닫지 못한 탓일 수 있습니다. 떡과 잔에 담긴 뜻과 의미를 깨닫지 못한 탓일 수 있습니다. 그리스도의 십자가 죽음과 피 흘림의 목적을 깨닫지 못한 탓일 수 있습니다. 그렇다면 즉시 첫 단계로 돌아가야 합니다. 하나님을 알면 만족감이 찾아옵니다.

단순히 하나님께 나아가 죄를 고백하는 일부터 하십시오. 전에 한 번도 깨닫지 못했던 죄를 성령을 통해 깨닫게 해달라고 구하십시오. 새로운 본성과 생명을 달라고 구하십시오. 성령을 충만히 달라고 구하십시오. 진정으로 구하면 받을 것입니다. 하나님이 주시는 복된 삶을 경험할 것입니다.

자신이 탕자처럼 기근만 계속되는 낯설고 먼 나라에 와 있다고 느낀다면, 모든 것을 탕진하고 존재의 중심으로부터 굶주리고 있다고 느낀다면, 오늘 서둘러 예수 그리스도께 가십시오. 기꺼이 받아주기 위해 기다리시는 분께 가십시오. 그러면 그가 여러분을 하나님께로 인도해 주실 것입니다. 그가 반드시 주시는 진정 삶다운 삶으로, 풍성함으로 이끌어 주실 것입니다. 서둘러 그분께 가십시오.

11

인간의 어리석음

그때에 너희가 너희 악한 길과 너희 좋지 못한 행위를 기억하고 너희 모든 죄악과 가증한 일로 말미암아 스스로 밉게 보리라. 주 여호와의 말씀이니라. 내가 이렇게 행함은 너희를 위함이 아닌 줄을 너희가 알리라. 이스라엘 족속아, 너희 행위로 말미암아 부끄러워하고 한탄할지어다. 겔 36:31-32

구원의 여러 단계와 절차들을 아는 일이 중요한 것은, 비할 데 없는 그 복을 실제로 누리기 위해서일 뿐 아니라 참과 거짓을 구별하는 법을 배우기 위해서이기도 합니다.

인간은 죄를 짓고 비참해졌습니다. 우리 모두 불행하게 살고 있습니다. 시인들이 종종 일깨우듯이 세상에는 완벽한 행복이 없습니다. 드라이든John Dryden은 말합니다. "모든 사람은 죽기 위해 태어나니, 아무도 진정 행복하다 자랑할 수 없노라." 세상에서는 옥에도 항상 티가 있게 마련입니다. 항상 무언가 흠이 있으며, 모든 것을 손상시키고 망치기 쉬운 요소가 있습니다. 세상이나 세상 사람들이나 전부 곤경에 빠져 있습니다. 그래서 해결책을 찾고 행복과 평강과 기쁨을 찾습니다. 아무도 비참해지고 싶어 하지 않습니다.

성경의 중대한 메시지는 이 문제를 해결하기 위해 하나님이 조처를 취하셨다는 것입니다. 복음을 주시고, 해방과 구원의 길을 마련하셨다는 것입니다. 이를 위해 심지어 독생자까지 하늘에서 땅으로 보내 십자가에서 죽게 하셨다는 것입니다.

아, 그런데 또 다른 조처를 취하려 하는 자가 있습니다. 하나님의 큰 원수 마귀는 하나님을 향한 미움과 그가 만드신 우주를 망칠 욕심으로 우리를 찾아와 여러 가지 문제를 해결할 자신의 방법을 제시합니다. 그렇기 때문에 참과 거짓, 즉 하나님의 방법과 그럴듯한 거짓 방법—사도 바울이 부정하는 "다른 복음", 복음이 아니면서도 우리를 꾀고 홀리며 오도하기 위해 유쾌하고 매력적인 방식으로 많은 것을 제안하는 거짓 복음—을 구별하는 법을 배우는 것만큼 중요한 일이 없는 것입니다.

이 밤에도 행복과 평강과 안식을 주겠노라 나서는 단체들이 세상에 많습니다. 여러분도 그런 단체들을 알 것입니다. 그들은 이미 대중에게 알려져 있습니다. 서점에 책도 나와 있고 모임도 열리고 있습니다. 자신들의 교회가 있노라 주장하는 단체들도 있습니다. 그 메시지를 믿으면 걱정이 없어지고 다시는 불행해지지 않는다고, 숙면을 취하고 병이 나아 사라진다고 말하며 그 외에도 수많은 약속을 합니다. 성경이 구원의 길을 통해 주겠다고 말하는 복을 마치 그들도 주는 것 같습니다.

이 모든 위험을 알고 있는 성경은 참과 거짓을 구별하는 법을 아주 세심하게 가르쳐 줍니다. 거기에 우리의 영원한 운명이 달려 있기 때문입니다. 세상과 세상의 삶이 전부라면 어디에서 평강과 행복과 기쁨을 얻든 크게 중요치 않을 것입니다. 죽음으로 나와 내 인생이 끝나 버린다면 당연히 살아 있는 동안 즐겁고 행복하게 지낼 방법만 찾으면 될 것입니다.

그러나 성경은 세상과 세상의 삶이 전부라고 말하지 않습니다. 그 너머에 영원한 세계가 있다고, 우리 영혼은 영원히 사라지지 않는다고 말합니다. 그렇기 때문에 실제로 거짓이 아닌 참을 택하기 위해 크게 조심해야 하는 것입니다. 문제는 "어떻게 여기에서 바르게 살까?" 하는 것만이 아니라 "어떻게 저기에서 영원토록 바르게 살까?" 하는 것입니다. 이것이 엄청나게 중요합니다. 성경에 따르면 세상의 삶은 모든 사람 앞에 펼쳐질 크고 영원한 삶으로 나아가는 일종의 대기실에 불과합니다. 그러므로 이 점을 깊이 유념하라고 성경은 말합니다. 하나님의 방법만 진정 우리에게 도움이 된다는 사실을 확실히 알아야 합니다. 성경은 오직 이것만 올바르고 참된 방법이요 다른 것은 다 마귀의 방법이라고 말합니다.

이제 제기되는 전적인 문제는 "어떻게 참과 거짓을 구별할까?" 하는 것입니다. 앞서 말했듯이, 성경의 대답은 이것입니다. 하나님의 구원 방법은 여러 부분으로 이루어져 있습니다. 우리가 복음처럼 보이는 가짜 복음이 아닌 진짜 복음을 믿고 있는지 확인하는 방법은 이러한 구원의 여러 부분이 항상 다 갖추어져 있는지, 하나라도 빠진 것은 없는지 살펴보는 것입니다. 모든 부분이 반드시 갖추어져 있어야 합니다. 어느 하나라도 빠진 방법을 접해 왔거나 믿어 왔다면 크게 의심해 보아야 하며 "이것이 과연 하나님의 구원 방법일까?" 자문해 보아야 합니다. 하나님의 방법에는 구원의 모든 부분이 항상 갖추어져 있습니다. 그뿐 아니라 순서도 아주 중요합니다.

36장 본문, 특히 우리가 살펴보려 하는 31-32절이 아주 완벽하게 예시해 주는 원리가 이것입니다. 영혼의 구원은 이 원리를 이해하느냐 못하느냐에 달려 있습니다. 사교가 자신들의 문제를 해결해 주었기에 "아무 문제 없다"라고 말하는 추종자들이 세상에 있습니다. 여기 나오는 말씀이 사실이라면, 그런 자들은 사교에 들어가기 전과 똑같이 지금도 소망 없는 상태에 있는 것이며 저주받은 상태에 있는 것입니다. 참과 거짓을 구별하는 법을 아는 것이 중요한 이유가 여기 있습니다.

우리는 29-30절에서 복음의 큰 특징이 평강과 풍족함에 있음을 알았습니다. 더 풍성한 삶, 진정 삶다운 삶, 영광스러운 충만함과 기쁨과 행복과 평강에 있음을 알았습니다. 그런데 연이어 나오는 말씀은 이것입니다. "그때—그 모든 것을 깨닫고 얻은 때—에 너희가 너희 **악한 길**과 너희 좋지 못한 행위를 기억하고 너희 모든 죄악과 가증한 일로 말미암아 스스로 밉게 보리라." 내용이 이렇게 연결되는 것이 놀랍지 않습니까? "아, 그런 말에는 전혀 관심이 동하지 않네요. 내내 훌륭한 복음으로 감동시키더니, 이제 와서 자신을 미워하게 된다니요! 우리는 그러기 싫습니다. 그러고 싶지 않다고요. 기껏 일으켜 세워 주다가 이렇게 주저앉혀도 되는 겁니까!"라고 말하고 싶습니까? 이것이 여러분의 반응입니까?

그러나 이것은 아주 중요한 본문이며, 구원이라는 주제 전체에 반드시 필요한 진술입니다. 사교나 가짜 복음은 절대 이런 말을 하지 않을뿐더러 이런 말을 싫어합니다. 이런 말을 하는 성경과 복음을 비난합니다. 복음의 모든 부분과 영역을 아는 일이 매우 중요한 이유가 여기 있습니다.

예컨대 오늘날 큰 인기를 누리고 있는 심리학의 가르침, 사랑과 기쁨과 평강이 가득해 보이며 놀라운 구원을 줄 것 같은 가르침을 보십시오. 심리학자에게 이런 구절을 제시하면 바로 비난할 것입니다. "그런 낡은 복음은 사람들을 불행하게 만들어요. 오히려 문제를 만들지요. 인간은 죄로 가득한 존재가 아닙니다. 절대 아닙니다. 인간에게 필요한 일은 자신을 신뢰하며 자신감을 갖는 거예요. 억누르면 안 됩니다. 오히려 자신을 믿고 표현하도록 격려해야 해요. 사람들 속에는 표현해야 할 것이 있습니다. 지금까지는 그런 것들을 죄라고 불렀지만, 사실은 죄가 아닙니다. 오히려 자연스러운 것들이지요. 다 사용하고 표현하라고 하나님이 우리 속에 주신 겁니다. 그러니 억압하거나 억누르지 마십시오"라고 할 것입니다. 심리학자들은 이런 구절을 싫어합니다.

모든 사교와 가짜 만병통치약들이 어떤 방식으로든 말하는 바는 자기 자신을 믿고 신뢰하라는 것입니다. 자기 속에 있는 것을 끌어내고 드러내라는 것입니다. 이런 식으로 우리 마음이 욕망하는 모든 것을 제공해 줍니다. 다시 말해서 사교와 거짓 가르침은 우리를 편안하게 해주고 우리에게 혜택을 주는 일에만 관심이 있습니다. 깊은 차원의 관심은 사실상 없습니다. 단순히 아픔과 고통과 괴로움만 덜어 주고 행복과 즐거움만 주려 할 뿐입니다. 진실에는 아무 관심이 없습니다.

그러나 성경은 항상 진실을 알려 줍니다. 어디에서나 시종일관 진실을 알려 줍니다. 처음부터 회개를 촉구하며 거듭해서 회개를 촉구합니다. 자기 자신을 미워하게 만듭니다. 여기 나오는 표현이 그것입니다. "너희 모든 죄악과 가증한 일로 말미암아 스스로 밉게 보리라." "밉게" 본다는 말이 무슨 뜻일까요? 싫고 불쾌하고 거슬려서 미워한다는 뜻입니다. 격렬히 혐오하며 역겨워한다는 뜻입니다. 복음의 한 가지 영향이 바로 이렇게 자신을 보게 되는 것이라고, 격렬한 혐오감과 증오심과 역겨움으로 미워하게 되는 것이라고 본문은 말합니다.

참된 기독교에는 항상 이것이 포함됩니다. 이런 미움에 대해 아는 바가 없다면 자기 신분의 토대부터 점검해 보아야 합니다. 하나님이 새 마음을 주겠다고 하신 다음에 이 말씀을 하신다는 사실에 주목하십시오. 하나님은 우리의 굳은 마음을 제거하시고 새 마음을 주십니다. 우리 마음을 새롭게 하십니다. 우리 속에 성령을 두십니다. 그런데 이 모든 일을 하신 후에 우리가 자신을 미워하게 된다는 것입니다.

다시 말해서, 이런 미움에 대해 아는 것보다 더 우리가 거듭나 새 마음을 받았다는 사실을 입증하는 확실하고 절대적인 증거는 없습니다. 오늘날 세상에서 이런 말을 하는 가르침은 복음 외에 없습니다. 하나도 없습니다.

이제 우리가 던질 질문은 이것입니다. 우리는 왜 자신을 미워하게 될까요? 무엇 때문에 자신을 미워하게 될까요? 그 대답이 성경 도처에 아주 명백하고도 간단하게 나와 있습니다. 우리가 자신을 미워하게 되는 것은, 우리의 문제를 해결하고 우리를 구원하는 이 방법이 하나님을 아는 지식에 기초하고 있을 뿐 아니라 그 지식으로 우리를 이끌어 가기 때문입니다. 다른 방법들은 그렇지 않습니다. 우리로 시작해서 우리로 끝납니다. 그러나 이 방법은 처음부터 끝까지 하나님과 대면하게 만듭니다. 그리고 하나님을 본 사람은 자기 모습을 보고 미워하게 되어 있습니다.

성경에서 무수히 많은 예를 찾아볼 수 있습니다. 가장 유명한 욥의 예를 보십시오. 그는 하나님이 불공평하다고 느꼈기에 오랜 시간 논쟁하고 불평하며 항의했지만, 결국은 자신을 미워하는 자리에 이르렀습니다. 하나님이 친히 그에게 말씀하시고 자신을 나타내 보이시며 그를 압박하셨기 때문입니다. 이제 욥이 하는 말을 들어 보십시오. "내가 주께 대하여 귀로 듣기만 하였사오나 이제는 눈으로 주를 뵈옵나이다. 그러므로 내가 스스로 거두어들이고[혐오하고] 티끌과 재 가운데에서 회개하나이다"(욥 42:5-6). 그가 자신을 혐오하게 된 이유가 무엇입니까? 하나님을 대면했기 때문입니다. 친구들과 논쟁할 때는 자신을 혐오하지 않았습니다. 하나님과 논쟁하고 하나님에 대해 논쟁할 때도 혐오하지 않았습니다. 그런데 눈으로 직접 주를 뵙고 나니 자신이 혐오스러워졌습니다. 그래서 손으로 입을 가렸습니다.

시편 51편에도 같은 예가 나옵니다. 다윗도 자신을 미워했습니다. 왜 미워했습니까? 단순히 악한 짓을 했기 때문만이 아닙니다. "내가 주께만 범죄하여 주의 목전에 악을 행하였사오니"(4절).

하나님의 처사에 대해 "경건치 못한 자들이 왜 형통한 거지요? 저는 왜 이렇게 힘든 시간을 보내는 거지요? 이건 공평치 않습니다"라고 불평했던 시편 73편 기자를 기억합니까? 그는 하나님과 모든 백성을 버리고 등지려던 찰나에 성소를 찾았습니다. 거기에서 "그들의 종말을" 깨닫고 하나님을 보았습니다(17절). 그리고 그가 한 말은 이것입니다. "내가……주 앞에 짐승이오나"(22절). 그 또한 자신을 혐오하고 미워했습니다.

이사야가 하나님의 이상을 보았을 때 일어난 일도 기억합니까? 그는 "화로다, 나여!"라고 소리쳤습니다. "나는 입술이 부정한 사람이요 나는 입술이 부정한 백성 중에 거주"한다고 했습니다(사 6:5). "나는 온전하거나 성한 데가 없는 자입니다. 악한 자입니다"라고 한 것입니다. 이처럼 하나님께 가까이 가는 사람은 자기 모습을 보고 미워하게 되어 있습니다.

사도 베드로에게 일어난 일도 기억합니까? 베드로처럼 자신만만하고 충동적이며 나서기 좋아하는 사람을 낮추려면 많은 수고가 필요한 법입니다. 그런데 주님이 물고기를 잡는 기적을 행하셨던 때를 떠올려 보십시오. 그리스도의 영광과 신성이 홀연히 나타나자 베드로 같은 사람조차 "주여, 나를 떠나소서. 나는 죄인이로소이다"라고 했습니다(눅 5:8). 그리스도의 임재와 영광의 나타남이 그의 악함을 드러낸 것입니다.

주님은 탕자의 비유에서 이 점을 단번에 보여주셨습니다. 정신을 차린 탕자는 말했습니다. "아버지, 내가 하늘과 아버지께 죄를 지었사오니 지금부터는 아버지의 아들이라 일컬음을 감당하지 못하겠나이다"(눅 15:21). 처음 집을 떠날 때는 스스로 아버지의 아들로 살기에 아깝다고 여겼는데, 이제 보니 아들 자격이 없다는 것입니다.

사도 바울은 로마서 7장에서 번민하며 외칩니다. "오호라, 나는 곤고한 사람이로다! 이 사망의 몸에서—내 지체 속에 있는 죄의 법에서, 나를 아래로 끌어내리는 것에서, 내 속에 있는 이 악함에서—누가 나를 건져 내랴?"(24절) 그는 후에 디모데에게 보내는 편지에서도 이전 삶을 돌아보며 "내가 전에는 비방자요 박해자요 폭행자"였다고 말합니다(딤전 1:13). 이처럼 자신을 부끄러워했습니다. 자신의 모든 모습을 싫어했습니다. 자신을 미워했습니다.

이것이 성경의 가르침입니다. 대체 무엇 때문에 이처럼 자신을 미워하게 될까요? 모든 하나님의 사람이 자신을 미워했다는 사실을 알았으니, 이런 미움을 모르는 자는 세상에서 가장 위대한 성도가 되지 못한다는 사실 또한 알았으리라 믿습니다. 성도는 찰스 웨슬리처럼 "나는 악과 죄가 가득하나"라고 말합니다. 여러분은 이런 미움에 대해 알고 있습니까?

이제 자신을 미워해야 하는 이유를 몇 가지 알려 드리겠습니다. 첫째는 자신의 어리석음 때문입니다. 하나님은 선지자 에스겔을 통해 말씀하십니다. "그때에 너희가 너희 악한 길과 너희 좋지 못한 행위를 기억하고 너희 모든 죄악과 가증한 일로 말미암아 스스로 밉게 보리라." 이들은 바벨론에서 자신들의 실상을 깨닫고 미워했습니다. 자신들의 이전 모습과 행동이 얼마나 어리석었는지 깨닫고 미워했습니다. "돌아가 다시 기회를 얻을 수만 있다면" 하고 바랐습니다.

오늘날도 마찬가지입니다. 이제껏 세상에 살았던 성도들의 생애를 읽어 보면 저마다 자신의 어리석음을 깊이 돌아보았던 것을 알게 됩니다. 알다시피 그리스도인이 되어 진리에 눈을 뜬 사람은 자신의 생각과 사상이 하나님 앞에 이루 말할 수 없이 어리석은 것이었음을 깨닫습니다. 그보다 더 어리석은 것이 없습니다. 그런데 오늘날 많은 사람들이 그런 어리석은 짓을 하고 있습니다. 성경에 아무 관심도 갖지 않습니다. 삶에 대해 알려 주는 책, 삶을 어떻게 살고 누려야 하는지 알려 주는 책이 바로 앞에 있는데도 시대에 뒤떨어진 구식 책이라고 조롱하며 비웃고 무시합니다. 그들이 성경보다 앞세우는 것이 무엇입니까? 일요신문에 나오는 삶입니다. 그런 삶이야말로 진정한 삶이라는 것입니다.

그러다가 깨우쳐 새 마음과 정신과 지각을 얻은 후에 하는 말은 이것입니다. "내가 어떻게 그럴 수 있었지? 어떻게 그 정도로 어리석을 수 있었지? 어떻게 이런 말씀을 전부 거부할 수 있었지? 하나님의 마음을 거부하고 이생과 영원한 세계에 대한 설명을 거부할 수 있었지? 이 모든 걸 거부하고 대신 그 자리에 논증할 수도 없는 내 사고와 생각을 올려놓았다니. 사람들에게조차 자주 깨지곤 했던 내 주장을 올려놓았다니. 고작 그런 것에 매달려 이 말씀을 거부했다니." 그 모든 어리석음이여!

이스라엘 자손이 하나님을 등지고 우상을 숭배했던 것을 기억해 보십시오. 다른 나라들이 목석으로 만든 신을 섬긴다는 말을 듣고 자신들도 신을 만들어 그 앞에서 절했습니다. 그러다가 마침내 깨우친 그들은 우상숭배를 조롱한 선지자들의 풍자가 정확함을 깨달았습니다. 선지자들은 말했습니다. "너희 신은 눈이 있으나 보지 못하고, 귀가 있으나 듣지 못한다. 코가 있으나 냄새 맡지 못하고, 다리가 있으나 걷지 못한다.

너희 신은 그런 존재다. 그런데 그런 신을 예배하면서 살아 계신 하나님께 등을 돌리다니." 정말 어리석은 백성입니다! 마음으로 '하나님은 없다'라고 하는 자는 어리석은 자입니다.

정신을 차린 사람, 오직 복음을 통해 각성한 사람은 그토록 오랜 시간이 지나서야 복음을 믿고 거기에 굴복한 자기 자신이 얼마나 어리석은 자였는지 깨닫습니다. 과거에 승리를 거두었던 온갖 똑똑한 논쟁과 명석한 논점들을 돌아보면서, 사실은 타당성이 전혀 없는 위태한 입장을 보강하느라 내내 자신을 속이고 자기 눈을 가렸던 것을 깨닫습니다. 오랫동안 그렇게 했습니다. 정직하지 않았습니다. 열려 있지 않았습니다. 메시지를 제대로 듣지 않았습니다. 그저 무너뜨릴 궁리만 했습니다. 내 입장만 계속 옹호하려 들었습니다. 자유로운 의지와 정신과 개방적인 시각에 대해 이야기했지만, 사실은 내내 편견에 사로잡혀 있었던 것을 깨닫습니다. 그래서 자신을 싫어하고 경멸하게 됩니다.

무엇보다 어리석은 점은 이것입니다. 사람들은 어리석고 유치하고 불합리한 말만 하는 데서 그치는 것이 아니라 실제로 하나님께 도전하고 저항합니다. 언제 꺼질지 모르는 생명을 가지고 유한한 시간 속에서 살아가는 피조물, 오늘 있다가 내일 사라질 피조물, 한 주간의 생존도 장담할 수 없는 피조물이면서도 뻣뻣하게 서서 "맞아요. 난 모든 것에 도전할 겁니다. 당신이 뭐라고 하든 상관없습니다. 내가 내 인생의 주인이요 내 영혼의 선장입니다. 당신의 하나님한테든 다른 누구한테든 절하지 않을 겁니다. 그래요. 난 내 생각과 견해를 믿습니다"라고 말하길 주저치 않습니다. 자신의 호흡과 모든 길을 주관하시는 하나님, 무에서 우주를 만들어 내신 하나님, 그 우주를 한순간에 끝장내실 수 있는 하나님,

영원하시고 영존하시는 하나님, 완전히 의롭고 거룩하신 온 땅의 심판자께 도전합니다. 유한한 시간에 매인 피조물, 위대하게 우뚝 섰다가도 한순간에 날아가 사라져 버리는 작고 왜소한 피조물이 영원하시고 영존하시는 하나님께 도전하는 것입니다.

원자폭탄이 떨어질 장소를 찾아 일부러 달려가는 사람이 있다면 어떻겠습니까? 그러나 하나님께 도전하며 자신의 작은 정신으로 성경 및 역사의 증언과 피조세계의 증거를 대적하는 사람, 주 예수 그리스도의 삶과 그의 가르침과 영원하신 성부를 대적하는 사람의 어리석음에 비하면 아무것도 아닙니다. "그때에 너희가……스스로 밉게 보리라." 자신의 어리석음, 지적인 어리석음, 무지와 교만, 무엇보다 하나님의 손안에 내내 잡혀 있으면서도 그를 대적하며 떠들었던 어리석음을 깨달은 사람은 자신을 경멸하게 됩니다.

다시 욥에게로 돌아가 봅시다. 하나님이 나타나셨을 때 욥은 자기 손으로 입을 가렸습니다. 하나님을 전혀 모르는 탓에 하나님에 대해 그토록 많은 말을 하고 논쟁을 벌이는 것입니다. 종교 논쟁만큼 흥미로운 것은 없습니다. 오, 그 모든 어리석음이여! 저도 제 작은 삶을 돌아볼 때 그렇게 똑똑한 척하며 떠들었던 저 자신이 미워집니다.

자신을 미워하는 두 번째 원인은 자신의 타락을 깨닫는 데 있습니다. "그때에 너희가 너희 **악한 길**과 너희 좋지 못한 행위를 기억하고 너희 모든 죄악과 가증한 일로 말미암아 스스로 밉게 보리라."

새 마음과 새 생명과 새 지각을 받은 사람은 자신이 이전에 했던 일들을 돌아보게 됩니다. 자신이 했던 일과 즐겼던 일들, 하나님보다 앞세웠던 것들, 하나님이 기뻐하시는데도 포기하지 않았던 것들을 발견하게 됩니다. 전에 그토록 멋지게 여겼던 것들을 돌아보며 전부 악하고 부당하고 가증하고 비참하고 불결하고 부정하다고 고백하게 됩니다.

복되신 주님은 마가복음 7장에서 그처럼 더럽고 추한 것들의 끔찍한 목록을 제시하셨습니다. "속에서 곧 사람의 마음에서 나오는 것은 악한 생각 곧 음란과 도둑질과 살인과……"(21-23절). 로마서 1장 말미에도 같은 목록이 나옵니다. "그들의 여자들도 순리대로 쓸 것을 바꾸어 역리로 쓰며……남자가 남자와 더불어 부끄러운 일을 행하여"(26-27절). 오, 그 모든 더러움과 악함과 불결함이여! 굳이 제 말을 들을 필요도 없습니다. 매일 신문을 읽어 보면 알 수 있습니다. 사람들은 그런 기사를 읽으면서 흐뭇해하고 즐거워하며 대단하게 여깁니다. 그러나 새 마음을 얻은 사람은 과거를 돌아보며 "내가 어떻게 그럴 수 있었지? 저토록 악하고 더럽고 불결한데!"라고 말합니다.

하나님을 알게 된 사람은 그런 일들을 전처럼 좋게 볼 수가 없습니다. 오히려 그런 일들을 좋게 보았던 자기 자신을 싫어하게 됩니다. 그런 일들을 좋아하고 원하게 만든 악한 본성이 속에 있다는 것 때문에 자기 자신을 싫어하게 됩니다. 알다시피 그런 일들을 좋아했고 실제로 했다는 사실만 무서운 것이 아닙니다. 그런 일들을 원하고 즐기는 본성이 내 속에 있다는 사실이 무서운 것입니다. 주님이 "사람을 더럽게 하는 것은 속으로 들어가는 것이 아니라 속에서 나오는 것"이라고 말씀하신 이유가 여기 있습니다(마 15:11 참조). 우리 속에 있는 악함이 이처럼 더러운 일들로 표출됩니다. 정결해지면 그런 일들이 다 밉고 추하게 보입니다. 악하기 때문에 그런 일들에 끌리는 것입니다.

자신에게 이런 본성이 있음을 발견하는 것, 자신이 비틀리고 부정한 탓에 악하고 더럽고 부당하고 가증한 일들을 좋아한다는 사실을 발견하는 것보다 무서운 일은 세상에 없습니다. 부분적으로 두려운 마음이 약간 생겨서 그런 일들을 그만둔다고 해도 여전히 그와 관련된 이야기를 듣거나 읽길 좋아합니다. 자극을 얻기 위해 몰래 도서관에서 소설을 빌리기도 합니다. 이처럼 모든 사람의 속에는 탐심과 욕망과 악의 원천이 있습니다. 우리는 전부 부패했습니다. "나는 악과 죄가 가득하나." 오직 성령의 빛을 받은 사람만 이 사실을 깨닫습니다. 다른 이들은 오히려 그런 일들을 즐기며 옹호합니다.

다음과 같이 말할 수도 있습니다. 우리 속에 있는 부패한 본성은 우리를 하나님의 대적하게 만듭니다. 우리 속에 있는 악이 거룩함을 가르치는 성경과 하나님의 율법을 싫어하게 만듭니다. 사람들은 말합니다. "당신네 기독교는 멋진 것들을 죄다 금지하면서 사람을 얽매고 가두는 너무나도 편협하고 갑갑한 종교입니다!" 대중의 주장이 바로 이것 아닙니까? 그러나 이 말은 거룩함이 싫다는 말의 다른 표현에 불과합니다. 그들의 기준에 따르면 주 예수 그리스도야말로 세상에서 가장 편협한 분입니다. 그리스도는 그런 일들을 하나도 하지 않으셨습니다. 원하지도 않으셨고 끌리지도 않으셨습니다. 오히려 그런 일들을 하는 자를 불쌍히 여기셨습니다. 그래서 그들과 함께 앉아 그들에게 말씀하셨습니다. 가담하기 위해서가 아니라 구원하기 위해 그렇게 하신 것입니다.

이 사실을 깨달은 사람은 자기 자신을 싫어하며 미워하게 됩니다. 나는 왜 거룩해지길 열망하지 않았을까요? 왜 복음을 딱딱하게만 느꼈을까요? 왜 하나님의 계명을 무겁게만 느꼈을까요? 왜 이런 삶을 살고 싶어 하지 않았을까요? 왜 그리스도를 따르며 그리스도를 닮고 싶어 하지 않았을까요? 왜 복음에서 얻는 바가 하나도 없는 것처럼 희생하고 포기해야 한다고만 말했을까요? 대체 왜 그랬을까요? 내 본성 자체가 부패했기 때문입니다. 바로 이 때문에, 내 악함 때문에 자신을 미워하게 됩니다.

이것은 자신을 미워하게 되는 세 번째이자 마지막 이유로 이어집니다. 우리는 은혜를 모르는 자신의 비열함을 깨닫고 자신을 미워하게 됩니다. "그때에 너희가 너희 악한 길과 너희 좋지 못한 행위를 기억하고 너희 모든 죄악과 가증한 일로 말미암아 스스로 밉게 보리라. 주 여호와의 말씀이니라. 내가 이렇게 행함은 너희를 위함이 아닌 줄을 너희가 알리라. 이스라엘 족속아, 너희 행위로 말미암아 부끄러워하고 한탄할지어다." 이 말이 무슨 뜻일까요? 하나님은 친히 이스라엘 자손을 만들어 젖과 꿀이 흐르는 가나안 땅에 두셨습니다. 그들을 위해 값없이 이 모든 일을 해주셨습니다. 그럼에도 그들은 반역하고 불평하며 항의했습니다. 하나님이 은혜와 자비로 아낌없이 후하게 베풀어 주신 복에 감사하지 않았습니다. 다른 나라처럼 되길 더 원해서 제 갈 길로 가 버렸습니다. 하나님의 얼굴과 선물에 침을 뱉었습니다. 좋은 땅을 경멸했습니다. 그러다가 여기까지 잡혀 온 것입니다. 그들은 마침내 이 사실을 깨달았습니다. 자신들이 얼마나 어리석고 타락했는지, 비열하게 은혜를 저버렸는지 깨달았습니다. 하나님이 자신들을 위해 해주신 일에 감사하지 않은 것을 알았습니다. 그의 선물을 면전에서 내던져 버린 것을 알았습니다.

이 사실을 깨달은 자는 결국 이보다 더 야비한 짓은 없다고 생각합니다. 앞서 말했듯이, 하나님의 힘과 능력에 도전하는 것은 말할 수 없이 어리석은 짓입니다. 그러나 그의 사랑을 박차는 것은 그보다 한없이 더 어리석은 짓입니다. 상대방의 선의와 친절에 감사하지 않는 것은 세상에서도 가장 형편없는 짓입니다. 사랑을 박차는 것만큼 형편없는 짓이 없습니다.

그런데 모든 비그리스도인이 하나님께 하고 있는 짓이 바로 이것입니다. 하나님의 가르침과 법과 거룩함에 반발하는 것은 그래도 이해할 수 있습니다. 전적으로 잘못된 일이기는 하지만, 그래도 이해할 수는 있습니다. 그러나 하나님의 사랑을 박차고 거부하는 것은 도저히 이해할 수 없습니다. "하나님이 세상을 이처럼 사랑하사 독생자를 주셨으니 이는 그를 믿는 자마다 멸망하지 않고 영생을 얻게 하려 하심이라"(요 3:16). 하나님이 모세를 통해 율법과 십계명만 주시고 거룩함에 대한 고귀한 가르침만 주셨다면, 그래도 변명의 여지가 있을 것입니다. 그러나 하나님은 율법만 주지 않으셨습니다. "때가 차매 하나님이 그 아들을 보내사 여자에게서 나게 하시고 율법 아래에 나게 하신 것은"(갈 4:4). 베들레헴 구유에 누운 아기는 다름 아닌 하나님의 독생자였습니다. 영원한 품에서 오신 아들이었습니다. 그가 하늘 궁전과 영광을 떠나 한 여자에게서 태어나셨고 마구간 구유에 누우셨습니다. 하나님은 이처럼 죄에 빠진 인간에게 사랑을 베푸셨습니다.

하나님은 세상을 구속하려고 독생자를 보내셨습니다. 단순히 가르치고 설교하며 본을 보이라고 보내신 것이 아닙니다. 죽게 하려고 보내신 것입니다. 이것은 더더욱 놀랍고 믿기 힘든 사실입니다. "하나님이 세상을 이처럼 사랑하사 독생자를 주셨으니"라는 말에는 십자가가 내포되어 있습니다. 하나님은 아들을 죽음에 내주셨습니다. "자기 아들을 아끼지 아니하시고 우리 모든 사람을 위하여 내주"셨습니다(롬 8:32). 친히 아들을 십자가로 보내셨습니다. 아들을 죽이기로 작정하셨습니다. 인간의 죄를 사하기 위해 그들의 죄와 죄책을 지고 형벌을 받아야 하는 사명을 맡기셨습니다. 친히 이 일을 계획하시고 그를 보내셨습니다. 그래서 아들이 자원하여 세상에 오셨습니다. 하나님의 사랑은 이런 것입니다. 자기 아들 안에서 우리 죄를 벌하셨습니다. 자기 아들을 아끼지 않으셨습니다. 아무것도 아끼지 않으셨습니다. 마지막 한 방울의 죄까지 그에게 지우시고 진노를 전부 쏟아부으셨습니다.

그런데도 인류는 십자가와 그 피 앞에서 입을 비쭉거리고 있습니다. 조롱하고 있습니다. 하나님이 하신 일을 깨닫지도 못하며 감사하지도 않고 있습니다. 하나님의 면전에 내던지고 있습니다. 그러나 새 마음과 지각을 얻고 난 후 자신이 무지하게 했던 말들을 돌아보는 사람은 그런 짓을 했던 자기 자신을 미워하게 됩니다.

77세에 회심한 노인이 있었습니다. 그 사실 자체는 놀라울 것이 없습니다. 젊은이만 회심할 수 있다는 말을 믿지 마십시오. 그것은 거짓말입니다. 이 노인은 77세에 새 생명으로 나아왔고 새 마음을 얻었습니다. 그리고 교회에 등록하여 첫 성찬을 받았습니다. 그는 주의 죽으심을 그가 오시는 날까지 전하는 성찬의 떡과 잔을 먹고 마신 그날 밤을 자기 인생 최고의 밤으로 여겼습니다. 그런데 다음 날, 제가 자리에서 채 일어나기도 전에 상심한 모습으로 저희 집에 찾아왔습니다. 그는 걷잡을 수 없이 심하게 울고 있었습니다. 왜 그토록 절망하는지 알 길이 없었습니다. 그를 간신히 진정시킨 후 제가 들은 말은 이것이었습니다. "지난밤에 성찬을 받지 말았어야 했어요." 이유를 묻자 또다시 말을 잇지 못하는 바람에 재차 진정시켜야 했습니다. "왜 성찬을 받지 말았어야 했다는 거지요?" 저는 다시 물었습니다. 그러자 낙담한 그가 눈물을 쏟으며 말했습니다. "30년 전에 한 술집에서 하나님과 예수 그리스도에 대해 논쟁을 벌인 적이 있습니다. 그때 제가 예수 그리스도를 후레자식이라고 했어요." 그 모든 일이 다시 떠오른 것입니다. 오랜 세월 잊고 지냈던 일이 다시 떠오르면서 자기 자신이 미워진 것입니다. 성찬에 참석하는 권리를 누리면 안 된다는 생각이 들 정도로 미워진 것입니다. 감사하게도 저는 그가 바울처럼 무지와 불신앙 때문에 그랬던 것이라고, 그리스도는 바로 그 죄를 위해서도 죽으셨다고, 그 죄 또한 도말되었기에 어떤 의미에서 그보다 더 성찬에 참여할 권리를 가진 이는 없다고 설명할 수 있었습니다.

스스로 하나님의 사랑을 박찬 것을 깨달은 사람에게는 논쟁이 필요치 않습니다. 반드시 자기 자신을 격렬하고 지독하게 미워하게 되어 있습니다. "내 속의 무엇이 그토록 나를 눈멀게 했을까? 내 속의 무엇이 그토록 완고했을까? 어떻게 이 사랑을 보지 못했을까?"라고 묻게 되어 있습니다.

여러분은 자기 자신을 미워하고 있습니까? 이런 경험에 대해 알고 있습니까? 여러분이 지금 얼마나 행복한지에는 관심이 없습니다. 어떤 평안을 얻었는지에도 관심이 없습니다. 여러분의 몸이 치유를 받았는지 아닌지에도 관심이 없습니다. 이런 미움에 대해 아는 바가 없다면, 설사 평안하다 해도 그 평안은 그리스도에게서 온 것이 아닙니다. 이런 복들은 그리스도가 하나님을 알게 하심으로써, 그리고 그 지식을 통해 여러분 자신을 알게 하심으로써 주시는 것입니다. 그런데 자신을 알면 지독하게 미워하며 싫어하게 되어 있습니다. 혐오하며 역겨워하게 되어 있습니다. 여러분도 그렇습니까?

그렇지 않다면 지금 하나님께 나아가십시오. 하나님께 달려가 성령으로 그의 거룩하심을 계시해 달라고, 그럼으로써 여러분 자신을 보게 해달라고 구하십시오. 성령으로 그리스도의 십자가 죽음을 계시해 달라고, 그럼으로써 죄와 죄의 심한 더러움과 권세와 힘을 보게 해달라고, 여러분 속에 있는 죄를 미워하게 해달라고 구하십시오. 성령으로 하나님의 사랑을 계시해 달라고, 여러분의 마음과 영이 딱딱하고 냉담하고 무감한 것을 깨닫고 미워하게 해달라고 구하십시오. 오, 하나님의 성령으로 죄에 빠진 자신의 실상을 보게 되기까지 쉬거나 마음을 놓지 마십시오! 오직 여러분을 위해 십자가에 달리신 그리스도의 죽음과 여러분을 의롭다 하시기 위해 다시 살아나신 그의 부활만이 하나님과 바른 관계를 맺게 하고, 불멸하는 영혼을 구원하며, 이 세상의 삶뿐 아니라 죽음 너머 하나님 앞에서도 영원토록 복을 줄 수 있습니다. 지금 바로 구하십시오.

12

영혼 안에 있는 성전

주 여호와께서 이같이 말씀하셨느니라. “내가 너희를 모든 죄악에서 정결하게 하는 날에 성읍들에 사람이 거주하게 하며 황폐한 것이 건축되게 할 것인즉 전에는 지나가는 자의 눈에 황폐하게 보이던 그 황폐한 땅이 장차 경작이 될지라. 사람이 이르기를 ‘이 땅이 황폐하더니 이제는 에덴동산같이 되었고 황량하고 적막하고 무너진 성읍들에 성벽과 주민이 있다’ 하리니.” 겔 36:33-35

36장 본문이 구약성경에 산재해 있는 복음과 복음의 모든 혜택을 놀라우리만큼 온전히 보여준다는 사실을 계속해서 강조하는 것은, 죄로 둔감해진 나머지 구약성경에서 복음을 보지 못하는 자들이 오늘날에도 있기 때문입니다. 그들은 구약성경과 신약성경의 하나님이 동일하다고 생각지 않으며, 그 언약과 은혜로운 목적 또한 동일하다고 생각지 않습니다. 그러나 형식만 다를 뿐 메시지는 동일하기에, 구약성경의 그림을 통해 복음을 살펴보는 일이 유리한 경우가 많습니다. 그림과 실례가 우리에게 도움이 된다는 것은 의심할 여지 없는 사실입니다. 특히 오늘날 그렇다고 사람들은 말합니다. 이제는 읽거나 듣지 못한다는 것입니다. 보는 것을 좋아하며 그림과 실례를 좋아한다는 것입니다. 그렇다면 구약성경의 그림을 통해 복음을 살펴보는 일이 특히나 유리할 것입니다. 이제부터 살펴볼 그림은 더더욱 그렇다고 생각합니다.

즉시 주목하지 않을 수 없는 예비적 요점이 몇 가지 있습니다. 첫째는, 하나님이 이 일을 추가적으로 해주신다는 것입니다. "주 여호와께서 이같이 말씀하셨느니라. 내가 너희를 모든 죄악에서 정결하게 하는 날에 [또한]……."* 우리는 이미 여러 번의 "또한"을 만났습니다. 하나님

* 우리말 성경 개역개정판에는 생략되어 있다.

은 이들을 포로생활에서 끌어내 고국 땅으로 데려가겠다고 하셨습니다. 그 말씀이 24절에 나옵니다. 하나님은 그 약속을 세분해서 자세히 설명해 주십니다. 맑은 물을 뿌려 모든 불결함과 우상에서 정결케 하겠다고 하십니다. 새 마음과 새 영을 주겠다고 하십니다. 하나님은 "또한……"이라고 하시며 자신이 하실 일을 계속 추가해 나가십니다. 이것을 볼 때 기독교의 구원이 얼마나 완벽한 것인지, 이 놀라운 구속의 방법에 어떤 영광과 무한한 혜택이 수반되는지 상기하게 됩니다.

36장 본문을 매주 연구하고 분석해 나갈수록, 하나님이 사용하시는 구원과 구속의 방법이 얼마나 큰지 깨닫지 못하는 것이야말로 가장 중대한 문제라는 확신이 점점 더 강하게 듭니다. 저는 이것—우리의 척도로 하나님을 측량하길 고집하는 것—이 최종적인 죄라고 생각합니다. 우리는 악하고 어리석은 교만으로 하나님의 존재와 인격을 측량합니다. 하나님과 그의 영원한 마음을 이해할 수 있다고 주장하며, 이해되지 않는다는 이유로 복음을 거부합니다. 이처럼 끊임없이 하나님을 축소시켜 우리 척도에 맞추려 듭니다. 구원의 혜택을 생각할 때도 똑같이 합니다.

비그리스도인뿐 아니라 그리스도인도 마찬가지입니다. 우리의 가장 큰 문제는 구원의 모든 영광과 크기와 범위를 보지 못하는 것입니다. 우리에게 이런 이상한 성향이 나타나는 한 가지 이유는 죄의 본질 및 죄가 세상과 인간의 삶에 몰고 온 큰 혼란을 모르는 데 있습니다. 하나님의 구원은 죄의 악하고 못된 영향을 전부 무효화하기 위한 조처라는 점에서 볼 때, 이처럼 죄를 바라보는 관점이 부족한 탓에 다른 관점들도 전부 부족해진다는 사실을 점점 더 확인하게 됩니다. 요한일서에 이에 대한 완벽한 표현이 나옵니다. "하나님의 아들이 나타나신 것은 마귀의 일을 멸하려—무효화하려, 상쇄하려—하심이라"(3:8). 그리스도는 마귀가 하나님의 완벽한 피조세계에—특히 인간의 삶에—끼친 모든 영향을 완전히 무효화하고자 오셨습니다.

36장 본문은 주 예수 그리스도가 어떻게 마귀의 일을 무효화하시는지 하나씩 보여줍니다. 그는 세상에 와서 적극적인 순종의 삶을 사심으로써, 우리 죄를 대신하여 속죄제물이 되어 죽으심으로써, 죽은 자 가운데서 다시 살아나 사망의 줄을 끊으시고 하나님 우편으로 돌아가심으로써 마귀의 일을 멸하셨습니다. 영원한 세계에서 유한한 시간과 지옥 속으로 들어오셨다가 다시 영광으로 돌아가신 이 거대한 이동移動이 마귀의 일을 하나씩 멸하고 무효화한 것입니다. 그는 자신의 일을 완수하실 것입니다. 죄가 세상에 끼친 모든 영향을 결국 완전무결하게 제거하실 것입니다. 우리도 히브리서 기자처럼 말해야 합니다. "만물이 아직 그에게 복종하고 있는 것을 보지 못하[나]……영광과 존귀로 관을 쓰신 예수를 보니"(2:8, 9). 우리는 지금 그 과정을 보고 있습니다. 아직 끝나지 않았습니다. 여전히 진행 중이며, 온전히 완수될 때까지 계속될 것입니다. 그러면 죄와 사탄이 끼친 악한 영향은 남김없이 사라질 것입니다.

"또한"이라는 짧은 단어가 이 특정 진술의 고찰을 시작하자마자 상기시키는 사실이 이것입니다. 33절에 나오듯이, 구원의 많은 혜택 중 첫 번째는 죄 사함입니다. "주 여호와께서 이같이 말씀하셨느니라. 내가 너희를 모든 죄악에서 정결하게 하는 날에 [또한]……." 죄악에서 정결해져야 다른 혜택도 얻을 수 있습니다. 예수 그리스도가 흘리신 피로 죄 사함 받았음을 알기 전까지 어떤 복도 기대하지 마십시오. 죄가 제거되어야 하나님과 관계를 맺을 수 있습니다. 그 죄는 하나님이 그리스도 안에서 행하신 일을 통해 제거됩니다. "곧 하나님께서 그리스도 안에 계시사 세상을 자기와 화목하게 하시며 그들의 죄를 그들에게 돌리지 아니하시고"(고후 5:19). 이를 위해 그가 사용하신 방법은 이것입니다. "하나님이 죄를 알지도 못하신 이를 우리를 대신하여 죄로 삼으신 것은 우리로 하여금 그 안에서 하나님의 의가 되게 하려 하심이라"(고후 5:21). 이처럼 우리의 허물이 도말된 후에 지금까지 고찰한 다른 모든 복이 찾아옵니다. 새 마음과 새 정신이 생기고 성령이 찾아오십니다. 그는 우리 하나님이 되시고 우리는 그의 백성이 된다는 약속이 주어지며 풍성한 복이 찾아옵니다. 이처럼 하나님의 후하심을 깨달은 자는 그런 하나님께 대항하고 그토록 놀라운 제안을 거절했던 악함과 어리석음을 돌아보며 자기 자신을 미워하게 됩니다.

그뿐만이 아닙니다. 우리가 받을 복이 또 있습니다. 이것을 보면, 하나님의 구원과 관련된 모든 것이 사람의 생각과 정반대가 된다는 원리를 다시금 상기하게 됩니다. 이보다 더 이 세상 신이 불신자의 정신을 가리고 있음을 입증하는 증거는 없습니다. 예컨대 여기에는 구속받은 자들이 다시 성안에 살게 된다는 중대한 약속이 나옵니다. "주 여호와께서 이같이 말씀하셨느니라. 내가 너희를 모든 죄악에서 정결하게 하는 날에 [또한] 성읍들에 사람이 거주하게 하며 황폐한 것이 건축되게 할 것인즉." 하나님은 "전에는 지나가는 자의 눈에 황폐하게 보이던 그 황폐한 땅이 장차 경작이 될지라"라는 말씀으로 이 약속을 요약하십니다. 이것은 눈멀고 무지한 자들의 일반적인 복음관과 정반대되는 말씀입니다.

여러분이 그리스도인이라면 과거에 믿지 않았던 시절을 회고해 보십시오. 과연 그러함을 발견할 것입니다(그리스도인이 아니라면 지금 바로 확인할 수 있습니다). 우리는 다 본성적으로 '그리스도인이 되면 어떤 식으로든 고립된다'는 생각을 가지고 있는 것 같습니다. 많은 것을 포기하고 버려야 한다고 여깁니다. 동료와 행복과 기쁨과 교제가 있는 멋진 세상을 떠나야 그리스도인이 될 수 있다고 여깁니다. 그 의미가 무엇일까요? 그리스도인이 되면 사람들을 떠나 일종의 광야에 고립된 채 외로운 순례자로 혼자 살아가야 한다는 것입니다.

누가복음 18장에 나오는 젊은 부자 관원의 일부 문제도 이것이었습니다. 포기할 것이 너무 많다는 것입니다! 그렇게 다 버리고 나면 무력하고 고독한 벌거숭이 빈털터리가 된다는 것입니다! 완전히 고립되어 혼자 살게 된다는 것입니다! 그래서 그는 움츠러들었고 슬퍼하며 되돌아갔습니다.

베드로도 이런 생각을 가지고 "보소서, 우리가 모든 것을 버리고 주를 따랐나이다"라고 말했던 것 같습니다(막 10:28). "우리가 얻은 게 대체 뭐가 있지요?"라는 질문이 그 말 속에 함축되어 있었던 듯합니다. 세상은 항상 기독교를 이런 식으로 생각합니다. 하나님을 떠난 삶에는 멋진 교제가 있는 데 반해, 기독교는 고립과 고독과 일종의 광야생활로 이끈다고 생각합니다.

사람들이 오해를 표출하는 두 번째 방식은 기독신앙이 이른바 '문명'과 완전히 반대된다고 보는 것입니다. 기독교 메시지에 반대되는 것으로서 문명의 메시지를 계속 제시합니다. 성경과 모든 역사를 보면 이런 흐름이 지속되어 왔음을 알 수 있습니다. 하나님의 방법에 반대되는 것, 인간의 정신 안에 있는 모든 것을 문명이라고 부릅니다. 문명이란 일종의 조직화된 인간의 삶이라는 것입니다. 기독교는 교양도 없고 지식도 없고 교육도 없는 원시 상태에 인간을 가둠으로써 진정 가치 있는 모든 것을 놓치게 하는 반면, 문명은 인간이 타고난 위대함을 발현하게 한다는 것입니다. 어떻게 해야 문명화가 됩니까? 당연히 기독교부터 등져야 합니다. 세련된 교양은 기독교와 구원에 반대되는 것입니다. 문명인이 되는 일에 진정 관심이 있는 교양인이나 문화인이나 사교계 인사는 기독교를 정제되지 못한 아주 원시적이고 조야한 종교로 간주합니다.

그러나 이 본문은 구원의 경이를 펼쳐 보이면서 그 모든 생각과 주장이 거짓임을 밝혀 줍니다. 결국 복음만큼 사람을 교제하게 만드는 것이 없음을 보여줍니다. 기독교 메시지와 기독신앙만큼 자기 자신과 자신의 삶 전체를 문명과 문명화된 백성의 측면에서—이런 표현을 쓰고 싶다면—바라보도록 도와주는 것은 없습니다.

에스겔은 두 가지 그림을 통해 이 점을 보여줍니다. 장차 두 가지 일이 일어난다는 것입니다. 폐허가 된 황폐한 성이 재건되어 다시 사람이 거주한다는 것입니다. 경작되지 못했던 황폐한 불모의 땅이 다시 경작되어 엄청난 소출을 낸다는 것입니다.

이번에는 첫 번째 그림만 살펴보겠습니다. 이것은 성경에 아주 흔히 나오는 그림이자 여러 선지자가 사용하는 그림입니다. 무엇보다 이스라엘 자손의 실제 역사와 일치하기에 아주 자연스럽게 떠오르는 그림이기도 합니다. 이 훌륭한 그림은 하나님이 그리스도 안에서 인간을 위해 하시는 일, 영적인 의미에서 하시는 일을 보여줍니다.

그리스도인의 삶을 다룬 저자들도 이 그림을 사용했습니다. 존 버니언John Bunyan은 『거룩한 전쟁』*The Holy War*에서 맨소울Mansoul 성에 대해 쓰면서 하늘의 전쟁 내지 믿음의 싸움이라는 개념 전체를 채택했습니다. 『하나님의 도성』*The City of God*에도 인간의 성—이른바 문명—과 하나님의 성이 있다는 아우구스티누스의 중대한 개념이 등장합니다.

이 그림을 아주 간단하게 활용해 봅시다. 오늘 본문이 하는 말이 무엇일까요? 구원의 각 단계에서 했던 말과 똑같은 말입니다. 죄가 끼치는 영향을 먼저 알려 준 후에 구원의 복음이 끼치는 영향을 알려 줍니다. 죄가 끼치는 영향이 무엇입니까? 첫째는 삶을 파멸시키는 것입니다. 죄는 항상 파멸과 황폐를 불러옵니다. 이것이 성경의 중대한 메시지입니다. 에덴동산 때부터 그랬습니다. 인간은 낙원에서 출발했지만, 지금은 그렇지 못합니다. 세상은 낙원이 아닌 황폐한 곳이 되어 버렸습니다. 이것이 변함없는 인간의 역사입니다.

선지자가 여기에서 일차적으로 염두에 두는 것은 이스라엘 자손의 실제 역사인 것이 분명합니다. 그들은 하나님이 주신 땅에 예루살렘이라는 큰 성을 세웠습니다. 그 성은 온 나라의 자랑거리였습니다. 그들은 높은 언덕에 우뚝 선 크고 웅장한 성, 만인이 찾는 신앙의 성지를 크게 자랑했습니다. 그런데 에스겔이 예언하고 있는 지금은 고국 땅과 예루살렘에서 멀리 떨어진 바벨론 땅에 잡혀 와 있습니다. 원수가 예루살렘 성과 다른 성들을 공격하여 약탈하고 함락시킨 후, 패배한 백성을 포로로 사로잡아 끌고 왔습니다. 이처럼 이들이 잡혀 왔다는 것은 이스라엘의 성들이 말 그대로 파멸되고 황폐해졌다는 뜻입니다. 모든 건물이 남김없이 무너졌다는 뜻입니다. 이것은 역사적 사실입니다.

성경은 이 개념을 채택하여 훌륭한 그림으로 사용하고 있습니다. 괜찮다면 인간을 일종의 성으로, 하나님의 성에 비유하여 살펴봅시다. 예루살렘 성을 살펴보는 것과 같은 방식으로 하나님의 백성을 살펴볼 수 있습니다. 자, 우리 눈에 보이는 것이 무엇입니까? 언덕 위에 서 있는 웅장한 성, 백성의 자랑과 기쁨이 되는 성입니다. 웅장한 성벽이 그 성을 두르고 있습니다. 약탈자나 원수가 갑자기 침입해서 백성을 죽이고 재산과 소유를 약탈하지 못하도록 방어하기 위해 세워 놓은 큰 탑과 흉벽과 작은 탑들도 보입니다. 얼마나 훌륭한 성입니까! 얼마나 영화로운 광경입니까! 우뚝 서 있는 큰 건물들—웅장한 궁전과 큰 박물관, 예술작품으로 채워진 고상한 건축물, 흥미로운 문화 명소들—이 보입니까? 그 모든 건물들 중에서도 가장 중요한 곳은 성전입니다. 백성들은 그곳에서 하나님을 만났고, 하늘과 연결되었으며, 하나님이 거듭 죄를 덮어 주시고 자신들을 인자하게 굽어보신다는 확신을 얻었습니다. 성전은 백성의 가장 큰 자랑거리이자 하나님의 성소였으며 하늘과 땅이 만나는 장소였습니다. 여러분의 큰 성은 이런 곳입니다. 성안의 삶에는 이처럼 질서와 규율과 교제가 있습니다. 이스라엘 백성은 자신들이 '하나님의 성'이라고 부르던 이곳에 모여 살았습니다.

아, 그러나 그들은 안일해졌습니다. 하나님을 잊고 자신들의 죄도 잊은 탓에 성벽을 보수할 생각을 하지 못한 채 방치해 버렸습니다. 다른 일들에 바빠서, 현재를 즐기며 사느라 거기 신경 쓸 겨를이 없었습니다. 눈앞의 즐거움 외에 모든 것을 잊고 지냈고 원수의 존재도 잊고 지냈습니다. 그렇게 성벽과 방어시설들을 방치했습니다. 그러던 어느 날, 강한 원수가 성벽의 취약한 부분을 뚫고 들어왔습니다. 성안으로 밀려들어와 견고한 건물들을 남김없이 파괴했습니다. 성전을 약탈하고 훼손했습니다. 성전 그릇과 장신구와 금은을 다 쓸어가 참담하고 황폐한 폐허와 돌무더기만 남았습니다.

본문에 나오는 그림이 이것입니다. 선지자는 지금 과장하고 있지 않습니다. 순전한 사실을 있는 그대로 제시하고 있습니다. 원수가 예루살렘 성을 이렇게 만들었습니다. 포로로 잡혀 온 백성은 경작하는 자도 없고 거주하는 자도 없이 돌무더기와 폐허 더미가 되어 버린 고국 땅의 모습을 생각하며 포로로 흩어진 자신들의 신세를 돌아보고 있습니다.

본문은 죄가 인간에게 끼치는 영향을 생생하고 완벽하게 서술해 줍니다. 인간도 이런 측면에서 살펴볼 수 있습니다. 인간이 얼마나 놀라운 작품입니까! 하나님이 얼마나 훌륭하게 만드셨습니까! 제가 언급한 다양한 건물들은 인간의 정신과 지각과 역량에 해당됩니다. 이제까지 박물관과 미술관과 양심의 역량에 대해 이야기해 왔는데, 그것들은 다 하나님이 주신 것입니다. 인간이 창조한 것이 아닙니다. 셰익스피어가 셰익스피어를 만든 것이 아니며, 셰익스피어가 셰익스피어에게서 나온 것이 아닙니다. 인간의 모든 재능은 하나님이 주신 선물입니다. 인간은 음악가나 시인이나 화가로 태어납니다. 하나님이 그 모든 재능을 부여하시고 심어 주십니다. 도시에는 웅장한 건물들—큰 궁전과 도덕을 관장하는 건물과 정부 관청과 시민회관과 시청—이 있습니다. 질서와 조정調整과 통치가 있습니다. 하나님은 인간도 그렇게 만드셨습니다. 몸과 영과 혼을 주어 균형 잡힌 삶을 살게 하셨습니다. 이 모든 요소와 놀라운 재능을 주셨습니다.

무엇보다 중요한 건물은 성전입니다. 성전은 하나님이 자신을 위해 인간 안에 만드신 처소이자 인간과 만나시는 장소입니다. 하나님은 자신을 위해, 자신의 형상대로 인간을 만드셨습니다. 그리고 교통의 가능성을 열어 두셨습니다. 살아 있는 모든 인간의 마음, 인간의 영혼에는 성전이 있습니다. 하나님이 자신을 위해 거기에 성전을 두셨습니다. 우리는 그 성전에서 하나님을 만납니다. 인간에게는 원래 죄를 짓지 않을 수 있는 가능성—방어시설—이 주어져 있었습니다.

인간은 세상에서 이렇게 살도록 지어진 존재입니다. 아, 그러나 이렇게 살고 있지 못합니다. 죄가 들어왔기 때문입니다. 죄는 항상 파멸과 혼돈과 황폐를 불러옵니다. 여기에서 사용하는 표현에 주목하기 바랍니다. "내가 너희를 모든 죄악에서 정결하게 하는 날에 [또한] 성읍들에 사람이 거주하게 하며 **황폐한 것이** 건축되게 할 것인즉." 그 다음에 나오는 말은 이것입니다. "**황량하고** 적막하고 **무너진** 성읍들에 성벽과 주민이 있다 하리니." 선지자가 이 말을 할 당시에는 그렇지 못했습니다. 정반대 상태에 있었습니다.

죄가 인간에게 끼치는 영향이 무엇입니까? 이스라엘 자손이 겪었던 슬프고 안타까운 역사를 반복하게 하는 것입니다. 무엇보다 먼저 성벽과 방어시설에 갈라진 틈이 생깁니다. 원수는 항상 그 틈을 타고 들어옵니다. 저는 세상에서 살아가는 인간을 피터 팬 식으로 바라보아야 한다고 믿지 않지만, 우리가 무죄한 상태로 출발한다는 것은 일면 맞는 말입니다. 그러나 이런 일들을 등한시하는 탓에, 하나님을 잊고 그 가르침을 적용하길 잊는 탓에, 죄와 사탄의 교묘한 부추김을 받는 탓에, 성벽 틈으로 원수가 침입하며 공격하는 날이 우리 역사에도 찾아옵니다. 방어시설들이 더 이상 제 역할을 하지 못합니다. 죄에 굴복하기 시작합니다. 죄를 유혹적이고 매력적으로 느끼기 시작합니다. 그렇게 원수의 침입을 허용합니다.

원수는 체계적으로 침투합니다. 그다음으로 항상 공격하는 것은 성안의 삶을 특징짓는 법과 질서와 생활의 규율입니다. 규율이 점점 더 느슨해집니다. “물론 어렸을 때는 이런 걸 아주 심각한 일로 여겼지. 하지만 그때는 무지했고 지금은 지식이 있잖아”라고 하거나 “한 잔 하는 게 무슨 대수겠어? 한 잔 정도는 전혀 해롭지 않다고. 한 잔 한다고 문제가 생길 리 없잖아?”라고 합니다. 규율이 벌써 흔들리기 시작하는 것입니다. 그렇게 첫 잔이 마지막 잔으로 이어지다가 결국 만취해 버립니다.

그다음으로 공격하는 웅장한 건물은 크고 장대한 인간의 도덕입니다. 오, 원수의 공격이 얼마나 맹렬한지요! 실제로 이 건물은 남김없이 파괴된 것이 분명합니다. 사람들이 더 이상 도덕을 믿지 않는 것처럼 보입니다. 도덕을 하나의 범주로 인정하지 않습니다. “아무 문제도 없는데 왜 걸고넘어지는 거야?”라고 합니다. 가장 저속한 형태의 악을 아주 아름답고 훌륭하게 묘사합니다.

그리 멀지 않은 과거만 해도 특정한 잘못을 범하면 공직이나 의원직에서 배제되었습니다. 그러나 지금은 배제되지 않습니다. 인간의 도덕 개념 자체가 토대부터 흔들리고 있으며 무너져 내리고 있습니다. 현대 세계에서 우리가 도덕적으로 어떤 위치에 있는지 알지 못합니다. 원수가 도덕이라는 웅장한 건물을 무너뜨려 버렸습니다.

어느 정도 직접적인 결과로서, 아주 영광스럽고 큰 다른 건물들도 무너지고 있습니다. 인간의 가장 고상한 능력이 발현되는 수준이 전반적으로 낮아지고 있지 않습니까? 예컨대 음악의 구성요소에 대한 개념도 사라져 버린 것 같습니다. 가락을 무시하고 불협화음을 자랑합니다. 아름다운 가락은 빅토리아 시대에나 어울리는 따분한 것으로 여기며, 서로 충돌하는 불협화음을 오히려 멋진 것으로 간주합니다. 일부러 시간을 내서 원시부족의 음악을 듣습니다. 그런 음악에는 지성이 없습니다. 단순히 감성에 호소하는 동물적 요소와 리듬만 있을 뿐입니다. 정신을 고상하게 고양해 주는 요소나 사상이 없습니다. 야만인처럼 앉아서 기계적으로 몸을 흔드는 것이 전부입니다.

그토록 교육과 문화와 진보를 자랑하는 사람들이 실생활에서는 이렇게 합니다. 이런 화려한 건물들, 웅장한 건축물들을 원수가 약탈하며 무너뜨리고 있습니다. 우리는 일종의 원시적 생존 상태로 회귀하는 중입니다.

물론, 무엇보다 성전이 약탈당하여 돌무더기만 남아 있습니다. 여러분의 삶에는 아직 성전이 있습니까? 여러분의 영혼에는 아직 하나님의 성소가 있습니까? 여러분은 홀로 있을 때 하나님을 만납니까? 최근에 한 철학자가 던진 질문처럼, 여러분은 고독할 때 무엇을 합니까? 그 철학자는 말했습니다. "그것이 종교다. 고독할 때 하는 일이 종교다."* 여러분은 고독할 때 무엇을 합니까? 영혼의 성전에서 하나님을 만납니까? 성전이 아직 거기 있습니까? 여전히 서 있습니까?

또 다른 건물들은 어떻습니까? 도덕은 어떻습니까? 순결은 어떻습니까? 하나님이 주신 재능들을 어디에 쓰고 있습니까? 하나님이 원래 주신 영광스러운 건물들이 어떤 상태에 있습니까? 여전히 서 있습니까? 성벽과 흉벽과 탑들은 어찌 되었습니까? 틈이 갈라진 것은 아닙니까? 성벽이 여전히 서 있습니까? 무너진 것은 아닙니까? 원수가 삶 속에 밀려들어 오고 있는 것은 아닙니까? 여러분은 자신의 현 위치를 알고 있습

* 알프레드 노스 화이트헤드Alfred N. Whitehead, 『종교란 무엇인가?』*Religion in the Making*, Lowell Lectures 1926(New York: Fordahm University Press, 1926).

니까? 자신을 잘 통제하고 있습니까? 삶에 통치와 질서와 규율이 있습니까? 혼돈과 황무지와 혼란과 폐허뿐인 것은 아닙니까?

오늘날 죄가 인간에게 이런 영향을 끼치고 있는 것이 분명하지 않습니까? 처음에도 말했듯이, 사람들은 '공동체로 모여 서로 교제하며 행복하게 살고 싶다면 절대 그리스도인이 되어서는 안 된다. 그리스도인이 되면 고립되고 고독해진다'라고 생각하는 것 같습니다. 세상에서 대중과 어울려 살아야 서로 교제할 수 있다고 여깁니다. 그러나 실제로는 삶이 점점 더 외로워지고 있음을 쉽게 알 수 있지 않습니까? 신문을 보아도 알 수 있고 실제 현실을 보아도 알 수 있습니다. 삶이 점점 더 외로워지고 있습니다. 어찌 보면 지상에서 대도시만큼 외로운 곳이 없습니다. 길모퉁이에 서 있으면 이리저리 바쁘게 오가는 사람들이 보입니다. 그러나 그들은 다 지나가는 행인일 뿐, 여러분은 여전히 혼자입니다.

늙고 아픈 이들에게는 이것이 더 절실한 문제가 되고 있습니다. 오늘날보다 훨씬 더 기독교적이었던 백 년 전에 훨씬 더 많은 교제가 이루어졌습니다. 작은 지역공동체에서—저는 그런 곳에서 자라는 특권을 누렸는데—누군가 병들면 그가 누구든 상관없이 모든 주민이 찾아갔습니다. 식사를 가져가든 차茶를 가져가든 돈을 가져갔습니다. 다들 무언가 해주려 했습니다. 그때는 모두가 하나였습니다. 그런데 이제는 그곳도 그렇지 않다는 말을 들었습니다. 이제는 각자 자기를 챙겨야 합니다. 아픈 노인을 찾아가 하루 저녁 같이 보내 줄 사람이 없습니다. 다들 자기 오락을 즐기러 달려가기 바쁩니다. 이런 약속이 있고 저런 볼 일이 있습니다. 외로운 이들은 점점 늘어나는데, 돌볼 사람이 없어 그대로 방치되고 있습니다. 그런 이들을 생각해 주는 사람이 아무도 없는 것 같습니다. 외롭고 아픈 노인들을 어떻게 관리할 것인지가 영국에서 첨예한 문제가 되고 있습니다. 우리 모두 하나가 되어야 한다고 말하는 시대, 각 사람이 서로 도우며 국가가 만인을 돌보는 공동의 삶을 이야기하는 이 시대에 외로움이 큰 문제가 되고 있는 것입니다.

이런 것이 황폐한 것입니다. 이런 상태에서는 교제의 삶을 살지 못합니다. 먼 나라로 떠난 탕자가 무일푼이 되어 아무의 관심도 받지 못했던 것처럼, 죄의 삶은 여러분을 고립시키며 외톨이로 만듭니다. 탕자가 다가올 때 사람들은 "딴 길로 가야겠다. 저놈이 또 구걸할 테니까"라고 했습니다. 자신에게만 몰두하는 이기주의와 자기중심주의야말로 죄의 삶에 나타나는 특징입니다. 교제도 없고 공동체도 없습니다. 사람들의 생각과 정반대입니다.

이런 죄의 영향을 무효화하는 복음을 주신 하나님께 감사드리십시오. 복음 외에는 이 일을 할 수 있는 것이 없습니다. 다른 모든 일처럼 이 일도 하나님이 친히 하십니다. "내가……성읍들에 사람이 거주하게 하며." 바벨론에 잡혀 온 백성은 이 일을 할 수 없습니다. 그렇지 않습니까? 바벨론에 유배된 자들이 한데 모여 고국 땅과 예루살렘 성의 일을 의논해 봐야 아무 소용이 없습니다. 그들은 무기가 없습니다. 잔인한 압제자의 손에 잡혀 있는데다가 수數도 적습니다. 아무것도 할 수 없습니다. 한데 모여 "돌아가서 다시 성을 세우자"라고 할 수 없습니다. 그것은 불가능합니다. 그러나 하나님은 하실 수 있고, 실제로 하셨습니다. 자기 백성을 위해 이방 통치자의 정신과 마음을 움직이셨습니다. 백성을 복귀시켜 성을 세우게 하시고 거기 거주하게 하시며 원래 자리로 돌아가게 하셨습니다. 이것은 실제 일어난 역사적 사건입니다. 우리가 주 예수 그리스도 안에서 구원을 얻을 때도 이 일이 똑같이 영광스럽게 일어납니다.

한 찬송시인의 기도를 기억합니까?

> 내 영혼의 폐허를 보수하시고
> 내 마음을 기도의 집으로 지으소서.

진심으로 이렇게 기도하는 사람은 그리스도 안에서 응답받을 것입니다. 그때 그가 하시는 일이 무엇입니까? 쓰레기와 파편부터 치우시는 것입니다. 우리의 어리석은 철학과 똑똑한 생각 및 사고가 만들어 낸 쓰레기와 파편이 얼마나 많은지 모릅니다. 작금의 현대 문명이 만들어 내는 파편도 엄청나게 많습니다. 현대 문명은 삶을 무섭게 파괴하고 있습니다. 신문과 법정 기록만 보아도 알 수 있습니다. 그 모든 파편을 쓸어 내고 청소해야 자리가 다시 깨끗해집니다.

성령이 사역을 시작하실 때 하시는 일이 이것입니다. 파편부터 치우십니다. 참으로 놀랍습니다. 한순간에 치우십니다. 여러분이 집요하게 고집하던 견해와 생각이 있을 수 있습니다. 그런데 그것들이 한순간에 사라진 것을 문득 발견하게 됩니다! 다메섹으로 가던 다소의 사울도 그랬습니다. 그는 위협과 살기가 등등했고 자신감과 자기 확신으로 가득했습니다. 그리스도는 사기꾼이요 기독교는 최고로 어리석은 종교라고 단정했고, 그래서 소탕하기로 마음먹었습니다. 그런데 바로 다음 순간 "주여, 제가 무엇을 하리이까?"라는 외침이 튀어나왔습니다.* 파편과 쓰레기가

* 행 9:6, 흠정역. 우리말 성경에는 생략되어 있다.

전부 치워진 것입니다. 자리가 깨끗해진 것입니다.

우리가 전하는 구원은 기적의 사건입니다. 천천히 가르치고 교육하는 과정이 아닙니다. 학교나 대학에서 날마다 조금씩 더 배워 나가는 것이 아닙니다. 그러려면 시간이 부족할 것입니다. 그렇습니다. 성령은 순식간에, 한순간에 구원하실 수 있습니다. 구원은 성령이 행하시는 기적의 사건입니다.

그다음으로 하시는 일이 무엇입니까? 새로운 계획과 설명서를 제시하시고 하나씩 나누어 순서를 잡으시며 조정하시는 것입니다. 그러면 삶이 새롭게 정돈될 가능성이 보이기 시작합니다. 성이 다시 세워집니다. 아무리 엉망이 된 성이라도 항상 일정한 삶의 질서와 형태가 잡히면서 정돈이 됩니다. 예수 그리스도의 복음이 개인의 삶에 끼치는 영향도 이것입니다. 죄가 야기한 말할 수 없는 혼란과 혼돈 속에 그리스도가 찾아와 질서를 잡으십니다. 삶을 단순하고 새롭게 바라보게 하십니다. 그러면 몇 가지 큰 일만 중시하게 됩니다. 더 이상 유혹에 넘어가거나 욕심에 이끌리거나 미혹당하지 않습니다. 그 모든 세력에 휘둘리지 않습니다. 삶의 계획이 단순해집니다. 복음의 놀라운 면이 이것입니다. 생활 전체가 단순해집니다. 계획과 목적이 생깁니다. 자신을 영원한 세상의 순례자로 다시 보게 됩니다. 세상을 잠시 지나가는 임시장소로 보게 됩니다. 영원한 세상을 바라보기 시작합니다. 내가 하나님을 위해 지어졌다는 사실과 그와 바른 관계를 맺는 일이 중요하다는 사실을 깨닫습니다. 삶 전체가 하나의 계획으로 축소됩니다.

이것은 아주 놀라운 일입니다! 영원하신 건축자가 실제로 나를 붙잡아 다시 세워 나가시는 것이 느껴집니다. 물론 과정이 필요합니다. 거듭님과 중생의 토대를 놓으시고, 그 위에 건축해 나가십니다. 건물들이 하나씩 올라가는 것을 자각하는 것은 엄청난 경험입니다. 성경에 관심이 생기고 기도에 관심이 생깁니다. 아무것도 없던 자리에 건물들이 올라갑니다. 이제 그 건물에 들어가 성경을 읽으며 정신을 확장할 수 있습니다. 또 다른 건물에도 들어갑니다. 도덕에 관심이 생깁니다. 주의 은혜와 그를 아는 지식에서 자라 가는 일에 관심이 생깁니다. 죄에서 해방되어 그리스도처럼 거룩하게 사는 삶에 관심이 생깁니다. 이것은 참으로 놀라운 원형元型입니다! 이 그림을 보면 놀랍고 경이로워 눈을 뗄 수가 없습니다.

기도가 즐거워지기 시작합니다. 성전에 들어가는 것이 좋아서 점점 더 자주 찾아가게 됩니다. 전에는 그러지 않았습니다. 성전 자체가 아예 없었습니다. 그런데 다시 세워지고 있기에 찾아가서 하나님을 만납니다. 이 그림은 통치와 규율과 중심적인 권위가 생기는 것으로 완성됩니다. 조례들이 생기고, 거기에 관심을 갖게 됩니다. 그런 것들이 더 이상 따분하거나 지루하게 느껴지지 않습니다. 전부 날 위해, 내 유익을 위해 제정된 것임을 깨닫습니다. 전에는 그런 것들에 반항했습니다. 내 방식대로 하고 싶었고 완전히 자유롭게 살고 싶었습니다. 이웃한테도 관심을 갖지 않았습니다. 그러나 이제는 공동체로 살도록 명하신 것을 압니다. "각각 자기 일을 돌볼뿐더러 또한 각각 다른 사람들의 일을 돌보아 나의 기쁨을 충만하게 하라. 너희 안에 이 마음을 품으라. 곧 그리스도 예수의 마음이니"(빌 2:4-5). 이것은 질서와 중앙정부와 권위가 있는 삶입니다.

마지막으로 설명할 최고의 특징은 교제입니다. 그리스도의 삶에 나타나는 특징 중에 이보다 더 놀라운 것이 없습니다. 이전 생각과 달리 그리스도인의 삶은 고립된 것이 아님을 불현듯 발견합니다. 평생 처음 진짜 친구를 발견합니다. 형제자매를 발견합니다. 이 사실을 아주 분명하게 알아야 합니다. 처음에 그리스도인이 되면 완전히 혼자가 될 것 같은 무서운 생각이 들 수 있습니다. 가족 중에 혼자만 그리스도인이 될 수도 있고, 그리스도인이라는 이유로 남들과 거리가 생길 수도 있습니다. 그들은 여전히 공통의 관심사로 묶여 있는데 나만 홀로 고립됩니다. 그럴 때 마귀가 찾아와 "거봐, 네가 실수한 거야. 이제부터 외롭고 비참한 여생을 보내게 될 걸"이라고 속삭입니다.

그러나 그 말은 사실이 아닙니다. 주 예수 그리스도의 말씀을 들어보십시오.

> 베드로가 여짜와 이르되 "보소서, 우리가 모든 것을 버리고 주를 따랐나이다." 예수께서 이르시되 "내가 진실로 너희에게 이르노니 나와 복음을 위하여 집이나 형제나 자매나 어머니나 아버지나 자식이나 전토를 버린 자는 현세에 있어 집과 형제와 자매와 어머니와 자식과 전토를 백 배나 받되 박해를 겸하여 받고 내세에 영생을 받지 못할 자가 없느니라"(막 10:28-30).

이 말씀이 확실히 맞습니다. 남웨일스에서 목회하는 특권을 누리던 시절에 한 교인의 장례식을 치른 적이 있습니다. 그는 노년에 세상을 떠났는데, 주변에 일가친척이 한 명도 없었습니다. 어디에서도 찾아낼 길이 없었습니다. 본인도 생전에 누가 어디 살아 있는지 모르고 지냈습니다. 이렇게 말하면 여러분은 그를 완전히 고립된 사람으로 여길 것입니다. 그곳은 아직 구식 장례식을 치르는 지역이어서 친척들이 항상 행렬을 지어 관 뒤를 따르는 풍습이 있었습니다. 다른 이들은 관 앞에서 행진했습니다. 우리 모두 할 일은 하나뿐이라고 생각했습니다. 우리야말로 그의 친척이었습니다. 그래서 온 교회가 관 뒤를 따랐습니다. 그것은 당연한 일이었습니다. 그는 우리 형제였기 때문입니다. 여자 교인들도 그를 형제로 여겼습니다. 우리는 다 연결되어 있었습니다. 모두 하나였습니다. 그리스도인은 하나님의 가족으로서 크고 영광스러운 교제 안으로 들어갑니다. 한 백성이 되어 한 관심사를 가지고 한 행복을 누립니다. 한 경험을 공유하며 한 축복을 함께 누립니다.

여름에 타지에서 우리 교회를 방문하는 친절한 친구들을 제의실에서 맞이할 때 제가 종종 하는 말이 이것입니다. 악수를 나누며 서로 얼굴을 쳐다보면 마치 평생 알고 지낸 사람 같습니다. 얼굴만 보아도 그리스도인임을 알아볼 수 있습니다. 서로가 서로에게 속한 것이 느껴집니다.

전시에 각국 군대가 런던에 주둔했는데, 그 군인들이 저를 찾아와 하는 이야기를 듣는 것은 아주 멋진 경험이었습니다. 저는 그것이 '전 세계에 있는 하나님의 가족은 하나'임을 보여주는 절대적인 증거라고 느꼈습니다. 그리스도인이 되면 고립된다고요? 아닙니다. 여러분을 외톨이로 만드는 것은 오히려 죄의 삶입니다. 복음은 한 공동체에 들어가 한 가족이 되게 합니다. 하나님의 자녀, 하나님의 상속자요 그리스도와 함께한 상속자, 한 구원에 참여한 자가 되게 합니다.

계시록 7장은 이 세상과 세상의 삶 너머에 펼쳐지는 영광스러운 광경을 묘사합니다. 셀 수 없이 많은 무리, 수천수만의 사람들이 흰 옷을 입고 모여 있는 광경을 보여줍니다. 그들이 누구입니까? 하나님의 백성입니다. 한 백성입니다. 하늘 아버지의 한 자녀들입니다. 함께 영원토록 즐거이 지낼 사람들입니다. 이기적이고 자기중심적이며 공격적인 자들, 싸우고 다투고 미워하며 감추는 삶을 살던 자들은 전부 바깥에 머물 것입니다. 거기에는 공동체가 없습니다. 그곳은 지옥입니다. 지옥은 모든 사람이 영원토록 끊임없이 자기를 위해 살면서 하나님을 대적하고 서로 대적하는 곳입니다. 얼마나 무서운지 모릅니다.

그러나 천국에 있는 사람들은 소리를 합쳐 한 찬송을 부르며 한 하나님을 찬양합니다. 자신들의 죄 때문에 죽임당하시고 자신들을 구속하여 하나님 앞으로 인도하신 한 어린양을 경배합니다. 오, 그 놀라운 교제여! 하나님의 성이 내려올 때, 우리는 그 성안으로 들어갈 것이며 그 성안에서 영원히 살 것입니다. 공동체의 삶, 하나님 안에서 연합되고 하나된 삶을 살 것입니다.

죄는 황폐하게 하고 무너지게 하며 갈라지게 합니다. 복음은 세우고 건축하며 연합시킵니다. 하나님과 그 아들 예수 그리스도와 더불어 교제하게 하며 서로서로 교제하게 합니다. 이처럼 죄가 끼친 영향을 처음부터 끝까지 무효화하는 복음, 마침내 우리를 흠도 없고 점도 없이 하나님 앞에 세워 줄 복음, 그리스도 안에서 모두 하나 되어 영원히 함께 살게 할 복음을 주신 하나님께 감사드리십시오.

13

생산하지 못하는 시대

전에는 지나가는 자의 눈에 황폐하게 보이던 그 황폐한 땅이 장차 경작이 될지라. 사람이 이르기를 "이 땅이 황폐하더니 이제는 에덴동산같이 되었고." 겔 36:34-35

36장 본문보다 더 주 예수 그리스도 안에서 얻는 구원의 혜택을 잘 알려 주는 영광스러운 진술은 없습니다. 34-35절에는 또 한 가지 혜택이 나옵니다. 구원의 복은 그야말로 무한한 것입니다. 바울은 이것을 일컬어 "그 은혜의 지극히 풍성함"이라고 했습니다(엡 2:7). 이 복은 말로 다 할 수 없는 것입니다. 참으로 엄청납니다. 무한합니다. 이번에 우리가 할 일은 이 두 구절에 나오는 구체적인 복을 살펴보는 것입니다.

'복음이 하는 일은 죄의 영향을 무효화하는 것'이라는 원리를 우리는 기억하고 있습니다. 이른바 죄의 **파멸적인** 영향은 이미 살펴보았습니다. 우리가 다룬 주제는 죄가 삶을 파멸시킨다는 것이었습니다. 죄는 인간을 파멸시키며 영혼을 파멸시킵니다. 인간 안에 있는 하나님의 형상을 훼손합니다. 그런데 여기 또 한 가지 영향이 나옵니다. 죄는 삶을 파멸시킬 뿐 아니라 황무지로 만듭니다. 아무것도 생산하지 못하게 만듭니다. 무너뜨리고 파멸시킬 뿐 아니라 생산적이어야 할 땅을 무생산적이거나 비생산적으로 만듭니다. 황무지로 만들 뿐입니다.

오늘 본문은 말 그대로 이스라엘 자손의 상태를 알려 주고 있습니다. 그들이 바벨론으로 잡혀 오는 바람에 고국 땅은 경작되지 못한 채 버려졌습니다. 일구거나 사용하는 이 없는 묵은 땅이 되었습니다. 아무 소출을 내지 못했습니다. 황폐하게 버려졌습니다. 죄가 항상 불러오는 결과가 이것입니다.

성경이 시종일관 전하는 핵심 메시지—죄야말로 가장 무섭고 파괴적인 것이라는 메시지—를 다시금 상기하게 되지 않습니까? 타락은 인간과 세상에 닥칠 수 있는 재앙 중에 가장 큰 재앙입니다. 이 말에 동의하지 않으면 기독교의 구원 메시지를 결코 이해할 수 없습니다. 죄를 가벼이 여기거나 오늘날 많은 이들처럼 소극적으로 생각하는 것만큼 치명적인 잘못은 없습니다. 유쾌하고 행복하길 바라는 이들은 죄 교리를 잘못된 심리학이라고 말합니다. 죄 교리가 인간을 억압해 왔다고 말합니다. 인간은 절대 그런 죄인이 아니라고 말합니다. 오늘날 사람들은 죄 교리를 싫어합니다. 그래서 그리스도인이 되지 않습니다.

그런데 36장 본문에는 시종일관 성경적인 죄 교리가 나옵니다. 죄는 가볍거나 단순히 소극적인 것이 아닙니다. 인간 속에 있는 것들 중에 죄의 영향에서 벗어난 것이 하나도 없을 만큼 파괴적인 것입니다.

우리가 과연 이 사실을 알고 있는지 의문입니다. 타락이 우리 속에 있는 모든 것에 영향을 끼쳤습니다. 남자와 여자가 타락하여 죄에 빠진 일이 모든 정신과 감정과 의지에 영향을 끼쳤습니다. 인간을 아무리 세분하여 살펴보아도 영향받지 않은 구석을 찾아낼 수가 없을 정도입니다. 아담과 하와는 전적으로 타락했습니다. 타락은 아주 끔찍한 파멸이요 철저한 황폐입니다. 우리가 본문에서 한 가지씩 살펴볼 단계들이 이 점을 상기시켜 줍니다. 죄가 얼마나 무섭고 두려운 재앙인지 분명하게 밝혀 줍니다. 오늘날 세상이 이 지경이 된 전적인 이유가 여기 있습니다. 신문이나 뉴스를 보면 인간의 타락과 죄가 끼친 영향과 결과를 일부 알 수 있습니다. 죄는 가장 심각한 재앙입니다.

그러나 죄와 타락의 영향이 아무리 깊숙이 미쳤다 해도 복음의 영향 또한 그만큼 깊숙이 미친다는 것이 복음의 메시지입니다. 제가 죄와 타락의 영향을 단계와 절차별로 제시하는 동시에 구속의 복음이 끼치는 영향을 제시하는 이유가 여기 있습니다. 복음은 죄와 타락이 끼친 모든 영향을 충분히 상쇄하고도 남습니다. 사도 바울은 말합니다. "죄가 더한 곳에 은혜가 더욱 넘쳤나니"(롬 5:20). 36장 본문에서 계속 발견하게 되는 사실이 이것입니다. 죄가 더한 모습이 나오고 죄가 인간에게 끼친 영향이 나옵니다. 큰 혼란과 파멸과 황폐가 나옵니다. 그런데 거기에 하나님의 말씀, 선지자 에스겔을 통해 자신이 하실 일을 알려 주시는 말씀이 들려옵니다. 그 말씀을 들으면 "과연 그렇구나. 죄가 더한 곳에 은혜가 더욱 넘치는구나"라고 외치게 됩니다. 오, 복음의 영광이여! 그러나 죄가 끼친 모든 파괴적인 영향을 먼저 보아야 이 영광도 볼 수 있습니다.

이미 말했듯이 죄는 아무것도 생산하지 못합니다. 메마른 불모지와 같습니다. 저는 이 점을 일반적인 측면과 개별적인 측면으로 나누어 설명하려 합니다. 죄는 우리 각 사람에게 개인적이고 개별적으로 이런 영향을 끼칩니다. 그러나 그보다 먼저 온 세상에 일반적으로 이런 영향을 끼칩니다. 제가 이 측면부터 지적하는 것은 오늘날 세상의 모습 자체가 이 성경 메시지를 분명히 입증하는 증거가 되기 때문입니다. 우리는 불모의 시대에 살고 있습니다. 우리 눈에 보이는 삶의 모든 분야가 비생산적입니다. 음악의 영역도 그렇지 않습니까? 미술의 영역도 그렇지 않습니까? 얼마나 많은 현대 음악이 존속할 것 같습니까? 백 년 후에도—그때까지 세상이 남아 있다면—이런 노래나 연주를 들을 것 같습니까? 저는 의심이 됩니다. 현대의 시들은 또 얼마나 살아남을 것 같습니까? 지금은 영리한 시대임이 확실합니다. 현대의 음악과 시와 미술은 참된 예술이라기보다 영리한 재주에 가깝습니다. 예술이라기보다 기교로 보이며, 예술작품이라기보다 인공물로 보입니다.

역사를 넓게 살펴볼 때 이 점을 아주 명확히 알 수 있습니다. 세계 역사에는 하나님과 인간의 관계가 삶의 지배적 요소이자 중대사였던 시대들이 있습니다. 기독신앙과 메시지를 최고로 중시했던 이른바 '믿음의 시대'들이 있습니다. 그런 시대에는 예외 없이 거의 모든 측면과 영역이 놀랍게 촉진되었던 것을 알 수 있습니다. 위대한 건축물과 조각과 음악과 시와 희곡 등이 생산되었습니다. 이것은 많은 비그리스도인 역사가들이 실제로 인정하는 사실입니다. 그들도 믿음의 시대가 생산적이었던 것을 인정하지 않을 수 없습니다. 기독교 메시지에는 실질적인 비그리스도인들에게까지 영향을 끼치는 힘이 있습니다. 공동체 전체가 혜택을 입습니다. 신앙의 각성이 일어날 때 나라 전체가 혜택을 입는다는 것은 엄연한 사실입니다. 엘리자베스 시대와 청교도 시대, 18세기 복음주의 대각성 운동 이후에 영국에서 가장 위대한 문화적 진보가 이루어졌습니다.

반면에, 불신앙의 시대는 항상 메마른 불모의 시대였습니다. 이것은 인간이 하나님을 위해 지어졌음을 입증하는 훌륭한 증거입니다. 인간이 하나님과 자신의 관계에서 원래 의도대로 제 기능을 하지 못하면 모든 영역에서 실패하게 되어 있습니다. 예컨대 청교도 시대 이후를 보십시오. 찰스 2세의 왕정복고와 더불어 궁전에서 벌어졌던 온갖 음탕한 행태를 보십시오. 사람들은 믿음을 등지고 자기 생각대로 살았습니다. 1660-1740년은 모든 면에서—세속적인 의미에서조차—무섭게 메마른 시대였습니다.

아, 우리가 살고 있는 이 시대도 비슷해 보입니다. 가망 없는 편견에 눈멀지 않고 제대로 생각할 줄 아는 사람이라면, 현재 우리가 완전히 비생산적이라는 사실—위대한 시대 및 시기와 비교해 볼 때 특히 더 그렇다는 사실—을 인정할 것입니다. 죄는 비생산적입니다. 마치 삶 전체가 정지해 버린 듯합니다.

오늘날 세상에서 가장 낙후된 나라들을 보십시오. 순전한 기독신앙이 가장 전파되지 못한 곳들임을 알 수 있습니다. 반면에, 기독교 메시지가 찾아가는 곳에는 항상 일종의 문명이 발생합니다. 인간의 삶을 고상하게 만들며 고양하는 모든 것이 추동력을 얻습니다. 교육이 이루어지고 병원이 생기며 그 밖에 여러 가지가 개선됩니다. 기독신앙의 강력하고도 직접적인 메시지를 받지 못한 민족과 종족일수록 낙후됩니다. 모든 면에서 낙후됩니다. 이것은 본문의 내용을 확인해 주는 중대한 증거입니다.

일반적인 측면을 살펴보았으니 이제 개별적인 측면을 살펴봅시다. 이 원리는 결국 개인에게도 그대로 적용됩니다. 우리는 마지막 심판대 앞에서 인간 문명의 상태가 아닌 우리 자신의 상태에 대해 심문받을 것입니다. 그렇습니다. 이 원리가 모든 영역에 작용함을 깨닫는 일도 중요하지만, 무엇보다 우리 자신에게 작용함을 깨닫는 일이 시급합니다. 이제 우리 자신에게 던져야 할 질문은 이것입니다. 오늘 내 상태는 어떻습니까? 내 영혼의 상태는 어떻습니까? 하나님은 사람을 만드시고 생기를 불어넣어 생령이 되게 하셨습니다. 이를테면 인간에게 토양을 주시고 생산의 가능성을 열어 주신 것입니다. 그런데 어떻게 되었습니까? 무슨 일이 일어났습니까? 사람이 농장이나 토지를 조사하듯 하나님이 우리를 조사하신다면 과연 무엇을 발견하시겠습니까? 우리의 생산성은 얼마나 됩니까?

죄는 언제나 비생산적이며 메마른 불모의 상태를 만들어 낸다는 것이 성경의 메시지입니다. 죄에 빠진 모든 인간의 삶은 이스라엘 자손이 바벨론으로 잡혀갔던 당시의 이스라엘 땅처럼 경작 불가능한 상태에 있습니다.

이 점을 입증해 보겠습니다. 우선, 원리의 형태로 설명함으로써 일반적인 측면에서 입증해 보겠습니다. 죄가 비생산적일 수밖에 없는 것은 우리가 제 기능을 올바로 사용하는 못하는 탓이며, 따라서 우리 안에 고유하게 내재된 가능성을 끌어내지 못하는 탓입니다. 죄는 영혼의 토양을 방치 상태로 만듭니다.

이스라엘 땅은 경작할 사람이 없어 소출을 내지 못했습니다. 죄에 빠진 인간의 상태도 똑같습니다. 죄가 끼친 모든 영향 때문에 제 기능을 마땅한 용도대로 사용하지 못하며, 그로 인해 자기 안에 있는 능력을 끌어내지 못합니다. 제 말의 의미를 밝히기 위해 몇 가지 예를 들어 보겠습니다. 매우 노골적이고 직접적이며 실제적인 예를 드는 것에 대해 양해를 구하지는 않겠습니다. 이런 일이 이미 신문과 영화를 가득 채우고 있는 만큼, 이를 통해 복음 전파의 실제 성격 및 관련성을 밝혀 보겠습니다.

먼저 성性 이야기부터 하겠습니다. 세상이 성에 미쳐 있다는 것은 의문의 여지 없는 사실입니다. 지금은 성이 만연한 세대요 성에 미친 세대입니다. 성은 하나님이 우리 안에 주신 본능이자 남자와 여자 안에 두신 기능입니다. 그런데 죄는 성을 목적을 위한 수단으로—원래 의도대로—쓰게 하지 않고, 그 자체만 떼어 내 목적으로 삼게 만듭니다. 그것은 정욕입니다. 현대인의 전적인 비극은 성적 본능이 정당한 제 역할을 하게 하는 대신, 헤드라인으로 둔갑시켜 정면에서 강조하고 부각하는 것입니다. 원래 맥락에서 떼어 내 그 자체를 목표와 목적으로 삼는 것입니다. 사람들은 성을 위해 살고 있습니다.

그래서 생산적이지 못한 것입니다. 창세기에 나오듯이—그리고 성경 여러 곳에 반복해서 나오듯이—성은 땅을 충만히 채우기 위해 인간 안에 주신 본능입니다. 그런데 오늘날 사람들은 땅을 충만히 채우는 데 관심이 없습니다. 그저 여러 경험 중 하나로만, 향락의 한 형태로만 관심을 가질 뿐입니다. 성만 떼어 내 엄청나게 부풀리고 있습니다. 그 결과, 영적으로뿐 아니라 신체적으로도 메마른 불모 상태가 되었습니다. 이 특정한 측면이 영국과 온 세계의 미래 전체에 심각한 영향을 끼칠 가능성이 매우 큽니다. 우리가 그토록 자랑스러워하는 서구 문명이 단순한 인구 부족으로 완전히 쇠망할 만큼 인구의 균형 자체가 무너져 버릴 수 있습니다.

또 다른 예를 들어 보겠습니다. 죄에 빠진 인간은 행복과 기쁨도 성과 똑같이 다룹니다. 그 자체를 목적으로 삼는 것입니다. 그러나 이것은 하나님의 원래 의도가 아닙니다. 행복은 하나님의 법에 순종할 때 어느 정도 부지중에 발생하는 부산물이지 목적 자체가 아닙니다. 하나님은 행복을 목적으로 삼게 하지 않으셨습니다. 그러나 우리는 이것도 떼어 내 부풀려 버렸습니다.

죄에 빠진 현대인에게 노동은 무엇일까요? 성가신 것입니다. 쾌락과 행복을 위한 돈벌이에 불과합니다. 지겹고 싫은 것입니다. 아마 노동을 종결시킬 발명품이 나오면 반색할 것입니다. 노동은 다른 목적을 위해 마지못해 감수하는 일입니다. 우리의 시선은 노동 자체의 존엄성과 위대함과 고귀함과 가치가 아닌 쾌락에 고정되어 있습니다. 다시 말해서 생각 자체가 생산적이지 못한 것입니다. 그래서 산물을 내지 못합니다.

죄는 이런 식으로 작동합니다. 하나님이 주신 올바르고 정상적인 것을 원래 맥락에서 떼어 내 부풀려 버립니다. 원래 의도와 달리 최종목표로 제시하며 그 자체를 추구하도록 몰아갑니다. 그렇게 우리를 소진시켜 아무것도 생산하지 못하게 만듭니다.

지금까지는 철학적인 측면 내지 심리학적인 측면에서 살펴보았다면, 이제부터는 현대인의 삶에 가장 두드러지게 나타나는 특정한 예, 즉 오늘날 평범한 개인이 삶의 목적으로 삼으며 신문들이 환호하고 칭송하는 것들을 살펴보겠습니다.

먼저 술 문제가 있습니다. 사람들이 하는 말을 들으면, 동네 주점에서 술 마시는 생활보다 멋진 일이 세상에 없는 것 같습니다. 얼마나 칭송하고 찬미하는지 모릅니다! 예배당이나 기도회를 대하는 태도와 완전히 다릅니다!

술이 끼치는 영향이 무엇입니까? 약리학의 관점에서 과학적으로 엄밀히 바라볼 때 최종적으로 할 수 있는 말은 완전히 비생산적이라는 것입니다. 술은 사실상 사람의 기능을 자극하는 것이 아니라 마비시킵니다. 술을 자극제로 여길 수 있는데, 그렇지 않습니다. 알코올은 억제제입니다. 고등 중추신경과 통제력과 균형감각을 마비시켜 좀 더 원초적인 요소들이 표면으로 떠오르게 만듭니다. 처음에는 명석해 보이던 사람도 술이 들어가면 분별력을 잃습니다. 술을 마실 때 실제로 일어나는 일이 이것입니다. 판단력과 균형감각을 잃습니다. 술은 인간의 기능을 침해합니다. 자극하거나 끌어내지 못합니다.

물론 마약도 아주 비슷한 영향을 끼칩니다. 모든 마약은 과도하게 자극하거나, 마비시키고 저하시킵니다. 그 결과 어떤 기능도 제대로 사용하지 못하고 방치하게 만듭니다. 아무것도 생산하지 못하게 만듭니다.

또는 오늘날 가장 대중적인 예, 그래서 가장 눈에 띄는 예를 살펴보십시오. 그것은 도박입니다(제 설교의 목적이 이런 일들을 반대하려는 데 있지 않다는 점에 주의하기 바랍니다. 저는 다만 이런 일들의 실제 본질을 밝히려는 것일 뿐입니다. 설교의 역할은 사람들의 눈을 열어 자신들이 하는 일의 실상을 보게 하는 것입니다. 성령을 통해 그 일의 실상을 보면 멈추게 됩니다). 도박의 핵심은 당연히 아주 비생산적이라는 데 있습니다. 부를 얻으려는 열망으로 무슨 일을 하거나 성취를 하거나 권리를 취득하는 것이 아닙니다. 단순히 부 자체만 열망합니다. 생산해 내는 것도 없고 보여주는 결과도 없습니다. 크게 볼 때 공동체에 가치 있는 일을 하나도 하지 않습니다.

이것이 일반적인 원리입니다. 이스라엘 땅이 그러했듯이, 이 모든 영향이 항상 나타납니다. 우리가 주목해야 할 첫 번째 요점은, 죄의 영향이 항상 경작되지 못한 모습으로 나타난다는 것입니다. 땅이 추하고 지저분해진다는 것입니다. 정원을 몇 년 방치하면 금세 지저분해지듯이 삶도 추하고 지저분해집니다. 개인의 모습도 마찬가지입니다. 요즘 우리는 진정한 매력과 아름다움에 대한 개념이나 감정을 내색하지 않는 기술 자체를 잃어버린 것 같습니다. 삶이 시끄럽고 추하고 지저분해졌습니다. 길거리를 보아도 알 수 있고 신문을 보아도 알 수 있습니다.

더 중요한 문제는 소출이 전혀 없다는 것입니다. 곳간에 들일 곡식이 없다는 것입니다. 다시 말해서, 죄의 삶에는 영혼을 고상하게 만드는 요소가 없습니다. 인간의 기능을 끌어내고 발전시키며 증진시키는 요소가 없습니다. 긴 인생의 마지막에 보여줄 결과물이 없습니다. 사도 바울은 로마서 6장에서 다음과 같이—제가 볼 때 가장 완벽하고 충격적인 방식으로—말합니다. "너희가 그때에 무슨 열매를 얻었느냐? 이제는 너희가 그 일을 부끄러워하나니 이는 그 마지막이 사망임이라"(21절). 죄는 언제나 완전히 비생산적입니다.

하나님을 필요로 하지도 않고 알지도 못하는 비그리스도인의 마지막 모습은 애처롭고 비참할 뿐 아니라 무섭고 두렵습니다. 그토록 세련되고 명석했던 이들이 세상을 떠날 때 모습을 보면 얼마나 딱하고 비참한지 모릅니다. 그야말로 딱한 마음을 금할 수가 없습니다. 전에는 사람들에게 기쁨과 즐거움과 재미를 주었습니다. 그런데 노년에는 자랑할 것도, 보여줄 것도, 만족을 찾을 것도 없습니다. 자리에 앉아 과거의 영광을—젊었을 때 자기가 얼마나 훌륭했는지!—회상하지만, 정작 지금은 가진 것이 없습니다. 그나마 과거를 뒤적여야 만족감을 느낄 수 있습니다.

우리도 그렇지 않습니까? 우리도 경험해서 알고 있습니다. 상황이 나빠지기 전까지는—건강하고 활기차게 잘 지내며 돈도 있고 일도 할 수 있는 동안에는—죄의 삶을 살면서도 아무 문제를 느끼지 못합니다. 그런데 갑자기 병이 들면 삶이 뒤집혀 버립니다. 대체 내가 어디 있는지 알 수가 없습니다. 의지할 것도 없고 위로받을 데도 없습니다. 하나도 없습니다. 덜렁 혼자뿐입니다. 생산물이 하나도 없습니다. 삶에 위로를 주는 것도 없고, 무엇 하나 기댈 만한 것도 없고, 즐거움을 주는 것도 없고, 영혼을 지탱해 주는 것도 없습니다. 이처럼 외로운 때가 되어서야, 유쾌한

동료들과 어울릴 수도 없고 늘 해오던 일을 할 수도 없는 때가 되어서야 영적인 양식을 찾습니다. 시간을 어찌 보내야 할지, 무료한 시간을 어찌 보내야 할지 모릅니다. 오, 죄의 삶은 얼마나 비생산적이며 메마른 불모지인지요!

오늘날 많은 세상 사람들의 비극이 이것입니다. 한 찬송가 가사처럼 "무덤을 기쁘게 맞을 소망도 없이" 죽음을 맞이합니다. 정말로 그렇지 않습니까? 인생이 시험대에 오르는 때가 이때입니다. 죽음을 앞두었을 때, 곧 세상을 떠나야 할 때입니다. 인생을 다 산 후에 여러분이 보여줄 결과물이 무엇입니까? 곳간에 들인 것이 있습니까? 소출이 있습니까? 마지막으로 정산한 수확량이 얼마나 됩니까? 마지막 감사관이 와서 인생의 책을 넘길 때 발견할 것이 있습니까? 여러분의 생산성은 얼마나 됩니까? 하나님과 그리스도 없이 살아온 사람의 비극은 죽을 때가 되어서야 자신이 빈털터리임을 깨닫는다는 것입니다. 명성도 사라지고 없습니다. 위로도 없습니다. 활력도 없고, 소망도 없고, 전망도 없습니다. 아무것도 없습니다. 모든 기능이 고갈되고 소진되었습니다. 그들은 빈손으로 인생의 종말을 맞이합니다. 이처럼 죄는 완전히 비생산적인 것입니다.

더 나쁜 영향이 있습니다. 경작되지 못한 이스라엘 땅에서는 소출이 나오지 않았을 뿐 아니라 사실상 다른 풀들이 자라났습니다. 이번에도 가꾸지 않은 정원의 사례를 보십시오. 무슨 일이 일어납니까? 잡초가 자라기 시작합니다. 쓸모없고 가치 없고 소용없는 독초들, 찔레와 가시덤불과 엉겅퀴가 자라기 시작합니다. 죄에 빠진 사람의 비극이 이것입니다. 자신을 고상하게 고양시켜 주는 것, 자신이 바라보며 위로받고 남에게도 전해 줄 만한 것이 하나도 없을 뿐 아니라 잡초와 가시덤불과 찔레와 엉겅퀴가 영혼의 토양을 가득 메워 버립니다. 죄의 소출은 항상 불행과 수치와 회한과 헛된 후회입니다. 죄는 예외 없이 고통을 생산합니다.

죄를 지으면 고통을 겪습니다. 죄를 지은 당사자가 먼저 고통을 겪습니다. 건강이 나빠집니다. 지난밤까지만 해도 행복했는데 아침에 갑자기 머리가 쪼개질 듯 아프고 위가 뒤집히면서 통증과 메스꺼움에 시달립니다. 죄의 대가를 치르는 것입니다. 죄에 항상 따르는 소출의 일부가 바로 고통입니다. 죄는 다른 이들에게도 고통을 줍니다. 무력하고 절망적인 주정뱅이의 아내와 어린 자녀들, 이혼의 무고한 피해자들, 아무 짓도 하지 않은 아이들이 고통을 받습니다. 오, 죄가 현대세계에 생산해 내는 끔찍한 고통이여!

또한 죄는 혼란을 가져옵니다. 가꾸지 않아 잡초가 빼곡한 정원에서는 통로를 찾을 수가 없습니다. 과거에 소출을 냈던 재배지를 찾을 수가 없습니다. 모든 것이 엉망으로 뒤섞여 있습니다.

죄에서 항상 나오는 소출인 거짓말과 부정직함과 속임수도 생각해 보십시오. 에덴동산에서 그러했고 이후에도 계속 그러했듯이, 마치 자신은 얼씬도 하지 않고 아무 짓도 하지 않은 척 가장하며 거짓말로 숨깁니다. 온갖 원한과 다툼도 따라옵니다.

꼭 밝혀야 할 마지막 문제가 있습니다. 이것은 아주 놀라운 사실이기에 농학과 원예학의 관점에서 엄밀하고 정확하게 말씀드리겠습니다. 경작하지 않아 잡초로 덮인 땅이 실제로 유독성분에 오염된다는 사실을 알고 있습니까? 땅이 쓰고 시큼해집니다. 너무 오염되어 좋은 소출을 낼 수가 없습니다. 죄가 항상 끼치는 영향이 이것입니다. 인간을 소진시키고 오염시킵니다. 모든 기능을 왜곡하여 원래 의도대로 쓰이지 못하게 합니다. 죄 때문에 영혼 전체가 쓰고 시큼해지며 메마릅니다. 이런 의미에서 제가 모든 죄의 시대는 항상 메마른 불모의 시대라고 말한 것입니다. 인간이 가진 최고의 기능들이 제 역할을 하지 못합니다.

죄는 이런 영향을 끼칩니다. 그러나 구원의 메시지를 주신 하나님께 감사드리십시오. "전에는 지나가는 자의 눈에 황폐하게 보이던 그 황폐한 땅이 장차 경작이 될지라. 사람이 이르기를 이 땅이 황폐하더니 이제는 에덴동산같이 되었고." 얼마나 큰 변화가 일어나는지 모릅니다! 이 변화가 어떻게 일어나는지 아십니까? 주 예수 그리스도가 오셔서 사시고 죽으시고 부활하심으로써, 성령이 그 일을 영혼에 적용해 주심으로써 일어납니다. 땅을 다시 생산적으로 만들기 위해 해야 할 일이 무엇입니까? 잡초와 가시덤불과 엉겅퀴를 제거하는 것입니다. 그것들부터 뽑아내 태움으로써 땅을 깨끗이 해야 합니다. 그 다음에 쓰고 신 성분을 제거해야 합니다. 배수로를 내야 합니다.

전에 함께 지낸 농부가 그 즈음에 구입한 넓은 땅을 구경시켜 준 적이 있습니다. 그는 수백 년간 경작되지 못한 땅을 어떻게 처리하는지 보여주었습니다. 먼저 배수로를 만들어 토양의 산성과 독성을 빼냈습니다. 그리고 생산성을 회복시키기 위한 조처로 석회와 다른 화학비료를 뿌렸습니다. 그 다음에 땅을 갈고 고르고 부수고 기경했습니다. 그 위에 씨를 뿌리고 흙을 고르게 덮었습니다. 그러자 작물이 나기 시작했습니다.

이것은 예수 그리스도의 구원이 어떤 것인지 보여주는 훌륭한 비유입니다! 그리스도가 갈보리라는 '배수로'를 내지 않으셨다면 우리는 소망 없는 자로 남았을 것입니다. 갈보리가 무엇입니까? 우리에게서 죄의 독성을 빼내기 위해 하나님이 마련하신 장소입니다. 독성부터 빼내야 하기에 그리스도가 '배수로'를 내신 것입니다. 그는 죄의 쓰고 신 성분과 더러운 요소가 빠져나갈 통로를 내셨습니다. 나무에 달려 자기 몸으로 우리 죄를 담당하셨습니다. 우리 죄를 제거하셨습니다.

그 다음에 성령이 오셔서 잡초와 쓰레기를 치우고 태우십니다. 땅을 기경하십니다. 갈고 고르고 부수십니다. 여러분은 성령의 유죄선고에 대해 알고 있습니까? 성령은 이 일을 하십니다. 부수고 깨뜨리십니다. 여러분은 이 과정을 겪었습니까? 성령이 갈고 고르며 기경하지 않으시면 구원의 열매가 맺히지 않습니다.

그리고 화학비료—석회와 인산 등—를 뿌리십니다. 그 비료는 하나님의 말씀 안에 들어 있습니다. 율법의 석회와 서신의 비료들이 생산성을 증진시킵니다. 그리고 무엇보다 말씀의 씨, 생명 그 자체인 씨를 뿌리십니다. 생명의 씨를 우리 영혼에 심으십니다. 그러면 다시 생산의 가능성이 열립니다. "에덴동산같이 되었고."

이것은 단순히 제가 상상해 낸 일이 아닙니다. 그리스도가 실제로 하시는 일입니다. 교회와 구원의 전 역사입니다. 지금도 일어나는 일이요 유효한 일입니다. 한낱 이론이 아닙니다. 하나님이 우리 영혼 안에서 하시는 일입니다. 이제까지 살펴본 대로 그는 그리스도 안에서 우리에게 필요한 모든 조처를 취하셨습니다. 그 결과가 어떻게 나타나는지 아십니까? 정원이 다시 깔끔해집니다. 가시덤불이나 찔레나 지겨운 잡초들이 다 사라져 보이지 않습니다! 정돈이 됩니다. 재배지가 나타납니다. 통로도 다시 나타납니다. 정원에 들어서면 "정말 깨끗하고 깔끔한데!"라는 말이 절로 나옵니다. 농장을 둘러보면 "도저히 믿어지지가 않네! 이전 상태를 내가 아는데 지금 모습을 좀 봐!"라는 말이 절로 나옵니다.

시골에 가서 주변 풍경을 한번 둘러보십시오. 수확한 건초더미도 보고 옥수수가 자라는 것도 보십시오. 그리고 몇 주 후 다시 가서 옥수수 빛깔이 바뀌는 모습을 보십시오. 밭의 밀들이 산들바람에 이리저리 흔들리는 모습을 보십시오. 그 색의 조화와 아름다움과 영광을 보십시오. 잘 경작된 농장이나 시골 풍경보다 더 아름답고 영화로운 것이 있습니까? 깔끔하게 정돈된 모습이 에스겔의 말처럼 마치 에덴동산과 같습니다. 시편 기자는 말합니다. "주 우리 하나님의 은총[아름다움]을 우리에게 내리게 하사"(90:17).

그러면 당연히 우리가 가진 기능들을 제대로 사용하게 됩니다. 그리스도가 성령을 통해 우리 영혼을 경작하실 때, 하나님이 주신 모든 기능을 발견하여 처음으로 제대로 사용하게 됩니다. 전에 몰랐던 능력과 관심과 가능성과 취향이 속에 있는 것을 처음으로 인식하게 됩니다. 우리를 고상하게 고양시키는 모든 요소가 나타나기 시작합니다.

제가 가장 좋아하는 예를 들어 보겠습니다. "아브라함의 하나님을 찬양하라"라는* 매우 아름답고 매혹적인 가사로 시작되는 위대한 찬송이 우리 찬송집 앞부분에 나옵니다. 이 찬송을 쓴 사람은 토마스 올리버스Thomas Olivers입니다. 그는 한때 죄—특히 술—때문에 부랑자로 살았습니다. 그런데 회심 후에 훌륭한 시인이자 위대한 작가가 되었습니다. 구주 되신 그리스도가 하시는 일이 이것입니다. 죄를 제거하시고 토양을 손질하십니다. 그러면 기능들이 제 역할을 하기 시작합니다. 그래서 바울이 로마서 6장에서 다음과 같이 말한 것입니다. "전에 너희가 너희 지

* 통일찬송가 3장 1절 다시 옮김.

체를 부정과 불법에 내주어 불법에 이른 것같이 이제는 너희 지체를 의에게 종으로 내주어 거룩함에 이르라"(19절).

그때부터 소출이 나오기 시작합니다. 오, 성도와 죄인은 얼마나 대조되는지요! 성도가 얻는 소출이 무엇입니까? "오직 성령의 열매는 사랑과 희락과 화평과 오래 참음과 자비와 양선과 충성과 온유와 절제니"(갈 5:22-23). 이 얼마나 놀라운 소출입니까! 고린도전서 13장은 생명과 사랑—고상한 모든 특질—이 개인의 삶에 어떻게 발현되는지 보여줍니다. 앞서 묘사한 죄인의 죽음과 성도의 죽음을 비교해 보십시오. 확연히 다릅니다! 오, 의의 소출이여! 오, 그리스도 안에 있는 삶의 만족이여! 오, 괴로울 때 얻는 위로여! 오, 곤궁할 때 받는 위안이여! 오, 죽음의 자리에서 바라보는 영원한 세계여! 상황이 어떠하든 소출이 나옵니다. 의지할 것이 있고, 먹을 양식이 있으며, 영혼을 지탱해 주는 것이 있습니다. 그리스도가 주시는 구원에서는 이런 소출이 나옵니다.

무엇보다 경이로운 사실은 이 소출이 계속 늘어난다는 것입니다. 땅을 경작할수록 소출이 늘어납니다. 이제는 자기 스스로 속에 있는 것을 촉진시켜 끌어냅니다. 죄의 삶을 살 때와 달리 그것들을 소진시키지 않습니다. 가장 좋은 것을 끌어냅니다. 시편 92:14을 보십시오. "그는 늙어도 여전히 결실하며." 열매가 계속 맺힙니다. 주의 은혜와 그를 아는 지식에서 자라갑니다. 사도 바울에 따르면, 우리는 지금 그 과정 중에 있으며 마침내 "그리스도의 장성한 분량이 충만한 데까지" 이를 것입니다(엡 4:13). 계속 성장할 것입니다. 해마다 소출이 늘고 많아질 것입니다. 참으로 놀랍지 않습니까! 계속 이렇게 성장하다가 마침내 하나님 앞에 이르러 "잘하였도다, 착하고 충성된 종아"라는 신성한 칭찬을 들을 것입니다(마 25:21, 23). 그는 우리가 행한 일을 아십니다. 계시록은 말합니다. "그들의 행한 일이 따름이라"(14:13). 우리는 상급을 받을 것이며 주님의 기쁨에 참여할 것입니다.

여러분의 삶은 어떻습니까? 여러분의 영혼은 어떻습니까? 여러분의 생산성은 어떻습니까? 나이가 몇 살이든 상관없습니다. 얼마든지 열매를 맺을 수 있습니다. 여러분에게는 열매가 있습니까? 자랑할 것이 있습니까? 위기가 닥치거나 생각지 못한 무서운 곤경이 닥칠 때 기댈 것이 있습니까? 소출이 있습니까? 쓸모없고 황폐하고 메마른 불모 상태에 있는 것은 아닙니까?

자신이 쓸모없고 황폐하고 메마른 불모지로 느껴진다면, 지금 하나님께 나아가십시오. 자신의 상태를 인정하고 고백하십시오. 불쌍히 여겨 달라고 구하십시오. 마음대로 땅을 처리해 달라고 청하십시오. 그 요청은 헛되지 않을 것입니다. 그렇게 요청하고 간구할 때 성령이 찾아와 복된 사역을 하실 것입니다. 그리스도 안에서 죄가 빠져나가는 것이 느껴질 것입니다. 죄책이 사라질 것입니다. 죄의 권세 자체가 처리되기 시작할 것입니다. 땅이 깨끗해질 것입니다. 그러면 그가 주시는 새 생명에서 성령의 열매가 맺히기 시작할 것입니다. 그 열매로 인해 하나님은 영광을 받으시고, 여러분과 여러분이 아는 모든 사람은 풍성해지며, 하늘에 있는 하나님의 천사들 또한 기뻐할 것입니다. 이처럼 광야를 에덴동산으로 바꾸는 복음, 인생에서 비참하게 실패한 불모 상태의 우리를 찾아와 복되신 우리 주와 구주께 영광이 될 미덕의 열매를 맺는 성도로 바꾸는 복음을 주신 하나님께 감사드리십시오.

14

오직 은혜로 받는 구원

사람이 이르기를 "이 땅이 황폐하더니 이제는 에덴동산같이 되었고 황량하고 적막하고 무너진 성읍들에 성벽과 주민이 있다" 하리니 너희 사방에 남은 이방 사람이 나 여호와가 무너진 곳을 건축하며 황폐한 자리에 심은 줄을 알리라. 나 여호와가 말하였으니 이루리라. 겔 36:35-36

제가 이번에 특별히 강조하고 싶은 구절은 36절입니다. "너희 사방에 남은 이방 사람이 나 여호와가 무너진 곳을 건축하며 황폐한 자리에 심은 줄을 알리라. 나 여호와가 말하였으니 이루리라." 선지자는 16절부터 시작된 중요한 본문 전체에서 밝혀 온 내용을 사실상 이 말로 요약하고 있습니다. 그가 이스라엘 자손을 구원하신다는 하나님의 메시지를 이 말로 요약하듯이, 마지막 연구를 하는 우리도 이전 연구들을 통해 밝히려 했던 내용을 같은 말로 요약할 수 있습니다.

이 중대한 진술에 이르기까지 36장 본문을 계속 살펴 오면서 알게 된 바는, 이것이 고국 땅에서 죄를 짓고 바벨론으로 잡혀 온 이스라엘 자손에게 직접적이고 즉각적이며 국지적으로 적용되는 메시지인 동시에 기독교 복음에 대한 훌륭한 예시豫示라는 것입니다.

36절의 요약이 반드시 필요한 것은, 우리가 지치지도 않고 계속 지적해 왔듯이 성경과 복음을 연구할 때 나무만 보고 숲은 보지 못할 위험이 크기 때문입니다. 물론 세부사항에도 관심을 기울여야 합니다. 성경이 거기에 관심을 기울이기 때문입니다. 우리는 항상 성경대로 해야 합니다. 그런데 세부사항을 계속 따라가다가 전체를 놓칠 위험이 있습니다. 그러면 절대 안 됩니다. 각 부분은 전체의 일부이므로, 항상 전체를 염두에 두고 살펴보아야 합니다.

36절은 이 과정에 도움을 줍니다. 36장 본문 전체에서 강조해 온 중대하고도 긴요한 원리 두 가지가 여기에 다시 나옵니다.

첫째는 죄와 관련된 진실입니다. 죄는 궁극적으로 하나님과 그의 크심과 영광을 공격합니다. 이 점을 절대 잊어서는 안 됩니다. 죄를 개별 행위의 측면에서만 생각할 위험이 있습니다. 도덕적으로나 의무적으로 마땅히 해야 할 일을 못하는 것은 죄의 실상이 아닙니다. 죄의 핵심은 하나님의 거룩한 이름에 마땅히 돌려야 할 영광을 돌리지 않는 데 있습니다.

죄가 사탄에게서 시작되었다는 사실을 절대 잊지 맙시다. 땅보다 하늘에서 먼저 반역이 일어났습니다. 밝은 천상의 영이 처음 하나님께 반기를 들었고 그의 하나님 되심에 이의를 제기했습니다. 이것이 죄의 기원으로서, 그 핵심은 하나님을 공격한 데 있습니다. 하나님의 큰 대적 마귀는 그의 힘과 위엄과 영광을 싫어합니다. 에덴동산에 찾아와 남자와 여자를 시험할 때도 이 노선을 채택했습니다. "하나님이 참으로……하시더냐?"라는 말로 모든 면에서 하나님에 대해 의문을 제기했고 그의 크심과 영광을 훼손하려 했습니다(창 3:1). 죄의 핵심 본질이 여기 있습니다.

36절이 하나님이 하실 일—이방 사람들을 잠잠케 하기 위해 행하실 모든 일—을 상기시키는 이유, 특히 마지막 설교에서 우리가 이 모든 일을 상기하는 이유가 여기 있습니다. 이방 사람들이 했던 말이 무엇입니까? 이스라엘 자손이 바벨론으로 잡혀가고 이스라엘 땅은 경작되지 못해서 황폐해지며 이스라엘 성들은 전부 무너지고 부서져 폐허가 된 것을 보면서 "하! 자신들의 하나님이 유일한 신이라면서 그의 크심과 능력에 대해 그토록 떠들더니. 그 말이 사실이라면 절대 이런 꼴이 되지 않았겠지"라고 비웃었던 것을 우리는 보았습니다. 죄는 항상 하나님의 반대자들을 즐거워하며 환호하게 만듭니다. 그들은 저나 여러분 같은 비참한 죄인에게는 관심이 없습니다. 하나님이 그 자신의 주장과 다른 분임을 입증하는 데만 관심이 있습니다. 죄의 핵심이 여기 있습니다.

그리스도인이든 아니든 이 개념을 이해하고 절대 잊지 말아야 합니다. 낱낱의 부끄러운 행위나 짐승 같은 행위만 죄가 아닙니다. 하나님의 작품을 망치는 것, 인간이 지닌 하나님의 형상을 훼손하는 것이 죄입니다. 지옥 세력은 하나님의 영광스러운 우주에 자신들이 끌어들인 혼돈을 보며 즐거워합니다. 그래서 36절이 이 점을 강조하는 것입니다. "너희 사방에 남은 이방 사람이……."

이 원리에 부합하며 이 원리에서 나오는 두 번째 원리가 있습니다. 구원은 일차적으로 하나님의 성품을 입증하고 그의 영광을 나타내기 위해 마련된 일입니다. 성경이 시종일관 도처에서 밝히는 사실이 이것입니다. 사도 베드로가 베드로전서 2:9-10에서 나그네로 흩어진 그리스도인들에게 일깨우는 바를 보십시오. "너희는 택하신 족속이요 왕 같은 제사장들이요 거룩한 나라요 그의 소유가 된 백성이니—그들을 이렇게 만드신 이유가 무엇입니까?—이는 너희를 어두운 데서 불러내어 그의 기이한 빛에 들어가게 하신 이의 아름다운 덕을 선포하게 하려 하심이라." 그리스도인은 어떤 사람입니까? 하나님의 영광과 덕과 뛰어나심을 선포하도록 부름받은 사람입니다. 항상 이 관점에서 구원관을 검증하는 일이 아주 중요합니다. 여러분이 생각하는 구원이 이런 것이 아니라면, 그것은 기독교의 구원이 아니라고 확신해도 좋습니다. 요즘 같은 시대에는 이를 구분하는 법을 배우는 일이 중요합니다.

지치지도 않고 되풀이하는바, 기독교의 구원 메시지를 어느 정도 복제하는 단체들은 세상에 많고도 많습니다. 애굽의 마술사들이 모세와 아론이 한 일을 어느 정도 따라할 수 있었던 것과 같습니다. 실제로 평안과 행복을 주거나 몸을 고쳐 주거나 길을 인도해 주는 단체들이 많습니다. 그러니 이 모든 단체와 기독교의 복음을 단번에 구분할 차이점을 아는 일이 지극히 중요하지 않겠습니까?

그 차이점은 이것입니다. 기독교 메시지는 언제 어디서나 하나님의 영광을 드러냅니다. "너희 사방에 남은 이방 사람이 나 여호와가 무너진 곳을 건축하며 황폐한 자리에 심은 줄을 알리라. 나 여호와가 말하였으니 이루리라." 기독교 메시지의 놀라운 점은, 우리나 우리의 특정한 필요를 채워 주기에 앞서 하나님의 성품과 정당성을 입증하기 위해 영원한 세상에서 계획되었다는 것입니다. 인간뿐 아니라 사탄과 모든 지옥 권세 앞에서 입증함으로 영원히 그들을 잠잠케 하기 위해 계획되었다는 것입니다.

기독교 복음을 통해 주시는 모든 주관적인 복으로 인해 하나님께 감사드리되, 복음의 원대하고 객관적인 목적을 절대 잊지 맙시다. 저와 여러분을 위해 이런 특정한 일들을 하실 뿐 아니라 우주적인 차원의 일도 하신다는 사실, 자신이 여호와시며 자신 외에 다른 신이 없음을 영원히 선포하신다는 사실을 깨달읍시다. 이것이 구원의 시금석입니다.

그렇다면 하나님은 어떻게 이 일을 하실까요? 세 가지 원리의 형태로 살펴볼 수 있습니다. 첫째로, 이 크고 놀라운 구원은 인간을 원래 자리로 되돌려 놓습니다. 본문이 아주 흥미롭고 생생하게 보여주는 사실이 이것입니다. 구약 시대에는 하나님의 복이 대개 물질의 형태로 주어졌다는 사실을 기억하기 바랍니다. 구약 시대 사람들은 양 떼의 규모나

소 떼의 수, 자녀의 수 등으로 하나님이 복 주시는 것을 알았습니다. 하나님은 이처럼 그 당시 사람들의 수준에 맞추어 복을 주셨습니다. 이것은 신약 시대에 그리스도 안에서 영적으로 하실 일을 미리 보여주는 그림입니다. 본문은 이렇게 표현하고 있습니다. "사람이 이르기를—하나님이 구원을 행하실 때 전에 그를 조롱하던 이방 사람들이 이르기를—이 땅이 황폐하더니 이제는 에덴동산같이 되었고." 단순히 "황폐했던 땅이 잡혀가기 전 상태로 돌아갔네"라고 하지 않는다는 것입니다. 그렇습니다. 그보다 훨씬 더 이전인 에덴동산으로, 인간이 타락하기 전의 상태로 돌아간다는 것입니다.

이것은 기독신앙의 핵심 본질을 이루는 크나큰 원리입니다. 오늘날 구원관이 너무 협소하고 부족한 탓에 그리스도 밖에 머무는 이들이 많습니다. 그러나 구원은 얼마나 원대하고 광대하며 크나큰 것인지 모릅니다! 하나님의 구원은 인간을 타락 이전으로 되돌려놓습니다. 이렇게 말해도 된다면, 그야말로 하나님께 합당하게 만들어 놓습니다. 우리의 방법은 삶을 땜질하는 것이지만 하나님의 방법은 그렇지 않습니다. 하나님이 인간을 구원하기로 작정하시고 타락의 영향과 결과를 무효화하기로 결심하셨다는 것은 곧 완전히 고쳐서 원래대로 돌려놓기로 하셨다는 뜻입니다. 그 이하에 만족하지 않으신다는 뜻입니다.

이것이 구원의 목적입니다. 인간을 회복시키는 것이 목적입니다. 알다시피 하나님은 자기 형상에 따라 인간을 지으셨습니다. 자기 형상의 일부를 인간에게 찍어 주셨습니다. 인간을 직립하게 만드셨습니다. 자신을 닮은 존재이자 주권을 가진 위대한 존재라는 표시로, 짐승처럼 네 발로 기는 것이 아니라 두 발로 서서 다니게 하셨습니다. 그리고 정신을 주셨습니다. 소통의 능력을 주어 자신과 교통하며 교제하게 하셨습니다.

아, 그런데 죄와 타락의 결과로 인간 안에 있던 하나님의 형상이 훼손되고 망가졌습니다. 완전히 사라진 것은 아니지만 손상되었습니다. 동산에서 쫓겨난 인간은 집에서 멀리 떠돌아다니는 나그네 신세가 되었습니다. 하나님이 인간을 구원하기로 결심하셨다는 것은 이런 인간을 원래 자리로 완전히 돌려놓기로 하셨다는 뜻입니다.

복음은 단순히 죄 사함만 주는 것이 아님을 알아야 합니다. 죄 사함을 받는 것도 감사한 일이지만—죄 사함은 모든 사람에게 가장 먼저 필요한 일로서 죄 사함을 받지 못하면 아무것도 더 받을 수 없습니다—그것이 전부는 아닙니다. 구원은 죄 사함에 그치지 않습니다. 그것은 시작일 뿐입니다.

그렇다면 복음이 하는 일이 무엇입니까? 타락의 모든 결과를 무효화하는 것입니다. 익숙한 말로 설명해 보겠습니다. 하나님은 독생자인 주 예수 그리스도를 세상에 보내셨습니다. 그를 보내 십자가에서 죽게 하시고 죽은 자 가운데서 다시 살리셨습니다. 왜 그렇게 하셨을까요? 저와 여러분에게 온전한 구원의 혜택을 주시기 위해서였습니다. 그 혜택이 무엇입니까? 첫째는 죄책이 처리되는 것입니다. 여기에서부터 출발해야 합니다. 성찬의 떡과 잔은 주께서 잡히시던 어두운 밤에 친히 자기 몸으로 우리 죄를 담당하신 것을 알려 줍니다. 하나님이 죄를 알지도 못하시는 이를 우리 대신 죄로 삼으시고 우리는 그 안에서 하나님의 의가 되게 하신 것을 알려 줍니다. "친히 나무에 달려 그 몸으로 우리 죄를 담당하셨으니 이는 우리로 죄에 대하여 죽고 의에 대하여 살게 하려 하심이라. 그가 채찍에 맞음으로 너희는 나음을 입었나니"(벧전 2:24). 이 일이 반드시 필요합니다.

지금까지는 이 사실을 몰랐더라도 이제는 알 것입니다. 여러분 자신은 죄를 처리할 수 없습니다. 없앨 수도 없고 지울 수도 없습니다. 설사 이제부터 선한 삶을 산다고 해도 과거의 행동을 무효화할 수 없습니다. 죄책이 그대로 남아 있습니다. 그 기록이 책에 남아 있을 뿐 아니라 앞으로도 죄를 짓고 실패할 것이기에 무효화할 수가 없습니다. 죄를 처리할 방법은 오직 한 가지, 하나님이 그리스도 안에서 처리해 주시는 것뿐입니다. 그리스도는 하나님이 값없이 우리를 용서하실 수 있도록 우리 죄를 지고 우리 형벌을 받으셨습니다.

복음은 죄의 권세도 처리해 줍니다. 마귀와 그의 제안이 부추기는 죄의 충동과 위력도 처리해 줍니다. 복음이 이런 일을 하는 것을 알고 있습니까? 복음은 약한 자를 강하게 해줍니다. 그 예가 성경에 무수히 나옵니다. 그리스도는 죄의 속박과 사슬에 매인 자들을 해방해 주실 뿐 아니라 옛 원수를 능히 이길 힘을 주십니다. 복음에는 죄를 이기는 능력이 있습니다. 죄에 저항할 힘이 없으면 에덴동산으로 돌아갈 수 없습니다.

죄의 오염도 처리해 줍니다. 죄가 우리를 오염시키며 우리가 가진 기능을 무력화한다는 사실, 우리를 비틀고 왜곡시키며 우리 존재 전체에 흉하고 더러운 얼룩을 남긴다는 사실을 결코 잊지 맙시다. 죄의 얼룩을 지워야 하는데, 그 대책도 그리스도 안에 마련되어 있습니다. 하나님이 성령을 선물을 주어 우리 안에서 일하게 하십니다. 성령의 임무와 사역은 죄의 오염을 제거함으로써 결국 하나님 앞에 점도 없고 티도 없고 흠도 없이 서게 하시는 것입니다. "능히 너희를 보호하사 거침이 없게 하시고 너희로 그 영광 앞에 흠이 없이 기쁨으로 서게 하"신다는 유다의 말을 기억하십시오(유 24절).

이 사실을 모르는 이들이 많습니다. 죄 사함만 받고 예전 모습 그대로 사는 것처럼 생각합니다. 아닙니다. 절대 그렇지 않습니다. 새로 태어나 새 생명을 얻고 새로워지는 축복을 받습니다. 죄의 권세와 오염이 제거됩니다. 무엇보다 하나님을 다시 알고 그와 교제하며 교통하는 축복의 자리로 돌아갑니다.

기독교의 구원에서 가장 귀한 한 가지 측면이 이것입니다. 여러분은 하나님을 알고 있습니까? 하나님의 임재를 느낀 적이 있습니까? 타락하기 전, 아담은 하나님과 교통했습니다. 하나님이 동산에 내려와 친히 그와 말씀을 나누셨습니다. 인간은 하나님의 벗이었습니다. 하나님을 알고 그와 교통하도록 지어졌습니다. 아우구스티누스도 "오, 주여, 주를 위해 우리를 지으셨나이다"라고 했습니다. 그런데 타락함으로써 하나님을 직접 친밀히 알지 못하게 되었습니다.

복음이 하나님을 아는 생생하고도 긴요한 지식을 회복시켜 준다는 사실을 모른다면, 우리의 구원관은 완전히 부족한 것이며 불완전한 것입니다. 베드로는 믿음으로 말미암아 그리스도가 우리 마음에 계시게 하기 위해 우리를 하나님의 "신성한 성품에 참여하는 자"로 만드셨다고 말합니다(벧후 1:4). 주님도 "영생은 곧 유일하신 참 하나님과 그가 보내신 자 예수 그리스도를 아는 것"이라고 하셨습니다(요 17:3). 노년의 요한은 편지를 쓰면서 "늙은 나는 곧 세상을 떠날 것이다. 내가 이 편지를 쓰는 것은 너희로 우리와 사귐이 있게 하기 위함이다. 우리의 사귐은 아버지와 그의 아들 예수 그리스도와 더불어 누리는 것이다"라고 했습니다(요일 1:3 참조).

교회 밖에 있는 자들이 기독교를 오해하는 것은 이 사실을 모르는 자칭 그리스도인들이 너무나 많은 탓입니다. 기독교를 단지 죄 사함으로만 생각하는데, 그렇지 않습니다. 구원은 에덴으로 돌아가는 것입니다. 아담의 자리로 돌아가는 것입니다. 아니, 저는 여기에서도 더 나아가 그리스도 안에서 아담을 넘어선다고까지 말하고 싶습니다.

아이작 와츠Issac Watts의 찬송 "햇빛이 닿는 곳마다 주 예수 왕이 되시고" 중에 대부분의 찬송집에 빠져 있는 아주 훌륭한 절이 있는데, 거기 이런 가사가 나옵니다.*

> 그 안에서 아담의 족속들
> 조상이 잃은 복보다 더 많은 복을 자랑하네.

확실히 그렇습니다. 죄 사함을 받고 죄의 권세와 오염에서 해방되는 것만이 아닙니다. 어떤 의미에서 아담은 경험치 못했던 교통의 관계와 하나님을 아는 지식을 회복하는 것만도 아닙니다. 구원은 그리스도 예수 안에서 하나님의 자녀가 되는 것입니다. "조상이 잃은 복보다 더 많은 복을" 받는 것입니다.

사도 바울이 에베소서에서(또한 골로새서에서도) 구원과 관련하여 말한 바가 이것입니다. "너희는 유혹의 욕심을 따라 썩어져 가는 구습을 따르는 옛사람을 벗어 버리고 오직 너희의 심령이 새롭게 되어 하나님을 따라 의와 진리의 거룩함[참된 거룩함]으로 지으심을 받은 새사람을 입으라"(4:22-24). 구원을 이보다 못한 것으로 생각하는 일이 절대 없도

* 통일찬송가 52장. 우리 찬송가에도 이 절이 빠져 있다.

록 합시다.

하나님이 이보다 못한 일을 하려고 독생자를 하늘에서 내려 보내셨다고 생각합니까? 히브리서 2:10은 말합니다. "많은 아들들을 이끌어 영광에 들어가게 하시는 일에 그들의 구원의 창시자를 고난을 통하여 온전하게 하심이 [하나님께] 합당하도다." 다시 말해서, 하나님은 인간을 구원하기로 작정하셨고 그 작정을 광대하게 이루셨습니다. 부분적으로 이루거나 조각조각 이루신 것이 아닙니다. 인간을 여기저기 땜질해서 어떻게든 짜 맞추신 것이 아닙니다. 그렇습니다. 아들의 형상에 따라 이예 새로 지으셨습니다. 그리스도는 많은 형제들 중 맏아들이십니다. 우리는 하나님이 사랑하시는 아들의 형상에 따라 자라 가게 되어 있습니다. 이처럼 하나님은 구원을 통해 자신의 크심과 영광과 성품을 입증하십니다. 우리를 위해 구원을 계획함으로써, 타락이 끼친 악한 영향의 모든 흔적을 지우는 온전하고도 완벽하며 충만한 구원을 우리 앞에 제시함으로써 입증하십니다. 이 영광스러운 구원이여!

제가 강조하고 싶은 두 번째 원리는, 하나님이 구원하셨음을 만인이 분명히 알 수 있게 하신다는 것입니다. "너희 사방에 남은 이방 사람이……알리라." "사람이 이르기를 이 땅이 황폐하더니 이제는 에덴동산 같이 되었고 황량하고 적막하고 무너진 성읍들에 성벽과 주민이 있다 하리니." 이방 사람들, 조롱하던 자들, 불신자들이 뒷걸음질치며 "이게 대체 어찌 된 거지?" 한다는 것입니다. 무언가 일이 일어났음을 알고 인정한다는 것입니다.

이 또한 성경이 시종일관 강조하는 크나큰 사실입니다. 하나님은 모호하게 구원하지 않으십니다. 불확실하거나 불분명하게 구원하지 않으십니다. 구원에는 하나님의 능력이 나타나게 되어 있습니다. 화가가 누구인지 모르는 위대한 그림이 발견되었다는 기사가 가끔 신문에 실리곤 합니다. 서명이 확실치 않거나 온전한 서명이 없는 탓에 "이것이 과연 거장의 작품일까?"라는 중대한 의문이 제기됩니다. 아무래도 의심의 여지가 있는 탓입니다. 그러나 새사람에게는 항상 확실한 서명이 되어 있습니다. 하나님의 구원과 가짜 구원을 구별하는 시금석이 이것입니다. 하나님의 서명을 찾아보십시오. 그의 작품은 알아보지 못할 수가 없습니다.

예컨대 하나님이 오순절 날 예루살렘에서 행하신 일을 보십시오. 제자들, 사도들—평범한 보통 사람들, 배우지 못한 자들, 어부와 장색匠色들—위에 홀연히 성령이 임하셨습니다. 그들을 본 예루살렘 사람들은 "이게 대체 어찌 된 거지?"라고 물었습니다. 이해하지는 못했지만, 무언가 일이 일어난 것은 알았습니다.

불과 얼마 후, 베드로와 요한이 성전 입구에 있던 앉은뱅이를 고쳤을 때도 같은 상황이 벌어졌습니다. 성경은 이 일 때문에 당국자들이 소집되었다고 말합니다. 소문을 들은 당국자들은 "상황이 심각해지고 있다. 이 일이 점점 더 퍼져 나가고 있다"라고 했습니다. 성경은 이렇게 말합니다. "그들이 베드로와 요한이 담대하게 말함을 보고 그들을 본래 학문 없는 범인凡人으로 알았다가 이상히 여기며 또 전에 예수와 함께 있던 줄도 알고"(행 4:13). 그들은 "이 일이 무엇이든 간에 이자들이 했을 리가 없다. 무식하고 무지하고 배우지 못한 범인들이 이런 일을 하다니, 이게 대체 어찌 된 노릇인가?"라고 했습니다. 흔들리며 동요했습니다.

사도행전에는 다소의 사울이 회심한 사건도 나옵니다. 그는 유대 교회

교인들이 자신의 얼굴은 몰랐어도 그들을 박해하던 자가 전에 박해하고 모독하던 복음을 전한다는 사실은 알았다고 말합니다(갈 1:23 참조). 그의 변화가 모든 사람을 놀라게 했습니다.

사도행전은 그 이야기로 가득합니다. 절망에 빠진 빌립보 간수는 너무나도 무섭고 두려운 나머지 칼을 빼서 자살하려 했습니다. 그런데 불과 한두 시간 후, 온 집안과 함께 하나님을 기뻐하고 구주를 찬송하며 빌립보 교회에 합류하는 모습을 보십시오. 그의 변화 또한 모든 사람이 알았습니다.

바울은 로마서에서 발합니다. "먼저 내가 예수 그리스도로 말미암아 너희 모든 사람에 관하여 내 하나님께 감사함은 너희 믿음이 온 세상에 전파됨이로다"(1:8). 이 말은 "모든 사람이 너희와 너희에게 일어난 일을 듣고 그 이야기를 한다"라는 뜻입니다. 이처럼 구원 사건은 감출 수가 없습니다. 이방 사람들이 "이 땅이 황폐하더니 이제는 에덴동산같이 되었"다고 말하게 되어 있습니다. 하나님이 무언가 일을 하셨다는 것입니다. 얼마나 달라졌는지 보라는 것입니다. 하나님은 이런 방식으로 구원하십니다.

사도는 데살로니가전서에서 정확히 같은 말을 합니다. "주의 말씀이 너희에게로부터 마게도냐와 아가야에만 들릴 뿐 아니라 하나님을 향하는 너희 믿음의 소문이 각처에 퍼졌으므로 우리는 아무 말도 할 것이 없노라. 그들이 우리에 대하여 스스로 말하기를 우리가 어떻게 너희 가운데에 들어갔는지와 너희가 어떻게 우상을 버리고 하나님께로 돌아와서 살아 계시고 참되신 하나님을 섬기는지…… 말하니"(1:8-10). 하나님이 이 일을 하셨고, 모든 사람이 그것을 알았습니다.

이 원리는 저와 여러분에게도 그대로 적용됩니다. 하나님이 일하시면 알아보지 못할 수가 없습니다. 이방 사람들도 알아보고 마지못해 증언하게 되어 있습니다. 그들이 보는 것이 무엇입니까? 새 마음과 새 시각이 분명히 생긴 것입니다. 전에는 세상만 위해 살던 사람이 이제는 하나님과 자신의 관계 및 자신의 영혼에만 관심을 쏟는 것입니다. "예전 그 사람이 아닌데. 사물을 보는 눈이 달라졌어. 시각과 방향이 달라졌어"라고 합니다. "누구든지 그리스도 안에 있으면 새로운 피조물이라"(고후 5:17). 새사람에게는 그리스도의 마음이 생깁니다. 자신의 영혼과 영원한 운명이 중요해집니다. 무엇보다 거기에 더 관심을 쏟습니다. 전에 알고 지내던 친구들이 "야, 넌 달라졌어. 전에는 우리와 어울리며 우리 일에 흥미를 느끼더니 이젠 왜 그러지 않는 거지? 아무리 봐도 넌 예전의 네가 아니야. 같은 사람이 아니야"라고 합니다. 이처럼 하나님이 그의 영혼 안에서 행하신 일을 증언합니다!

여러분에게도 남들이 이런 말을 한 적이 있습니까? 여러분의 큰 변화를 알아본 적이 있습니까? 새로운 흥미와 시각이 생긴 것을 인식한 적이 있습니까? 새로운 삶을 사는 것을 인식한 적이 있습니까? 전에는 자신들과 어울려 죄도 짓고 실수도 했지만 이제는 그러고 싶어 하지도 않고 그러지도 않는다는 것을 알아챈 적이 있습니까? 하나님이 인간의 영혼 안에서 행하시면 도덕관념이 새로워집니다. 전에 사랑하던 것을 미워하게 되고, 미워하던 것을 사랑하게 됩니다. 주 예수의 이름으로 씻음받아 정결해지고 거룩해지며 의로워집니다.

이처럼 하나님이 한 사람의 영혼 안에서 행하신 일은 반드시 드러나게 되어 있습니다. 드러나지 않으려야 않을 수가 없습니다. 300년 전에 살았던 한 늙은 청교도는 말했습니다. "한 사람이 그리스도인이 되면 그를 아는 모든 사람뿐 아니라 그의 말까지 알게 된다." 하나님이 행하시면 새 정신과 새 마음—감지할 수 있는 부드러운 마음—을 가진 새사람이 됩니다. 이전의 굳은 마음이 사라지며 그리스도를 닮아 가게 됩니다. 그리고 모든 사람이 그것을 인식합니다. 우리도 이런 모습을 분명히 보여주고 있습니까? 하나님의 서명이 있는 삶을 살고 있습니까? 하나님이 예수 그리스도 안에서 새롭게 창조하신 작품을 보여주고 있습니까?

이것은 마지막 요점으로 이어집니다. 하나님이 구원의 일을 하셨다는 사실만 만인이 분명히 아는 것은 아닙니다. 하나님이 홀로 이 일을 하셨다는 사실도 분명히 압니다. 거듭난 사람과 스스로 마음을 잡고 잘 살아 보려 하는 사람은 확연히 구별됩니다. 한 불쌍한 남자가 자신의 삶이 잘못된 것을 깨닫습니다. 아내의 책망을 듣고 아이들이 우는 모습을 보면서 '이제야말로 마음을 잡아야지'라고 다짐합니다. 의지적으로 엄청난 노력을 기울입니다. 이것이 하나의 그림이라면, 또 하나의 그림은 영원하신 창조자 하나님이 그 사람을 붙잡아 부순 후에 그리스도의 형상을 따라 다시 새롭게 지으시고 빚으시는 것입니다. 참된 기독교의 거룩함과 도덕은 이처럼 다릅니다! 한눈에 보아도 다릅니다!

구원은 항상 하나님이 하신 일임을 알 수 있는 방법으로 이루어집니다. 구원에 나타나는 것이 무엇입니까? 하나님의 지혜입니다. 하나님의 지혜가 나타나지 않는 구원은 기독교의 구원이 아닙니다. 하나님 외에 누가 그리스도 예수를 통해 구원하시는 방법을 생각해 낼 수 있겠습니까? 인간의 구원 방법은 항상 철학적입니다. 가르치고 교육하며 좋은 본보기를 보이는 것입니다. 어느 때보다 20세기에 더 이 방법을 사용하고 있습니다. 인간의 지혜로 인류와 자기 자신을 구속하려 합니다. 그러나 그 방법은 통하지 않습니다. 아무 효과가 없습니다.

하나님의 방법을 보십시오. 이 방법에 나타난 모든 지혜를 보십시오. 영원하신 분의 명철과 그의 마음을 보십시오. 그의 지혜뿐 아니라 사랑을 보십시오. 내내 우리를 굽어보시며 염려하시는 것을 보십시오. 자신에게 반역한 자, 은유적으로 말하자면 자신의 얼굴에 침을 뱉은 자, 자신을 미워하는 자, 자신에 관한 일은 하나도 할 수 없는 자를 굽어보시는 것을 보십시오. 오, 구원에 나타난 하나님의 사랑이여!

그리고 그의 능력을 보십시오. 다른 어떤 일보다 구원하는 일에 더 큰 능력이 필요합니다. 하나님은 단순히 명령하심으로 세상을 만드셨습니다. "빛이 있으라" 하시니 빛이 생겼습니다(창 1:3). 그러나 경외함으로 감히 말하건대, 죄와 타락의 영향은 한마디로 무효화하실 수 없었습니다. 모세에게 말씀을 주시고 율법을 주셨지만, 율법은 육신으로 말미암아 연약해진 탓에 이 일을 할 수 없었습니다. "율법이 육신으로 말미암아 연약하여 할 수 없는 그것을 하나님은 하시나니 곧 죄로 말미암아 자기 아들을 죄 있는 육신의 모양으로 보내어 육신에 죄를 정하사 육신을 따르지 않고 그 영을 따라 행하는 우리에게 율법의 요구가 이루어지게 하려 하심이니라"(롬 8:3-4).

하나님이 어떻게 이 모든 것을 나타내셨습니까? 어디에서 자신의 지혜를 나타내셨습니까? 어디에서 자신의 사랑을 나타내셨습니까? 어디에서 자신의 능력을 나타내셨습니까? 그리스도 예수 안에서 나타내셨습니다. 독생자를 하늘에서 땅으로 내려 보내 성육신하게 하신 것은 하나님의 마음에서 나온 일이었습니다. 인간은 성육신을 생각해 낼 수 없습니다. 성경이 계시하는 일이요 우리가 믿는 일임에도 이해하지 못합니다. 한 인격 안에 두 본성이 섞이지 않고 공존한다는 것은 인간의 정신을 아뜩하게 하고 당황하게 하는 일입니다. 바울처럼 "크도다, 경건의 비밀이여"라고 외칠 수밖에 없습니다(딤전 3:16). 성육신은 어떤 인간의 정신이나 창의성으로도 생각해 낼 수 없는 일입니다. 베들레헴 구유에 누운 아기는 영원한 지혜의 현현顯現입니다. 하나님은 타락하여 죄와 악과 절망에 빠진 인간과 인간의 본성을 보시며 말씀하셨습니다. "내 계획은 이것이다. 내 아들을 내려 보내겠다. 그에게 인간의 본성을 입히겠다. 인간의 본성을 덧입힘으로써 그 본성을 구속하게 하겠다." 오, 성육신에 나타난 지혜여! 복된 지혜여!

이 일을 좀 더 살펴보십시오. 오, 이 일에 담긴 사랑이여! 죄와 수치와 악의와 원한과 악과 더러움으로 가득한 세상에 독생자를 보내신 사랑, 영광스럽고 정결한 하늘에서 이런 지옥으로 내려 보내신 사랑이여! 하나님은 보내셨고 아들은 오셨습니다. "하나님이 세상을 이처럼 사랑하사 독생자를 주셨으니"(요 3:16).

그뿐만이 아닙니다. 아들의 행적을 계속 따라가 보십시오. 열두 살에 율법 학자들을 당황케 했던 신성한 인간의 지혜를 보십시오. 그의 공적인 사역도 보십시오. 유대인들은 "이 사람은 배우지 아니하였거늘 어떻게 글을 아느냐? 이 사람이 대체 누구냐?"라고 물었습니다(요 7:15 참조). 그리스도의 능력도 보십시오. 마귀가 악의를 품고 온 힘을 다해 시험하려고 찾아왔지만, 성경으로 그를 잠잠케 하셨습니다.

무엇보다 장엄하고 영광스럽고 경이로운 것은 갈보리 십자가입니다. 하나님은 이 방법으로 우리를 구원하셨습니다.

오, 우리 하나님의 사랑의 지혜여!

죄와 수치가 가득할 때

둘째 아담이 찾아와

싸워 이기셨도다.

—존 헨리 뉴먼John Henry Newman

하나님의 방법은 저와 여러분의 죄를 그리스도께—겟세마네 동산에서는 은밀히, 높이 세운 십자가에서는 최고로—지우시는 것이었습니다. 오, 하나님의 사랑이여! 오, 이런 방법을 생각해 내신 그의 지혜와 마음이여! 오, 자원해서 이 일을 담당하신 그리스도의 사랑이여! 오, 그 모든 능력이여! 그는 어찌나 크고 거룩하고 강하신지 죄를 지고 형벌을 받아 죽은 후에 다시 살아나셨습니다! 율법을 만족시키시고 죽음과 무덤을 정복하셨습니다! 지옥과 모든 원수를 격파하셨습니다. 싸움에서 이기고 부활하여 하늘로 돌아가셨고, 지금도 하나님의 능력의 우편에 앉아 계십니다. 하나님은 이 모든 일을 통해 우리를 구원하십니다.

그리스도인은 이 일의 증인이요 증언자입니다. 내가 나 된 것은 하나님의 은혜로 된 것입니다. 다른 무엇으로 된 것이 아닙니다. 내가 마음을 잡고 의지를 발휘해서 여기까지 이른 것이 아닙니다. 나는 하나님의 은혜로 구원받은 죄인입니다. 그리스도 안에서 하나님의 생명을 받은 약한 자입니다. "오직 은혜에 빚진 자"입니다.* "우리는 그가 만드신 바라. 그리스도 예수 안에서 선한 일을 위하여 지으심을 받은 자니 이 일은 하

* 오거스터스 탑레이디.

나님이 전에 예비하사"(엡 2:10).

이것은 "아무 육체도 하나님 앞에서 자랑하지 못하게 하"는 방법이라고 바울은 말합니다(고전 1:29). 아무도 뻣뻣하게 서서 "내가 이런 사람이 된 것은 원래 이런 사람이었기 때문이다. 내가 내 의지력을 발휘했기 때문이요 내 두뇌가 대단하기 때문이다. 내가 지금의 나를 만들었다"라고 말하지 못하게 하는 방법이라는 것입니다. 이렇게 말하는 자는 그리스도인이 아닙니다. 하나님의 방법은 아무 육체도 그 앞에서 자랑하지 못하게 만듭니다. 모든 사람이 한목소리로 "죽임을 당하심으로 우리를 구속하여 하나님께 드리신 어린양은 찬양받으시기에 합당하도다"라고 찬송하게 만듭니다.* 그리스도인이 선포하는 바가 바로 이것입니다. 구원은 하나님의 일이라는 것입니다. 하나님의 영광과 지혜와 속성을 나타내는 일이라는 것입니다. 하나님은 그리스도 안에서 우리를 붙잡아 에덴동산의 원래 자리로 돌려놓으셨고, 하나님과 그리스도의 형상을 회복시켜 자신의 자녀이자 영원한 영광의 상속자로 세우셨습니다. 그는 "우리 가운데서 역사하시는 능력대로 우리가 구하거나 생각하는 모든 것에 더 넘치도록 능히 하실 이"십니다(엡 3:20).

"너희 사방에 남은 이방 사람이 나 여호와가 무너진 곳을 건축하며 황폐한 자리에 심은 줄을 알리라. 나 여호와가 말하였으니 **이루리라**." 하나님은 그리스도 안에서 과연 이 일을 **이루셨습니다**. 그의 거룩한 이름을 송축하십시오!

* 헨델, 「메시아」 중에서.